Kari Torjesen Malcolm

Christinnen jenseits von Feminismus und Traditionalismus

Wenn Frauen wissen,
wohin sie gehören

Aussaat Verlag Neukirchen-Vluyn

ABCteam-Bücher erscheinen in folgenden Verlagen:
Aussaat- und Schriftenmissions-Verlag Neukirchen-Vluyn
R. Brockhaus Verlag Wuppertal
Brunnen Verlag Gießen (und Brunnquell Verlag)
Christliches Verlagshaus Stuttgart (und Evangelischer Missionsverlag)
Christliche Verlagsanstalt Konstanz (und Friedrich Bahn Verlag/Sonnenweg-Verlag)
Oncken Verlag Wuppertal und Kassel

Titel der amerikanischen Originalausgabe: Women at the Crossroads

(c) 1982 Inter-Varsity Christian Fellowship of the United States of America, Box 1400, Downers Grove IL 60515 USA
ISBN 0-87784-379-1

Aus dem Amerikanischen von Antje Balters

(c) 1987 Aussaat- und Schriftenmissions-Verlag GmbH, Neukirchen-Vluyn
Titelgestaltung: Meussen/Künert, Essen
Druck: BV-Druck Witten
Printed in Germany
ISBN 3-7615-2400-5

Inhalt

Kapitel 1: Einleitung 5

Teil I
„NOBODY KNOWS THE TROUBLE..." 11

Kapitel 2: Die große Flucht 11
Kapitel 3: Frauen, die den Herrn lieb hatten 23

Teil II
DIE MACHT DES EVANGELIUMS 35

Kapitel 4: Einstürzende Mauern 35
Kapitel 5: Frauen zur Zeit Jesu 45
Kapitel 6: Paulus und die Frauen 52

Teil III
EINE WOLKE VON ZEUGINNEN 62

Kapitel 7: Leiterinnen in den ersten Gemeinden 62
Kapitel 8: Den Glauben aufrechterhalten (600-1700) 71
Kapitel 9: Aufbau christlicher Gemeinden
          in der Neuen Welt (1800-1900) 84

Teil IV
JESUS CHRISTUS IN ALLEN LEBENSBEREICHEN 97

Kapitel 10: Als unverheiratete Frau tätig werden 97
Kapitel 11: Als verheiratete Frau tätig werden 109
Kapitel 12: Wenn Jesus der Herr im Haus wird 123
Kapitel 13: Den Glauben weitergeben 132
Kapitel 14: Frauen in der elften Stunde 142

Anmerkungen 153

Kapitel 1: Einleitung

Der Mount Apo, der sich fast 3 000 Meter hoch über die Hafenstadt Davao erhebt, war einer unserer Lieblingsorte während der 15 Jahre, die mein Mann und ich als Missionare auf den Philippinen tätig waren. An klaren Tagen war der Anblick des wundervollen Gipfels ein erhebendes Gefühl, und an besonderen Tagen lockte uns der Berg immer wieder so sehr, daß wir die staubige, steinige Straße hinauffuhren, um der stickigen Hitze zu entfliehen.
Bei unseren ersten Versuchen, zum Gipfel zu gelangen, scheiterten wir. Unser robuster Jeep schnaufte bergan, bis wir an eine Weggabelung gelangten, wo wir glaubten, entweder nach links oder nach rechts abbiegen zu müssen. Aber eines Tages entdeckten wir dann einen Fußweg, der geradeaus weiterführte. Wir konnten unseren Jeep nahe der Abzweigung abstellen. Für mich ist diese Weggabelung zu einem Symbol für die Möglichkeiten der Wahl geworden, die Christinnen heutzutage haben. Ich erinnere mich noch an eine Zeit, in der ich glaubte, für uns gäbe es nur zwei Alternativen – den einen Weg, der Tradition heißt, und den anderen namens Rebellion.
Diese beiden Alternativen haben zwei Bewegungen hervorgebracht, von denen jede ihren eigenen Slogan hat: „Die Frau gehört ins Haus!" und „Mehr Frauen in öffentliche Ämter!" Beide Gruppierungen haben dabei eine bestimmte Rolle im Auge, durch die eine Frau ihrer Meinung nach ihre Identität erhält. Aber was ist mit der wesentlich einfacheren Frage nach dem Selbstwertgefühl, mit dem sich jeder Mensch auseinandersetzen muß?
Jesus ist auf diese Erde gekommen, um all den Menschen eine Antwort zu geben, die kämpfen, um ihre Identität zu finden. Deshalb las er auch ganz am Anfang seines Wirkens in der Synagoge aus Jesaja 61 vor: „Der Geist des Herrn ist auf mir, weil der Herr mich gesalbt hat. Er hat mich gesandt, den Elenden gute Botschaft zu bringen, die zerbrochenen Herzen zu verbinden, zu verkündigen den Gefangenen die Freiheit, den Gebundenen, daß sie frei und ledig sein sollen; zu verkündigen ein gnädiges Jahr des Herrn und einen Tag der Vergeltung unsres Gottes, zu trösten alle Trauernden" (Lk 4,18-19). Irgendwie schien es mir immer, als ob sowohl die Antworten der Traditionalisten als auch die der säkularen Feministinnen auf Fragen nach der Identität der Frau nie mit der Antwort Jesu, nämlich Erlösung und Befreiung, ineinandergreifen.

Die Feministinnen

Viele Feministinnen halten sich an die Grundregel, daß eine Frau die ihr angemessene Rolle nur in einem Beruf finden kann. Eine berufliche Karriere wird zum Allheilmittel gegen all die Krankheiten erhoben, die in Jesaja 61 und Lukas 4 aufgezählt sind. Der Beruf soll es ihr ermöglichen, aus dem Gefängnis Mann, Haus und Kinder zu entkommen, damit auch sie in den Genuß der Freiheit kommt, in einer Welt, die Erfüllung verspricht.

Und warum sollte sie das auch nicht versuchen? Haben Männer nicht lange genug das alleinige Privileg einer sinnvollen Tätigkeit außerhalb des Hauses gehabt?

Ist es nicht so, wie Paul Goodman schrieb:

„Einen wirklichen Beruf zu haben, hat immer etwas Wunderbares an sich, so etwas wie wenn man sich verliebt ... Ich kann wirklich nachvollziehen, warum Luther sagte, daß ein Mann durch seinen Beruf gerechtfertigt sei, weil dieser bereits ein Beweis der Gunst Gottes sei."[1]

Warum, fragen also Feministinnen, sollten denn Frauen nicht auch in den Genuß der Gunst Gottes kommen und durch ihre Berufe gerechtfertigt werden? Mit Hilfe der Wissenschaft haben sich Frauen auf der ganzen Welt darangemacht, die Unterschiede zwischen männlich und weiblich auf ein Minimum zu reduzieren, um zu beweisen, daß Männer und Frauen grundsätzlich in der Lage sind, die gleiche Arbeit zu tun – vorausgesetzt, sie erhalten dieselbe Ausbildung und arbeiten unter gleichen Bedingungen.

Im Rahmen solcher Bemühungen muß die verheiratete Frau zwei Hürden überwinden: Sie muß ihr Heim so verlassen und zur Arbeit gehen, daß ihre Familie es akzeptieren kann, und sie muß mit viel Taktgefühl den Arbeitsmarkt betreten, um mit Männern konkurrieren zu können. Oft fühlt sie sich dabei wie eine Schauspielerin im großen Drama des Lebens. Als Frau empfindet sie sich als Opfer eines ungerechten Systems. Die bösen Buben sind dabei die Männer, die seit Urzeiten dieses System gestützt und erhalten haben. Weil sie nun aber mit einem von ihnen verheiratet ist und eventuell auch noch ein paar von ihnen in diese Welt hineingeboren hat, muß sie jetzt anfangen, zu Hause ihre Rechte als Frau kundzutun. Es gibt eine Unzahl von Büchern, die dabei Hilfestellung geben wollen.

Zunächst einmal und in erster Linie wird eine Frau, die sich zu den Feministinnen zählt, in dem Gedanken bestätigt, daß jede Frau das Recht hat, Befriedigung in einem Bereich außerhalb ihres Heims zu finden – vorausgesetzt natürlich, daß sie überhaupt ein Bedürfnis in dieser Richtung hat.

Eine Bekannte von mir glaubte, daß sie das Recht hätte, ihre Familie endgültig zu verlassen, wenn diese sich gegen ihre Berufstätigkeit sträubte. Und sie setzte diese Grundhaltung in die Tat um – als sei der reibungslose Ablauf des Familienalltags alleinige Sache der Frau.

Als ich mich im Sommer 1970 in den Vereinigten Staaten aufhielt, traf ich zwei Frauen, die in solchen häuslichen Konflikten steckten. Während eines internationalen Frauentreffens mit 5 000 Teilnehmerinnen an der Purdue Universität stellte mir eine Freundin von den Philippinen zwei amerikanische Feministinnen vor. Wir saßen in unserem Schlafsaal auf den Etagenbetten und tauschten bis tief in die Nacht Geschichten aus unserem häuslichen Alltag aus. Eine der beiden Frauen – eine anziehende, rundliche, mütterliche Person – zeigte eine tiefe Feindseligkeit gegen Männer im allgemeinen, während sie gleichzeitig versuchte, ihren eigenen Mann zu verteidigen und von ihren Klagen über das andere Geschlecht auszuklammern.

Die andere Frau war vom Typ her eher anhänglich und abhängig. Ihr hübsches Gesicht war von Kummerfalten durchzogen, als sie ihre ganze Verbitterung über den Mann vor uns ausbreitete, den sie geheiratet hatte. Er war zu einem Symbol für alles geworden, was in ihrem Leben je schiefgegangen war.

Ich hörte zu und ich stellte Fragen. Schließlich ging ich ziemlich verstört zu Bett. Als ich vier Jahre später endgültig in die Vereinigten Staaten zurückkehrte, fragte ich, was denn aus den beiden Frauen geworden sei. Ich war traurig, als ich hörte, daß sie ihre Familien verlassen hatten und zusammengezogen waren.

Gail Sheehy stellt in ihrem Buch „Passages" ein paar ganz ähnliche Fälle vor. „Seit wir geschieden sind, hat sie sich verändert", erzählte ein Mann Gail Sheehy, nachdem er noch einmal betont hatte, wie schlecht es seiner Frau einmal gegangen war, „weil sie nichts aus ihrem Leben gemacht hatte." Und Gail Sheehy fährt fort: „Nachdem ich diesen Kommentar immer wieder von Männern hörte, begann ich mich zu fragen, ob Scheidung vielleicht so etwas wie ein 'rite de passage' sei. Ist dieses Ritual nötig, bevor jemand, vor allem die Frau selbst, ihr Bedürfnis nach Entfaltung ernst nimmt? Die verwandelte Frau nach der Scheidung ist eine vertraute Figur aus Biographien, eine dynamische Figur und dazu eine, die normalerweise auf ihren verschreckten Ex-Mann einen beachtlichen Reiz ausübt."[2]

Ein weiterer Fall, den Gail Sheehy beschreibt, ist Melissa (35 Jahre alt, die verzweifelt versucht, um eine Scheidung herumzukommen), die die brennende Frage stellt: „Wie kann eine Frau außerhalb der Ehe ihre Identität finden, ohne die Ehe oder ihre Kinder aufs Spiel zu setzen? Ich kenne wirklich keine Frau in meinem Alter, die diese Situation nicht durchmachen muß."[3]

Melissa hatte einen Punkt erreicht, an dem sie sich entscheiden mußte. Sie gab zu, daß sie Angst hatte – Angst vor der Zerstörung, die es nach sich ziehen könnte, wenn sie es zuließe, sich durch eine neue Rolle außerhalb von Haus und Familie zu definieren. Sie hatte miterlebt, wie einige ihrer Freundinnen ihren Beruf zu neuen Götzen gemacht hatten, und sie erlebte es teilweise auch mit, wie manche kurz davor waren, dadurch ihre Familien zu verlieren. Alte Strukturen des Familienlebens waren verworfen worden, bevor man neue entwickelt hatte. Melissa sah das und war wie gelähmt vor Angst. Und sie beschloß, daß es für ihr Problem keine Lösung gab.

Die Traditionalistinnen

Die Antifeministinnen zeigen im Grunde dasselbe Bild von Frauen in dem beschriebenen Konflikt. Sie stehen nur auf der Gegenseite. Melissa, die zu Hause bleibt und ihre Sehnsucht nach Entfaltung unterdrückt und bekämpft, ist ihre Heldin. Die Traditionalistinnen konzentrieren sich genau wie die Feministinnen auf eine bestimmte Rolle, die Frauen einnehmen sollen. Aber die Idealfrauen in christlichen Gemeinden können durchaus auch Ergebnisse an den Tag bringen, die an Traurigkeit den Fallbeispielen von Gail Sheehy in nichts nachstehen. Mabel und ihr Mann Carl sind ein Bilderbuchehepaar, deren Haus immer offen ist für Menschen, die geistlich hungern, keine Arbeit haben oder in psychischen Schwierigkeiten stecken. Viele junge Menschen, die nie ein christliches Zuhause erlebt hatten, haben bei Mabel und Carl gelebt – manchmal bis zu einem Jahr lang. Zusätzlich trifft sich einmal wöchentlich dort ein Kreis von jungen und alten Christen zum Beten, zur Bibelarbeit und zum Austausch.

Weil Carl und Mabel großes Interesse daran haben, ihre Arbeit noch zu verbessern, nahmen sie an einer Rüstzeit teil, wo sie sich Rat und Führung anderer erfahrener Christen holen wollten. Mabel berichtet, es sei dasselbe passiert wie immer, wenn sie andere Christen um Rat fragten. Ein Teilnehmer stellte fest, daß die freie Art von Mabel, sich auszudrücken und mitzuteilen für Carl wie eine Bedrohung wirke.

„Wenn zwei Pferde in einem Geschirr gehen, dann muß das schnellere immer sein Tempo reduzieren", meinte der Mann, während andere ihm zustimmten, daß Mabel sich bremsen müsse, damit Carl sich wirklich zu einem Leiter entwickeln und entfalten könne. Nach dieser besagten Rüstzeit erzählte mir Mabel, Carl habe ihr noch einmal, wie schon häufig zuvor, bestätigt, daß er sich überhaupt nicht bedroht fühle dadurch, daß sie bei Treffen und Versammlungen mehr sage als er.

„Warum müssen sie dauernd darauf herumreiten?" fragte Carl.

„Warum müssen die Leute ein Problem zwischen Ehepartnern hervorrufen, wo es eigentlich keins gibt?" Ist der wirkliche Grund dafür vielleicht, daß die anderen Männer und nicht Carl sich bedroht fühlen durch die wesentliche geistliche Rolle, die Mabel in Versammlungen spielt?

Ein dritter Weg

Der beschriebene Traditionalismus und der säkulare Feminismus der vergangenen Jahre sind wohl den meisten Frauen bekannt. Aber ich sehe, daß Jesus Christus uns einen dritten Weg anbietet – den Weg der Liebe – indem er uns dazu auffordert, mit ihm gemeinsam den Fußweg zum Gipfel des Berges zu gehen, der geradeaus führt. Es ist ein Weg, der sich ganz grundsätzlich von allen anderen unterscheidet, aber er ist die Antwort auf das Dilemma, in dem so viele Frauen von heute stecken.

Mein Ziel ist es, diese Antwort genauer zu erklären und die Gute Nachricht weiterzugeben, daß eine Frau ihre wahre Identität in ihrer Beziehung zu Jesus Christus finden kann.

Ich glaube, genau das lehrt auch die Bibel. Wenn wir die entsprechenden Bibelstellen gemeinsam untersuchen, dann werden Sie feststellen, daß ich manchmal die männlichen Pronomen, mit denen der Leser angesprochen wird, durch weibliche ersetzt habe. Ich spreche in diesem Buch Frauen an, und ich hoffe, daß das Austauschen der Pronomen Ihnen dabei hilft, die betreffenden Stellen noch unmittelbarer auf Ihr eigenes Leben anzuwenden. Diese Textveränderungen sind jeweils durch Klammern kenntlich gemacht.

Wir werden auch unser Leben heute betrachten und erkennen, wie die Welt und in manchen Fällen auch die Kirchen versucht haben, unsere Rollen getrennt von unserer Beziehung zu Jesus und unserem Dienst für ihn festzusetzen. Weil meine eigene Geschichte diese Tatsache ganz gut unterstreicht, werde ich einen Teil davon erzählen. Zusammen mit den Geschichten anderer Frauen verschiedener Zeiten, vom Neuen Testament an bis heute. Wir alle haben mit der Frage nach unserer Identität zu kämpfen gehabt. Wir

werden feststellen, auf welche Weise dieser dritte Weg zwischen Traditionalismus und Feminismus unser Leben beeinflussen kann, sei es als „Single" im Beruf oder als verheiratete Frau zu Hause. Keine von uns ist wohl in der Lage, die Erfahrungen einer anderen Frau wirklich umfassend nachzuvollziehen und zu verstehen oder für eine andere Frau deren Identität zu finden; aber ich hoffe, daß viele Frauen ihre eigene Geschichte unter den hier dargestellten finden werden.
In seinem Buch *The Horse and His Boy* spricht C. S. Lewis über Geschichten. Der Junge Shasta trifft Aslan, den großen Löwen, der über das Land Narnia regiert, und bittet ihn um Auskunft über eine bestimmte Freundin. Aslan, der im Nebel verborgen ist, antwortet: „Kind ... ich erzähle dir deine Geschichte, nicht ihre. Ich erzähle niemandem eine andere Geschichte als nur seine eigene."
„Wer bist du denn?" fragte Shasta.
„Ich bin ich selbst", antwortete die Stimme sehr tief und sehr leise, so daß die Erde bebte, und noch einmal: „Ich bin ich", laut und deutlich und heiter; und dann ein drittes Mal: „Ich bin ich selbst", ganz leise und sanft geflüstert, daß man es kaum hören konnte, und dennoch schien es aus allen Richtungen zu kommen, als ob alle Blätter es wiederholten.
Shasta wandte sich um und sah neben sich einen Löwen liegen, größer als (Shasta's) Pferd ... Niemand konnte je etwas Schrecklicheres beziehungsweise Großartigeres zu Gesicht bekommen haben ... Nachdem er einen Blick auf das Gesicht des Löwen geworfen hatte, glitt er aus dem Sattel und landete auf seinen Füßen ...
Der König aller Könige beugte sich zu ihm ... Er berührte seine Stirn mit der Zunge. Er blickte auf, und ihre Blicke trafen sich. Im selben Moment verschmolzen der fahle, helle Dunst und der feurige Glanz des Löwen zu einer wirbelnden Pracht, erhoben sich und verschwanden.[4]
Weil jeder von uns den Löwen an der Weggabelung trifft, werden wir den Weg finden, der zum Gipfel führt. Und wir werden unsere eigene Geschichte aus der Sicht Gottes hören, und wir werden uns zur Anbetung beugen vor dem einen, der unsere erste und größte Liebe ist.

Teil I

„NOBODY KNOWS THE TROUBLE ..."

Kapitel 2: Die große Flucht

Meine erste Identitätskrise hatte ich während des zweiten Weltkrieges als Teenager in einem chinesischen Gefangenenlager. „Wer bin ich eigentlich?" fragte ich mich. „Bin ich die Nummer 16 unter all den Gefangenen, die zweimal täglich zum Appell antreten?" Wohin gehörte ich? Unser Zuhause war konfisziert worden, unsere Bankkonten gesperrt. All die Dinge, auf die wir meinten ein natürliches Anrecht zu haben, waren dahin:
Unsere Ausbildung, drei anständige Mahlzeiten am Tag und unsere Privatsphäre. Ja sogar unsere Betten waren weg. Unsere Welt war auf einen Schlag auf ein Stückchen Fußboden in einem großen Raum reduziert worden.
Der Feind hatte uns alles genommen und uns stattdessen mit einer Mauer mit elektrischem Stacheldraht darauf und einem tiefen Graben davor umgeben – als ständige Erinnerung daran, daß wir Gefangene waren.
Im zweiten Jahr unseres Aufenthaltes im Straflager beschloß meine Freundin Debbie, einen Gebetskreis zu gründen. Einige von uns Teenagern, die vor der Internierung zusammen zur Schule gegangen waren, erhielten von den Wachen die Erlaubnis, jeden Tag um zwölf Uhr mittags auf den Glockenturm zu steigen und sich dort zu treffen. Während unserer Gebetszeiten wurde immer nur das eine Gebet gesprochen: „Herr, hol' uns hier raus!"
Ich versuchte auch, für mich alleine zu beten. Manchmal stand ich auf einem Erdhügel an der Mauer, von wo aus ich einen Blick über die grünen Felder jenseits der Gefängnismauer hatte. Es gab Zeiten, da fragte ich mich, ob es dort draußen wirklich eine Welt gäbe – und einen Gott. Ich betete voller Inbrunst: „Herr, wenn du wirklich da bist, dann laß es mich wissen. Bitte gib mir ein Zeichen."
Gott hörte mein Gebet und sprach durch die Bibel zu mir. Ganz langsam dämmerte mir, daß es nur eine einzige Sache gab, die mir der Feind nicht nehmen konnte. Sie hatten unser Zuhause bombardiert, meinen Vater getötet und meine Mutter, meine Brüder und mich ins Gefängnis gesteckt. Aber die eine Sache, die sie nicht antasten konnten, war meine Beziehung zu Gott.
Nachdem ich diese Entdeckung gemacht hatte, fiel es mir immer

schwerer, an der Gebetsgruppe teilzunehmen. Das Leben bestand doch aus mehr, als nur dem Wunsch, aus dem Gefängnis zu kommen. Eines Mittags beschloß ich, nicht mit auf den Glockenturm zu steigen. Es war das erste Mal, daß ich fehlte.
Debbie suchte mich gleich nach dem Treffen auf. Die Stelle, wo wir uns trafen, habe ich noch ganz deutlich vor Augen. Ich kann mich nicht daran erinnern, mich verteidigt zu haben, aber Debbie mußte wohl etwas von dem gespürt haben, was in meiner Grundeinstellung anders geworden war. Ihr Tadel schloß mit der sarkastischen Bemerkung: „Wir sind dir wohl nicht mehr gut genug, was? Aber ich verstehe schon – du bist natürlich viel heiliger als wir alle zusammen."
Als ich von ihr fortging fühlte ich mich einsamer als je zuvor in meinem Leben. Das letzte bißchen Sicherheit war mir genommen. Das war der Höhepunkt eines Prozesses, der sich durch die ganzen Kriegsjahre hindurch fortgesetzt hatte, vom Verlust meines Vaters, meines Zuhauses, über den Verlust meiner Ausbildung bis hin zum Verlust meiner Freiheit. Und jetzt gehörte ich nicht einmal mehr zu einer Gruppe unter den Gefangenen. Und erst als mir das ganz bewußt geworden war, wurde ich fähig, das eine Gebet zu sprechen, das mein ganzes Leben verändern sollte: „Herr, ich bin bereit, auch den Rest meines Lebens im Gefängnis zu bleiben, wenn du nur da bist und ich bei dir sein darf." Von dem Moment an war ich frei.

Der schmale Pfad

Jetzt im Rückblick bin ich dankbar für die drei Jahre im Straflager, denn dort gab mir Gott meine Identität als seine Jüngerin. Ich war geliebt von ihm, ganz egal, unter welchen Bedingungen ich lebte. Nichts konnte mich von dieser Liebe trennen.
„Das war Ihr Berg der Verklärung", sagte mir einmal ein Pfarrer, dem ich die Geschichte erzählt hatte. Und er hatte wirklich recht damit. Es war die Zeit meines Lebens, mehr als jede andere Phase, in der ich meine erste und größte Liebe entdeckte.
Genau in dieser Entdeckung liegt der Schlüssel zur Identität einer Frau. Wenn Frauen ihre Identität in bestimmten festgelegten Rollen suchen, dann machen sie oft aus diesen Rollen Götzen, sei es aus ihrem beruflichen Erfolg, ihrem Zuhause, ihren Kindern oder ihrem Ehemann. Aber nichts von all dem und keine der genannten Rollen kann den Frauen das geben, wonach sie eigentlich suchen. Nur auf dem schmalen Weg, der den Berg hinaufführt, nur in einer Beziehung zu Jesus, in der er die erste große Liebe ist, findet eine Frau das, wonach sie wirklich sucht.

Als Norwegerin, die in China aufgewachsen, mit einem Amerikaner verheiratet ist und 15 Jahre auf den Philippinen gelebt hat, habe ich mit verschiedensten Christinnen über diese Suche gesprochen. Die meisten von ihnen, ganz gleich aus welchem Kulturkreis sie stammen, können sich an eine Zeit in ihrem Leben erinnern, in der ihre Liebe zu Jesus und ihre Beziehung zu ihm so real waren, daß sie darin ihre Identität hatten. Sie verliehen dieser Liebe im Gebet und in der Anbetung Ausdruck.

Und was geschah dann? Andere Interessen und neue Menschen gerieten in Konkurrenz mit jener ersten Verbindlichkeit. Oder vielleicht versuchte die christliche Kirche auch, diese Frauen in bestimmte Raster zu pressen, in die sie nicht paßten – und dann rebellierten sie dagegen.

Nach meiner ersten Entdeckung der Liebe Christi, damals im Gefangenenlager, ging es auch mir nicht anders; ich entfernte mich immer mehr davon. Meine Liebe kühlte ab, je mehr Ideen, Menschen und Organisationen um meine Aufmerksamkeit warben. Jedesmal, wenn die Liebe zu Jesus in uns durch etwas anderes ersetzt wird, kommt es zu einem inneren Konflikt. Zusammen mit diesem Konflikt macht sich ein Gefühl des Versagens und der Treuelosigkeit breit — Jesus und uns selbst gegenüber, und auch in bezug auf unsere Träume und Ideale. Dann folgt meist ein Gefühl der Hoffnungslosigkeit und ein sehr geringes Selbstwertgefühl.

Ich glaube, wir finden auf die Frage nach dem Grund für dieses Abkühlen eine Antwort beim Apostel Johannes an die Gemeinde von Ephesus:

„Ich kenne deine Werke und deine Mühsal und deine Geduld und weiß, daß du die Bösen nicht ertragen kannst; und du hast sie geprüft, die sagen, sie seien Apostel, und sind's nicht, und hast sie als Lügner befunden, und hast Geduld und hast um meines Namens willen die Last getragen und bist nicht müde geworden.

Aber ich habe gegen dich, *daß du die erste Liebe verläßt. So denke nun daran,* wovon du abgefallen bist und tue Buße und tue die ersten Werke! Wenn aber nicht, werde ich über dich kommen und deinen Leuchter wegstoßen von seiner Stätte – *wenn du nicht Buße tust* ... Wer Ohren hat, der höre, was der Geist den Gemeinden sagt: Wer überwindet, dem will ich zu essen geben von dem Baum des Lebens, der im Paradies Gottes ist" (Offb 2,2-7; Hervorh. d. Verf.).

Kulturschock

Wenn Frauen ihre Liebe zu Jesus vergessen, dann lassen sie zu, daß die jeweilige Kultur und der Druck ihrer Umwelt ihre Identität bestimmen.

Ich kam 1946 zum ersten Mal in die USA, als ich mein Studium am Wheaton College aufnahm. Ich erlebte den Kulturschock bereits im ersten Kurs, den ich belegt hatte – es war ein Kurs in freiem Sprechen.

Am zweiten Unterrichtstag begannen die Studenten schon damit, Übungsreden vorzutragen. Sehr zu meiner Verwunderung stand ein junger Kriegsveteran auf und verkündete, daß alle Frauen nur mit der Absicht das College besuchten, „sich dort einen Mann zu angeln". Nach all den Jahren, die ich im Gefängnis verbracht und darauf gehofft und gewartet hatte, mich an diesem speziellen christlichen College auf den christlichen Dienst vorbereiten zu können, wurde mir hier in einer öffentlich vorgetragenen Rede gesagt, daß das, was ich für meine Bestimmung als Dienerin des Herrn hielt, nichts anderes sein sollte als die Jagd nach einem Ehemann. Was mich aber am meisten erschütterte war die Tatsache, daß niemand von dem Gesagten betroffen zu sein schien. Sie hielten es für einen gelungenen Witz, während es bei mir wirklich tiefgehende Fragen berührte, unter anderem die meiner Identität als Nachfolgerin Jesu Christi. Am nächsten Tag, als ich an der Reihe war, meine Rede zu halten, kochte ich vor Wut darüber, daß so ein Standpunkt in einem christlichen College einfach akzeptiert zu sein schien. Mit meinem britischen Akzent, der noch ein bißchen bissiger klang als gewöhnlich, erwiderte ich die Rede des vergangenen Tages mit Worten, die ich wohl heute nicht mehr benutzen würde.

Schrittweise und schmerzlich wurde mir klar, daß der junge Mann mit seiner Analyse der Gründe für das Collegestudium von Frauen den Nagel auf den Kopf getroffen hatte. Verstehen konnte ich es allerdings erst, als ich Jahre später Betty Friedans Buch *The Feminine Mystique* (Der Weiblichkeitswahn, Anm.d.Übers.) las.

Die Autorin beschreibt in dem Buch, daß dieser Weiblichkeitswahn kurz nach dem zweiten Weltkrieg in voller Blüte stand. Mir ist klar, daß bei vielen Evangelikalen schon die Klappe fällt, wenn sie den Namen Betty Friedan hören, aber ich frage mich, ob wir ihr nicht einfach einmal zuhören können so wie einem Mann vom Wetterbericht, dessen Einstellung zum Glauben wir nicht teilen können. Denn wie der Mann vom Wetterbericht hat auch Betty Friedan einiges durchaus Wissenswertes herausgefunden. In ihrem Buch beschreibt sie die Art der Nachkriegsstimmung, die ich vorfand, als ich in den Vereinigten Staaten ankam:

„Immer wieder bekamen Frauen die Stimme der Tradition und des Freud'schen Intellektualismus zu hören, daß es für sie kein wunderbareres Schicksal geben könne als den Ruhm ihrer eignen Weiblichkeit. Fachleute berieten sie, wie sie einen Mann fangen und ihn auch halten könnten, wie sie ihre Kinder stillen und sie zur Reinlichkeit erziehen sollten .... Sie erklärten, wie man Brot backt, Schnecken zubereitet ... wie man sich noch weiblicher verhält und die Ehe aufregend gestaltet .... Sie lernten, daß wirkliche Frauen weder Karriere machen, noch eine Hochschulbildung, noch politische Rechte wollen – genau die Unabhängigkeit und die Chancen, für die die altmodischen Feministinnen gekämpft hatten."[1]

Als ich in Wheaton war, konnte ich nicht verstehen, daß einige der Frauen, die ich kannte, eine so zwiespältige Haltung zu der Berufslaufbahn hatten, auf die sie sich vorbereiteten – es schien oft so, als hätten sie gar nicht die Absicht, lange im Beruf zu bleiben. Andere schienen überhaupt kein Interesse daran zu haben, sich auf einen bestimmten Beruf festzulegen – sondern sie gaben sich mit sehr allgemeinen Wissensgebieten zufrieden, an denen sie aber oft auch gar kein besonderes Interesse hatten.

Später fand ich dann heraus, daß an amerikanischen Gymnasien oft mehr über die Auswahl von Porzellan- und Besteckmustern gesprochen wird als über das wichtige Thema der Berufswahl. Während zur Pflichtlektüre für Frauen der Abschlußklassen des Gymnasiums von Chefoo in China – einer Schule, die 1881 von Hudson Taylor gegründet worden war – das Buch *Careers for Girls* (Berufe für Mädchen) gehörte, drangen Frauenzeitschriften in den Vereinigten Staaten darauf, „daß an den Gymnasien Kurse über Ehe und Eheberatung eingeführt wurden."[2]

Zu meinen Freundinnen in Wheaton gehörte eine vor Leben nur so sprühende Frau, die sich gegen ein Medizinstudium und die Arbeit in der Mission entschieden hatte, als sie ihren Mann kennenlernte. Es war so, als ob das Kind in ihr – die Träume und Erwartungen vieler Jahre – plötzlich gestorben sei. Irgendwie verlor sie die Vision, Jesus als Ärztin zu dienen. Ich konnte damals überhaupt nicht begreifen, weshalb Ehe und Medizinstudium sich in der entweder/oder-Entscheidung gegenseitig ausschließen sollten. Aber für viele Frauen hatte damals die Ehe einen so absoluten Vorrang, daß sowohl ein Beruf als auch die Liebe zu Jesus auf die Plätze verwiesen wurden.

Gleichzeitig gab es aber auch Frauen, die an ihren Zielsetzungen für den Beruf verbissen arbeiteten und die dafür sowohl menschliche als auch geistliche Beziehungen vernachlässigten und schließ-

lich Spitzenpositionen in Wirtschaft, Wissenschaft und Forschung innehatten. Ihre Liebe zu Jesus mußte dem weltlichen Ehrgeiz weichen.
Aber ich habe auch Frauen gefunden, sowohl im Wheaton College, als auch später durch die Inter-Varsity Christian Fellowship[3] an der University of Minnesota, bei denen Jesus die erste Stelle in ihrem Leben einnahm. Auf der Grundlage dieser Beziehung bereiteten sie sich darauf vor, Jesus durch ihren Beruf zu dienen, entweder zu Hause oder im Ausland, ohne jedesmal wieder an ihrem Ziel zu zweifeln, wenn sie sich unsicher fühlten. Viele von ihnen heirateten erst, als sie einen Mann mit gleichen Zielsetzungen und Erwartungen kennenlernten, so daß sie wirklich gemeinsam mit Jesus Christus das tun konnten, was Gott mit ihrem Leben vorhatte. Dadurch, daß diese Frauen bereit waren zu warten, entschieden sie sich für Ehe und Mission, statt sich auf die Alternative Ehe oder Misson beschränken zu müssen. Aber solche Frauen waren nach Meinung von Schriftstellern wie Betty Friedan und christlichen Wissenschaftlern wie Donald Dayton vom Northern Baptist Theological Seminary nach dem zweiten Weltkrieg eine Minderheit. Dayton half mir, das Klima in China, aus dem ich in die USA kam, zu verstehen, und dadurch begann ich zu begreifen, warum es im Widerspruch zu so vielem stand, was ich im Nachkriegsamerika vorfand.
In ihrer gesamten Geschichte ist die christliche Gemeinde der Spannung zwischen praktiziertem Christsein und der jeweiligen Kultur ausgesetzt gewesen. Jesus war mit diesem Problem genauso konfrontiert wie wir, weil er „versucht worden ist in allem wie wir" (Hebr 4,15). Das Beispiel Jesu sollte für uns eine Herausforderung sein, uns nicht der Kultur anzupassen oder uns gegen sie anzustemmen, sondern die jeweilige Kultur zu verwandeln.
Während der Zeit der großen Anti-Sklaverei-Bewegung und der Erweckungsbewegung im 19. Jahrhundert verwandelten Laien – Männer und Frauen – ihre Kultur, indem sie spontan am Leben der Kirchen und Gemeinden teilnahmen. Aber wie wir noch ausführlich in Kapitel 9 sehen werden, ging diese Spontaneität in den Gemeinden nach dem Krieg verloren.
Dayton schreibt über die Stimmung in den evangelikalen Gemeinden nach dem zweiten Weltkrieg:
„Während die Evangelikalen sich immer mehr aus den Kontroversen zum Thema Abschaffung der Sklaverei zurückzogen, neigten sie gleichzeitig zu einem Rückfall in einen radikalen 'Biblizismus'. Die Kräfte des 'Fundamentalismus' und des 'Traditionalismus'

ersetzten den 'evangelikalen Geist'. Jene Gruppierungen, die durch geistliche Aufbrüche und Erweckungen im 19. Jahrhundert entstanden waren, wurden immer mehr institutionalisiert ... Und im großen und ganzen kam es zu einer Anpassung an die amerikanische Kultur ... Kurz, die evangelikalen Traditionen verwandelten sich zunehmend in solche Traditionen, gegen die ihre Vorfahren protestiert hatten."[4]

Die Annahme, daß sich die christliche Kirche der amerikanischen Kultur angepaßt hat, ist wohl die traurigste Anklage von allen.

Der Wandel in den siebziger Jahren

Als ich zum letzten Mal in die USA zurückkehrte, schrieb man das Jahr 1974. Statt wie beim ersten Mal mit dem Schiff aus China, kam ich nun zu meinem siebten Aufenthalt mit dem Flugzeug von den Philippinen auf einem Umweg über Norwegen. Und wieder hatte ich meine Verbindung zu allem Amerikanischen ganz verloren.

Es war, als wiederhole sich die Geschichte. Ich hatte in den 15 Jahren meiner Tätigkeit als Missionarin auf den Philippinen ganz in einer Kultur gelebt, in der Männer und Frauen sich, besonders auch in den Gemeinden, die Aufgaben teilen. Weil die Kirche dort noch nicht so professionell geleitet wurde wie in den Vereinigten Staaten, wurden die meisten der 120 Gemeinden, mit denen wir in Verbindung standen, von Laien geleitet. Männer und Frauen wechselten sich mit dem Predigen und bei anderen Diensten ab.

Ich war so sehr in der langen Zeit mit dieser Kultur verwachsen, daß ich meine damaligen Schwierigkeiten in den USA vergessen hatte. Während unserer Zeit auf den Philippinen hatten wir dreimal Heimaturlaub gehabt, von denen die letzten beiden nur kurz gewesen und für Besuche in Norwegen und Amerika aufgeteilt worden waren. Deshalb hatte es auch kaum Gelegenheit gegeben, in der kurzen Zeit die amerikanische Gesellschaft und ihre Grundwerte zu beschnuppern.

1974 stellte ich dann fest, daß die Frauenbefreiung – auf amerikanisch – in den Jahren meiner Abwesenheit stattgefunden hatte. Ich hatte zwar nur wenig zu dem Thema gelesen, aber in dem wenigen war nicht die Rede gewesen von evangelikalem Widerstand gegen die Bewegung. Ein Artikel in der Frauenzeitschrift *Life* hatte den Gegenangriff der Mormonen *(Fascinating Womanhood* von Helen Anlin)[5] gegen den Feminismus zum Thema, und ein weltlicher Gegenangriff, der den „Baby-Doll-Look" verteidigte, wurde auf dem Umschlag von *Life* in Form eines Mädchens mit Rattenschwänzen und bunten Bändern im Haar dargestellt.

Aber erst als ich mit einzelnen Frauen sprach, fing ich an zu verstehen, welches Ausmaß der Gegenangriff der Evangelikalen hatte. Ich stellte fest, daß viele Bibellesegruppen für Frauen nicht mehr Themen wie Erlösung, Glauben, Heiligung, ewiges Leben usw. behandelten, sondern daß dort Frauen Texte besprachen, in denen sie Bestätigung finden sollten, zu Hause zu bleiben, das Haus zu versorgen und sich ausschließlich um Mann und Kinder zu kümmern.

„Sie macht auf mich den Eindruck, daß sie ständig im Dienst ist", beklagte sich eine Nichtchristin einmal bei mir über ihre gläubige Nachbarin. „Sie kann kein Gespräch richtig zu Ende führen – dann fühlt sie sich schon schuldig und rennt wieder nach Hause."
Dieselbe Frau erzählte mir dann, daß sie sich seit ihrer Scheidung völlig zerschlagen fühle und nun Angst habe vor der Verantwortung, ihr Kind alleine großziehen zu müssen. Sie war völlig offen für Gespräche über den Glauben und suchte das Gespräch über christliche Zielsetzungen und Perspektiven wo immer Gelegenheit dazu war; aber die Christin nebenan hatte dafür keine Antenne, weil sie auf einer völlig anderen Wellenlänge war.
Nach mehreren Gesprächen dieser Art wurde mir langsam klar, daß die evangelikalen Frauen häufig gefangen waren zwischen zwei falschen Alternativen: Ganz offensichtlich waren sie abgestoßen von dem radikalen Feminismus, der lesbische Beziehungen verteidigte, sich für die freie Abtreibung stark machte und sich dafür einsetzte, daß alle Frauen einem Beruf nachgehen sollten, ohne Rücksicht auf die Folgen für die Familie.
Viel sicherer, als das Risiko einzugehen, Mann und Kinder zu verlieren, schien es da, sich in die Küche zurückzuziehen und einen Hauch von „guter alter Zeit" wieder herbeizuzaubern. Im Zuge dieser Entwicklung wurde dann das „Gehet hin in alle Welt und verkündigt das Evangelium" meistens vergessen, zusammen mit dem „Du sollst den Herrn, deinen Gott ehren und ihm dienen!"
Das war eine zutiefst schmerzliche Entdeckung für mich, die mich ganz besonders enttäuschte, weil ich erwartet hatte, daß die Erneuerung innerhalb von Gemeinden und Kirchen, von denen wir gehört hatten, auch wirklich Veränderungen bewirkt hatte, und so hatte ich auch eine neue Freiheit unter den Frauen erwartet, das Wort Gottes zu verkündigen. Aber die Erneuerung hatte noch keine kulturellen Barrieren durchbrochen, die in den Gemeinden zu einem richtigen Tick geworden waren. Frauen, die als Reaktion auf die Frauenbewegung erst recht zu Hause blieben, mißachteten deshalb die Aufforderung Jesu: „Gehet hin in alle Welt." Wenn wir

aber gegenüber der Welt in eine Verteidigungshaltung geraten, statt offensiv vorwärtszugehen, dann verschwindet als allererstes unsere Liebe zu Gott.
Wie leicht vergessen wir das Versprechen Jesu, daß uns alles zufällt, wenn wir als erstes nach dem Reich Gottes trachten (Mt 6,33). Wenn unsere Liebesbeziehung zu ihm Vorrang vor allem anderen hat, dann werden alle anderen Beziehungen ihren Platz in unserem Herzen und in unserem Zeitplan finden. Die Frau also, die sich ganz auf Jesus ausrichtet, wird deshalb auch eine bessere Ehefrau und Mutter sein als diejenige, die den ganzen Tag aus einem Pflichtgefühl heraus oder aus Resignation zu Hause bleibt. Für eine Frau, die Jesus liebt, wird das Wort Gottes ein Feuer entfachen, so daß sie einfach für den Herrn sprechen muß, egal ob sie viele oder wenige Zuhörer hat, ob die Zuhörer aus einem völlig anderen Kulturkreis stammen oder zu ihrer eigenen Sippe gehören (vgl. Jer 20,9).
Als ich diese provozierende Herausforderung einem jungen Gemeindeleiter unterbreitete, der mich zu einem Vortrag im Frauenkreis eingeladen hatte, versicherte er mir: „Aber Frauen haben doch die Freiheit, das hier und heute zu tun."
„Ja, aber warum tun sie es dann nicht?" fragte ich.
„Ich nehme an, sie glauben, daß sie es nicht können", antwortete er zögernd, und damit hatte er genau ins Schwarze getroffen.

Geringes Selbstwertgefühl

Wenn wir die äußeren Schichten der Sozialisation einmal abschälen, die Frauen daran hindern, eine gesunde Beziehung zu Jesus Christus zu haben, dann kommen wir zwangsläufig zu der Problematik unseres inneren Gefühls, nichts wert zu sein. Dieses geringe Selbstwertgefühl bewirkt, daß viele Frauen sich wie Kinder verhalten, die von ihren Ehemännern geführt und von ihren Seelsorgern umsorgt werden, bis sie wie nudelsatte Schafe sind. Das Hindernis des geringen Selbstwertgefühls hält sie davon ab, wirklich Botschafter der Liebe Gottes zu werden, für all die Menschen, die sich nach Freundschaft sehnen, die Heilung brauchen, die nur darauf warten, daß jemand ihnen in ihre Not hinein das Wort Gottes sagt.
Vor ein paar Jahren im Sommer hatte ich ein Gespräch mit einer netten Frau, die mich sehr beeindruckte, weil sie anderen Menschen so viel zu geben hatte. Ich fragte sie nach ihrem Betätigungsfeld, ob sie Gelegenheit habe, andere Menschen zu beraten, ob sie im Bekanntenkreis oder auch darüber hinaus von Jesus und dem Leben als Christ erzähle. Sie wurde rot und gestand mir stotternd:

„Mein Mann sagt immer, ich solle mehr tun – ich hätte viel zu geben – aber wissen Sie, ich traue mir überhaupt nichts zu und deshalb fällt es mir unheimlich schwer, mit Menschen in Kontakt zu kommen. Natürlich sagt mein Mann mir immer wieder, ich solle nicht so negativ über mich denken."
Während sie sprach, lief vor meinem geistigen Auge ein Film ab. Ich hatte ihren Mann vor ein paar Jahren sprechen hören. Der Klang seiner Stimme wurde mir wieder ganz gegenwärtig:
„Gottes Plan für den Mann ist die Leitung. Die Frau soll ihm folgen. In all den Jahren, die wir jetzt verheiratet sind, bin ich in meiner Funktion als Leiter gewachsen und stärker geworden, und meine Frau ist in ihrer Bereitschaft gewachsen, mir zu folgen."
Ob wohl der sehr eindeutige Standpunkt des Mannes zum Thema Leitung ohne dessen Wissen zu dem geringen Selbstwertgefühl seiner Frau beigetragen hatte?
Ein geringes Selbstwertgefühl kommt nicht von ungefähr. „Mein Vater hat meine Mutter immer wie eins von uns Kindern behandelt", gestand mir einmal eine gute Freundin. Viele Frauen, die ich beraten habe, sind aus einem Zuhause, in dem der Vater immer das letzte Wort hatte, direkt in ein Zuhause geraten, in dem der Ehemann genau diese Rolle übernahm. Sie erlernten und erkannten die ihnen gesetzten Grenzen schon als kleine Mädchen. Wenn dann der Mann, den sie heirateten, sie weiter wie ein Kind behandelte, dann verstärkte sich das Problem noch. Wenn dann auch noch nicht einmal die Gemeinden, denen sie angehören, sie ermutigen, ihre Begabungen für andere einzusetzen, dann verkümmert ihr Wirken und schließlich auch ihre Liebe zu Gott. Stattdessen werden sie wie Martha das viele „Dienen" als schwere Last empfinden (Lk 10,38-42).
Und das wird oft zur Entschuldigung für ihren Mangel an Mut, irgendetwas anzupacken, was ein wenig Kühnheit erfordert.
Eltern, Ehemänner und Gemeindeleiter können an dieser Stelle helfen, oder sie können den Mangel an Selbstwertgefühl noch weiter verstärken.

Angst

Tief in unserem Unterbewußtsein verborgen lauert eine innere Furcht, die unseren Mangel an Selbstwertgefühl noch viel ausdauernder und beharrlicher stützt als alle Einflüsse von außen. Johannes sagt in der berühmten Bibelstelle, daß Angst das Gegenteil von Liebe ist: „Furcht ist nicht in der Liebe, sondern die vollkommene Liebe treibt die Furcht aus; denn die Furcht rechnet mit Strafe.

Wer sich aber fürchtet, der ist nicht vollkommen in der Liebe" (1 Joh 4,18).

Für uns Frauen besteht ein Teil der Nachfolge darin, daß wir den Ängsten, die unsere Beziehung zu Jesus Christus verderben wollen, wirklich ins Gesicht sehen. Da ist zum Beispiel diese schleichende Angst, daß wir gemieden werden, wenn wir auf andere ein wenig merkwürdig wirken oder wenn wir uns nicht nach den kulturellen Normen richten.

Ich bin dieser Angst begegnet, während ich dieses Buch schrieb. Die Zustimmung der evangelikalen Christen ist mir sehr viel wert. Bin ich bereit, darauf zu verzichten für einen Schatz im Himmel? Eine Frau erkennt vielleicht ihre schreckliche Angst vor Veränderungen, die von einer viel tiefer liegenden Furcht herrühren könnte, ihre Sicherheit zu verlieren, ihre Familie, vielleicht sogar ihre Weiblichkeit. Wird sie vielleicht als Frau weniger gefallen, wenn es ihr wichtigstes Anliegen bleibt, in erster Linie ihrem Herrn und Erlöser zu gefallen?

Aber wohl die dominierendste Angst bei vielen ernsthaften Christinnen ist die, sich im Reden und Handeln aus dem Rahmen dessen zu begeben, was Gott ihnen als Bestimmung zugedacht hat. Diese Angst kann nur gebannt werden, indem wir sie auf der Grundlage der Bibel betrachten und herausfinden, ob sie begründet ist oder nicht.

Paulus sagt: „Denn Gott hat uns nicht gegeben den Geist der Furcht, sondern der Kraft und der Liebe und der Besonnenheit" (2 Tim 1,7). Schon allein meine Sorge darüber, ob ich mich richtig oder falsch verhalte, deutet doch darauf hin, daß ich es Gott im Grunde nicht zutraue, mir zu zeigen, was richtig ist. Johannes sagt über diese Art von Angst: „Die Frau, die sich aber fürchtet, ist nicht vollkommen in der Liebe" (1 Joh 4,18; Veränderungen d. Verf.).

Angst ist das Gegenteil des Glaubens, der durch die Liebe wirksam wird. Nur der Glaube kann sagen:

„Ich kann dem Gott der Liebe vertrauen, daß er mir immer nur einen Gehorsamsschritt zur Zeit zeigt. Ich brauche nicht auf alles eine Antwort, und es ist auch nicht nötig, daß ich mich für alles, was ich tue, rechtfertige."

Die oben genannten Ängste schließen vollkommene Liebe aus, denn die völlige Liebe treibt die Furcht aus. Die Bibel ist voll von Einladungen an die Kinder Gottes, ihre Angst zu vertreiben und ihr Vertrauen ganz auf den liebenden Gott zu setzen. Jesus sagt voraus, daß es vor seiner Wiederkunft Zeiten geben wird, in denen „Menschen werden vergehen vor Furcht" (Lk 21,26). Vielleicht sind diese Zeiten gar nicht mehr fern. Aber eine Frau, die auf Gottes Liebe reagiert, mit ganzem Herzen, ganzer Seele und ganzem Verstand, wird aufrecht gehen wie eine wahre Königstochter. Sie wird erlöst von der Qual eines verkümmerten Selbstwertgefühls und der Angst, die sie daran hindert, die Gute Nachricht weiterzusagen. Stattdessen wird sie sich voller Liebe ihrem Nächsten zuwenden können als Vermittlerin des Heils, dort wo Menschen verletzt sind, als Initiatorin für Veränderungen dort, wo Falsches korrigiert werden muß, und als prophetische Stimme dort, wo der Wille Gottes für eine bestimmte Situation hörbar gemacht werden muß. Der Mut, auf andere Menschen zuzugehen, entspringt der Erkenntnis, daß Jesus Christus unsere erste Liebe sein und bleiben muß. Seine Liebe erfüllt unser Herz, wenn wir lernen, den Herrn, unseren Gott, zu ehren und zu loben. Es ist bezeichnend, daß Jesus seine eindrucksvollste Aussage zum Thema Anbetung einer Frau gegenüber äußerte: „Gott ist Geist und die ihn anbeten, die müssen ihn im Geist und in der Wahrheit anbeten." Ihre Anbetung bestand darin, daß sie in Jesus den Messias erkannte und aus diesem Erkennen und Anerkennen entstand ihr Zeugnis in der Stadt Samaria (Joh 4,1-42).

Auch die Frauen, die ich am meisten bewunderte, bezeugten ihren Glauben an den großen Gott der Liebe. Es waren die Frauen, die nach der Schlacht von Pearl Harbour uns voran in die chinesischen Gefängnisse gingen. Sie führten uns an und sangen:

> O God, our help in ages past,
> Our hope for years to come,
> Our shelter from the stormy blast,
> And our eternal home!
> Before the hills in order stood,
> Or earth received her frame,
> From everlasting thou art God
> To endless years the same.
>
> (O Gott, du unser Helfer seit ewigen Zeiten,
> Und unsere Hoffnung immerdar,
> Unser Schutz vor heftigen Stürmen,
> Und unser ewiges Zuhause!
> Bevor noch die Berge erschaffen wurden
> Und die Erde ihre Form erhielt
> Seit jeher bist du Gott der Herr
> Und bleibst in Ewigkeit.)

Wir brauchen auch heute wieder so ein Lied als Thema. Ein Lied, mit dem die Frauen von heute den liebenden Gott anbeten auf ihrem Weg in eine ungewisse Zukunft. Unsere Anbetung wird zum Zeugnis werden in einer Welt, die so schrecklich verwundet und verletzt ist. Wir leben in einer Zeit, in der es etwas wirklich Großartiges ist, Christin zu sein.

Kapitel 3: Frauen, die den Herrn lieb hatten

Auf meinen ersten Reisen in Amerika war ich über die gesellschaftliche Rolle der Frauen dort so schockiert, weil ich in der Umgebung von Frauen groß geworden war, die ganz anders waren. Es war wirklich mein Glück, von vorbildlichen Christinnen umgeben zu sein, für die das Wichtigste im Leben der Herr war.

Mutter Torjesen

Eines meiner ersten und wichtigsten Vorbilder war meine eigene Mutter. Als Kinder in China sangen wir immer dies kleine Phantasielied, wenn wir auf unsere Mutter warteten:
    Mama kommt bald
    Mama kommt bald
    Mama kommt bald
    Ich bin so froh.
Wir sangen diese einfachen Worte auf norwegisch, unserer Muttersprache: „Mamma kommer snart ... Jeg er glad."
Unser Vater hatte eine Melodie zu den einfachen Worten gemacht, denn er empfand das Singen dieser Worte als eine Hoffnungsquelle für uns Kinder, wenn wir unsere Mutter besonders vermißten.
Schon vor meiner Geburt waren meine Eltern von Norwegen aus auf eine entlegene Missionsstation im Norden Chinas gegangen, um die Frohe Botschaft der Liebe Gottes zu den Menschen zu bringen, die dort lebten.
Die Kirche, die Schule und die Gesundheitsstation, die meine Eltern aufbauten, bildeten eine Dreiheit, die die Liebe Gottes zu den Menschen dieser vergessenen Gegend zum Ausdruck brachte.
Nach Jahren, in denen das Vertrauen dieser wunderbaren Menschen in China gewonnen und in denen die Saat für das Reich Gottes in den Boden gebracht wurde, zeigten sich wunderbare Ergebnisse. Frauen mit durch das Wickeln verkrüppelten Füßen, die noch nie ihr Haus verlassen hatten, antworteten auf die Liebe Gottes, begannen lesen zu lernen und begleiteten meine Mutter auf

ihren Missionsreisen in nahegelegene Orte. Viele gingen sogar mit auf ein großes Frauentreffen, das fünf Tagesreisen per Maulesel entfernt stattfand, um dort mit anderen Christinnen zusammenzukommen, die, genau wie sie selbst, eine neue Identität erhalten hatten. Das war der Grund, weshalb vier mutterlose Kinder mit Papas Ersatzmutterrolle zufrieden sein mußten, wenn Mutter unterwegs war. Ich kann mich noch gut daran erinnern, wie Vater sich dann abmühte, die Sachen zu finden, die er uns anziehen sollte – und das, obwohl Mutter alles in tadelloser Ordnung zurückgelassen hatte. Und wenn wir unsere Milchbecher beim Frühstück umkippten und die Milch über den Tisch rann, dann gab er sich immer solche Mühe, daraus einen Scherz zu machen.

Uns zu bemuttern lag mit Sicherheit nicht in Papas Natur. Wenn ich heute daran denke, dann habe ich manchmal das Gefühl, es war für ihn ein Teil des Heiligungsprozesses. Aber es war wohl doch mehr als das. Uns zu bemuttern war ein Teil seiner Hingabe an Jesus Christus. Schon lange bevor Vater und Mutter geheiratet hatten, waren sie davon überzeugt gewesen, daß sie den Auftrag hatten, die Gute Nachricht weiterzusagen. Sie wollten aber gerne auch Kinder haben, und deshalb einigten sie sich darauf, sich bei der Versorgung und Betreuung der Kinder abzuwechseln. Vater hat dieses Versprechen nie zurückgenommen. Dazu hatte er einfach viel zuviel Respekt vor Mutter und ihrer Identität als Dienerin und Nachfolgerin des lebendigen Gottes.

Weil meine Mutter Gott liebte, interessierte sie sich brennend für das, was Gott vorhatte – nämlich die Erlösung der Welt. Ihr Motiv für die Missionsarbeit war dasselbe wie das der Moravier, die ausriefen: „Möge das Lamm, das zur Schlachtbank geführt wurde, den Lohn für seine Leiden empfangen."

Um des Lammes willen, das zur Schlachtbank geführt wurde, mußte meine Mutter das Evangelium verkünden. Ihre Identität als Frau war untrennbar mit dieser Lebensaufgabe verknüpft. Egal ob als Ehefrau, Mutter, Gastgeberin, Predigerin oder Krankenschwester in der Gesundheitsstation – zehn Tagesreisen entfernt vom nächsten Arzt – ihre jeweilige Rolle war immer eingebettet in und bestimmt durch ihre Identität als Jüngerin, als Nachfolgerin Jesu.

Madame Gyon

Aber meine Mutter war nicht mein einziges Vorbild. Als Teenager gab es in meiner Umgebung etliche großartige Frauen, die in der Missionsarbeit tätig waren. In der Chinamission mußte jeder Mann und jede Frau zwei Jahre Sprachschule absolvieren, bevor er bzw. sie heiraten durfte. Bevor also die Verantwortung für eine Familie eine Frau mit Beschlag belegte, mußte sie die chinesische Sprache so gut beherrschen, daß sie die Gute Nachricht an chinesische Freunde und Bekannte in deren Muttersprache weitergeben konnte.

Einige dieser Frauen hatten als einzige irdische Besitztümer die Lebensgeschichten solcher Christinnen bei sich, deren Vorbild mein Leben einmal nachhaltig prägen sollte, als sie ins Straflager kamen. Weil ich gerne mehr erfahren wollte über Frauen, die ihr Leben Jesus Christus gewidmet hatten, verbrachte ich Monate damit, die Tagebücher von Madame Gyon, Jessie Penn-Lewis und Catherine Booth zu lesen.

Mein besonderes Interesse aber galt Madame Gyon, weil sie genau wie ich in Gefangenschaft gewesen war. Zu ihren Lebzeiten (1648-1717) in Frankreich wurde sie lange in der Bastille gefangengehalten und schließlich bis zu ihrem Tode in die Verbannung nach Blois geschickt. „Ihr einziges Verbrechen bestand darin, daß sie Gott liebte", stellte ihr Biograph fest. „Als Vergehen wurden ihr ihre übernatürliche Hingabe und ihre unvergleichliche Gottergebenheit ausgelegt."[1]

Manchmal sagen Frauen von heute, daß sie keine guten Zeuginnen Christi sein könnten, weil sie keine richtige Ausbildung gehabt hätten. Für solche Frauen ist Madame Gyon ein passendes Vorbild. Im Alter von 15 Jahren wurde sie mit einem Mann verheiratet, der 22 Jahre älter war als sie. Ihre Schwiegermutter, die mit ihnen im selben Haus lebte, verabscheute Madame Gyons Hingabe für Jesus Christus und ihr Engagement für die Armen und Kranken.

Als junge Frau und Mutter Anfang zwanzig erklärte sie ihre Liebe zu Jesus Christus ganz einfach: „Ich liebe ihn ohne einen besonderen Grund oder ein bestimmtes Motiv." War es wegen seiner Güte oder seines Erbarmens? Sie antwortete: „Ich wußte sehr gut, wie gut und voller Erbarmen er war. Seine Vollkommenheit war mein ganzes Glück. Aber indem ich ihn liebte, dachte ich gar nicht an mich. Ich liebte ihn, und die Liebe brannte in mir einfach weil ich ihn liebte. Ich liebte ihn auf eine Weise, auf die ich nur ihn lieben konnte, aber für diese Liebe gab es keinen anderen Grund als ihn selbst."[2]

Nachdem sie im Alter von 28 Jahren Witwe geworden war, schrieb sie: „Indem ich alles verloren habe, was mir gegeben war, habe ich den Geber gefunden ... Ich fand dich in deinem Selbst, im Unwandelbaren – um dich nie mehr zu verlieren."[3]

Während der darauffolgenden Jahre wurde sie immer öfter von

Priestern, Bischöfen und Nonnen aufgesucht, die wissen und lernen wollten, wie man Gott lieben kann. Zu vielen jungen Theologen hatte sie eine Beziehung, wie Priscilla zu Apollos (Apg 18,24-28). Unter ihnen war auch der Erzbischof von Cambrai – besser bekannt unter dem Namen Fenelon. Aber während der Erzbischof ihr Freund und Schüler war, war König Ludwig XIV. ihr Erzfeind. Thomas Upham schrieb darüber:
„Es ist schon bemerkenswert, daß ein Mann, dessen Denken von Plänen ungeheuren Ausmaßes besetzt war, wie das wohl bei keinem französischen Monarchen je zuvor der Fall gewesen ist, sich auf einen Streit einläßt, den man durchaus einen persönlichen Streit nennen kann, mit einer schutzlosen Frau. Aber genau das war der Fall."[4]

Madame Gyon sprach nie öffentlich, aber durch das, was sie schrieb und in Privatgesprächen äußerte, beeinflußte sie Katholiken und Protestanten in Frankreich, Deutschland, Holland, England und der Schweiz. Heute ist sie am bekanntesten als Förderin der Hospizbewegung in Europa. Madame Gyons Hingabe ist wohl das beste Vorbild für die Art von Verbindlichkeit, zu der Jesus uns aufrief, als er sagte: „Will mir eine Frau nachfolgen, die verleugne sich selbst und nehme ihr Kreuz auf sich und folge mir. Denn wer sein Leben erhalten will, der wird's verlieren; wer aber sein Leben verliert um meinetwillen, der wird's finden. Was hülfe es einer Frau, wenn sie die ganze Welt gewönne und nähme doch Schaden an ihrer Seele" (Mt 16,24-26; Veränderungen d. Verf.).

Immer wenn Klischees unsere geistliche Wahrnehmung vernebeln, sind wir in der Gefahr, uns dem zu widersetzen, was der Heilige Geist uns mitteilen will. Wenn wir also der Welt gestatten, unsere Identität zu bestimmen, dann verlieren wir uns an die Welt und nicht an Jesus Christus.

Paulus hat vielleicht diese Freiheit von Rollenfestlegung im Kopf gehabt, als er schrieb: „Darum beurteile ich jetzt niemand mehr nach menschlichen Maßstäben ... Wer zu Christus gehört, ist ein neuer Mensch geworden. Was früher war, ist vorbei; etwas ganz Neues hat begonnen" (2 Kor 5,16-17; Gute Nachricht).

Frauen sind verloren, wenn sie zulassen, daß ihre Rolle ihre Identität bestimmt. Im Gefängnis hatte ich Vorbilder – solche, die dort mit mir lebten und solche in Büchern, die ich las – Frauen, die Jesus Christus die erste Stelle in ihrem Leben einräumten. Und dennoch genügten diese Vorbilder nicht, mich davor zu bewahren, Jesus in meinem späteren Leben als meine erste Liebe zu verraten.

Meine eigenen früheren Fehler

Es war während meines Studiums: Ich war überglücklich, als mir Bob Malcolm eines Tages einen Verlobungsring an den Finger steckte. Ich hatte Bob durch die Inter-Varsity Christian Fellowship kennengelernt. Wir waren schon ein paar Jahre miteinander befreundet gewesen, als wir beide an der Universität von Minnesota studiert hatten.

Wir hatten während der ganzen Zeit unserer Freundschaft immer wieder gebetet, um sicher zu sein, daß Gott uns wirklich zusammenführen wollte. Wir hatten vor, für den Herrn gemeinsam als Missionarsehepaar im Ausland zu arbeiten.

Weil wir aber beide noch nicht bereit waren zu heiraten, einigten wir uns auf eine Trennung von zwei Jahren, als Bob mit dem Predigerseminar anfing. Im selben Jahr nahm ich eine Stelle als Lehrerin an, und zwar an einer Schule, in der es nicht erlaubt war, ein christliches Zeugnis abzugeben oder von Jesus zu erzählen. Evangelisation mußte von gläubigen Lehrern und Schülern außerhalb der Schule betrieben werden. Diese Herausforderung reizte mich außerordentlich. Mein Zeugnis dort bewirkte, daß sich Menschen für Jesus entschieden. Der Heilige Geist zeigte seine Wirkung ganz deutlich, denn ich habe es seit der Zeit nie wieder erlebt, daß so viele Schüler von sich aus zu uns kamen, um sich über das Leben mit Jesus zu informieren und Fragen zu stellen. Diejenigen, die ihr Leben Jesus übergaben, erzählten ihren Freunden davon, und auf diese Weise vergrößerte sich die Gruppe stetig.

Wegen dieser einzigartigen evangelistischen Chance und der Tatsache, daß die neuen jungen Christen Betreuer brauchten, schrieb ich nach den abgesprochenen zwei Jahren der Trennung an Bob, die Hochzeit noch um ein weiteres Jahr bis nach Beendigung seiner Seminarzeit zu verschieben. Ich war froh, als er antwortete, er wolle sich die Sache überlegen. Auch mein Vorgesetzter in der christlichen Organisation war einverstanden mit meinem Plan, noch ein weiteres Jahr zu bleiben. Er sagte: „Es wäre einfach unmoralisch, wenn Sie jetzt gingen."

Kurz nach diesen Ereignissen bestätigte Gott meinen Wunsch zu bleiben auf ganz wunderbare Weise, nämlich indem er uns ein Haus beschaffte, das genau gegenüber von der Schule lag. Wir durften dieses Haus als Schülerzentrum benutzen, von wo aus wir unsere Evangelisationstätigkeit noch ausbauen konnten. Ich hatte die Hoffnung, Bob würde nach Beendigung seiner Ausbildung entweder bei dieser Arbeit mithelfen oder es würde jemand meine Stelle übernehmen, der eine ähnliche Perspektive für diese Arbeit hatte wie ich. Aber andere Mitglieder der Organisation, zu der ich gehörte, hielten nicht viel von einer Frau, die ihre Hochzeit verschob, um ihre Arbeit fortzusetzen. Der Ortsvorsitzende meinte, es sei für die Organisation besser, wenn ich, wie vorgesehen, meine Arbeit abschlösse und heiratete.

Nachdem ich von der Leitung der Gesamtorganisation den Auftrag erhielt, meine Arbeit zu beenden, zogen dieser Ortsvorsitzende und seine Frau in das Schülerzentrum und benutzten es sowohl als Wohnung als auch als Sitz für ihre eigene Arbeit und die Arbeit mit den Schülern. Die Folge war, daß der Hausbesitzer, der das Haus kostenlos für die evangelistische Schülerarbeit zur Verfügung gestellt hatte, sich hintergangen fühlte.

„Ich habe das Haus für Sie gekauft", sagte er mir – er meinte damit aber nicht mich persönlich, sondern die evangelistische Arbeit in der Schule, an der ich unterrichtete (ein paar Jahre später forderte er das Haus zurück und überschrieb es einer anderen Gruppe, deren Anliegen die Evangelisationsarbeit unter Schülern war).

Ich habe mich als Frau selten so ohnmächtig gefühlt, wie damals in dieser Organisation, die ausschließlich von Männern geleitet und verwaltet wurde. In dem Machtkampf zwischen dem Regionalleiter und dem Ortsvorsitzenden war ich eine Frau, die nichts zu sagen hatte. Und darüberhinaus ließen diejenigen, die mich geistlich leiten und führen sollten, mich gerade in dem Augenblick im Stich, als ich sie am meisten brauchte. Der Konflikt wurde noch verstärkt durch meine Loyalität und Zuneigung zu der Gruppe, der ich mich während der ganzen Zeit dort in der Evangelisation gewidmet hatte. Um der Einheit unter den Christen willen war es mir einfach nicht möglich, die Organisation zu verlassen und weiter zu unterrichten.

Und deshalb heiratete ich Bob Malcolm auf dem Hintergrund all dieser ungeklärten Fragen.

Wir hatten beide die tiefe Gewißheit, daß unsere Verbindung von Gott gewollt war, aber ich war mir nicht so sicher, ob wir zum richtigen Zeitpunkt heirateten. Bob liebte mich wirklich. Er war so umsichtig und lieb wie er nur konnte. Aber die Frage nach dem richtigen Zeitpunkt der Hochzeit beeinflußte unsere ersten vier gemeinsamen Jahre.

Die erste Zeit unserer Ehe war geprägt von den normalen Konflikten, die ein Mann und eine Frau haben, wenn sie lernen müssen, sich an das Zusammenleben zu gewöhnen. Aber in mir war eine starke innere Anspannung, weil ich mit dem Kummer fertigwerden mußte, daß ich meine Lehrerstelle und die tiefen Freundschaften

mit meinen Schülern, die zu Jesus gefunden hatten, aufgegeben hatte. Ungefähr zur gleichen Zeit bemühte ich mich, Ansichten über „Christsein als Frau" zu akzeptieren, die in meiner Umgebung üblich waren, die mein Mann aber weder teilte noch von mir erwartete.
Ich meinte, mich mit der christlichen Version des „Weiblichkeitswahns" anfreunden zu müssen. Das Ironische daran war, daß ich mich jetzt unglaublich anstrengte, genau die Ideen zu akzeptieren, die ich acht Jahre vorher, als ich in die Vereinigten Staaten gekommen war, noch ganz klar und entschieden abgelehnt hatte.
Ich hatte die Aufforderung Gottes, den schmalen Weg geradeaus weiterzugehen, nicht befolgt, und jetzt hatte ich mich verlaufen.
Ich hatte die Worte Jesu vergessen: „Wenn ihr nach rechts oder links abbiegen wollt, werdet ihr hinter euch eine Stimme hören, die zu euch sagt: Dies hier ist der Weg, dem ihr folgen sollt" (Jes 30,21; Gute Nachricht).
Ich hörte nicht hin. Stattdessen hörte ich auf das, was allgemein gedacht und gelehrt wurde, nämlich daß es die Rolle der Frau sei, ihren Mann in seinem Dienst zu unterstützen, daß man Hausfrau sein und die Kinder erziehen müsse, um wirklich dem Herrn zu gehorchen. Ich versäumte es, diese allgemein gängigen Lehren mit den Aussagen der Bibel zu vergleichen, so wie es die Christen von Beröa getan hatten („Diese aber waren freundlicher als die in Thessalonich; sie nahmen das Wort bereitwillig auf und forschten täglich in der Schrift, ob sich's so verhielte"; Apg 17,11).
Ich war eine Frau, die mit sich selbst auf Kriegsfuß stand. Während ich in meinem Bewußtsein versuchte, mich damit abzufinden, daß der Beitrag, den eine Frau zum Reich Gottes leisten kann, nun einmal begrenzt ist, rebellierte mein Unterbewußtsein dagegen. Ich wußte, daß ich mir selbst, meinen Eltern und allem, was ich über christliches Frausein gelernt hatte, untreu wurde. Die Folgen davon waren verheerend.
Niemand kann die biblischen Grundregeln, die uns von gläubigen Eltern gelehrt werden, einfach außer acht lassen und unbeschadet davonkommen. Überwältigt von meinem Kummer darüber, daß ich meine Aufgabe verlassen hatte und mich nun abmühte, in die Rolle einer Hausfrau zu passen, die sich unterordnet, hatte ich das Gefühl, dabei meine Identität zu verlieren. Wer war ich eigentlich? Zum ersten Mal in meinem Leben entwickelte ich das „Ich-bin-nur-eine-Frau-Syndrom".
Als ich mich nicht mehr als wertvolle Nachfolgerin und als Erntearbeiterin, als Freundin Jesu Christi betrachten konnte, da wurde ich

krank. Monatelang mußte ich das Bett hüten aufgrund dieses Fiebers, dessen Ursache niemand herausfinden konnte. Nachdem das Fieber vorbei war, geriet ich in eine tiefe Depression. Ich wurde von Schuldgefühlen überfallen darüber, daß ich meine erste Liebe verlassen hatte – einige dieser Schuldgefühle kamen sicher von Gott, andere beruhten auf falscher Reue.

Das Vorbild meiner Mutter, die eine neue Missionsarbeit in Taiwan übernommen hatte, als sie schon sechzig war, verschlimmerte meine Schuldgefühle nur noch. Meine Mutter war der Ansicht, ich solle aus dem Haus gehen, die ganze Welt evangelisieren und die Gaben, die Gott mir geschenkt hatte, nutzen, um anderen zu helfen. Als Krankenschwester und Christin war sie zutiefst von der Tatsache überzeugt, daß man krank wird, wenn man nicht das tut, was Gott von einem will. Sie erkannte oft bei Frauen ihres eigenen Alters, daß sie krank waren, weil sie dem Willen Gottes für ihr Leben nicht folgten.

Sie glaubte nicht, daß jeder ein Missionar sein müsse oder daß jeder dieselben Gaben habe, aber sie war davon überzeugt, daß jeder Mensch, der Jesus nachfolgt, Gaben hat, die er Jesus zum Bau seines Reiches zur Verfügung stellen muß.

Zu Gottes Plan mit dieser Welt gehört, daß Menschen die Fähigkeiten, die sie von Gott bekommen haben, nutzbar machen. In dem Buch *The Truth about You* (Die Wahrheit über dich selbst; Anm. d. Übers.) schreiben die Autoren:

„Können Sie sich vorstellen, wie die Welt davon profitieren würde, wenn Menschen auf der Grundlage ihrer Begabungen ausgebildet und angestellt würden? Unabhängig davon wie alt oder jung sie auch sein mögen, wie niedrig sie sich selbst auf der allgemein üblichen Werteskala einordnen mögen oder wie ärmlich ihre Ausbildung oder ihr familiärer Hintergrund auch sein mag – sie haben Gaben bekommen. Sie sind ein Teil des Plans, und sie haben darin eine Rolle zu spielen, die sie selbst ganz ausfüllen und die anderen gefallen wird. Machen Sie sich daran, Ihre Aufgabe zu entdecken."[5]

Meine Mutter hätte dazu laut „Amen" gesagt. Während meiner Identitätskrise erkannte sie, daß ich mich dem Plan und der Aufgabe, die Gott für mich hatte, widersetzte. Sie hatte es miterlebt, wie ich meine Lehrerinnenstelle aufgegeben hatte, die untrennbar mit der Evangelisationsarbeit verbunden gewesen war. Und nun hatte ich mich so sehr hinter dieser Art des Weiblichkeitswahns verschanzt, daß ich davon überzeugt war, mich auf das Führen des Haushalts beschränken zu müssen. Auf jeden Fall erkannte meine Mutter, daß Bob an meiner Krise keine Schuld hatte.

Und sie war so gespannt, ihr Enkelkind zu sehen, daß sie es – mit dem ihr eigenen Spürsinn – schaffte, genau an dem Tag aus Taiwan anzukommen, an dem unser Kind geboren wurde.

Wir verbrachten sowohl schöne Tage miteinander als auch Tage voller Spannungen. Es tat ihr weh zu sehen, wie ich mich dem anpaßte, was sie „Männerverehrung" zu nennen pflegte und was immer auch bedeutete, daß Frauen im Hintergrund zu bleiben hatten. Während ich diese mir eigentlich fremde Lehre zu verteidigen suchte, schüttelte sie nur den Kopf und sah mich mit traurigen blauen Augen an. Ich wußte, sie litt für mich. Jahre zuvor hatte Mutter in die Bibel, die sie mir zum 21. Geburtstag geschenkt hatte, geschrieben: „Meine Tochter, bewahre das Gebot Deines Vaters und laß nicht fahren die Weisung Deiner Mutter" (Spr 6,20). Während meiner gesamten Kindheit und Jugend hatten meine Eltern mich gelehrt, daß es für Jesus keinen Unterschied zwischen Männern und Frauen gibt (Gal 3,28). Immer wenn wir die Ungleichheit zwischen Männern und Frauen vor der Zeit Maos diskutierten, dann ordneten sie dies dem damals geltenden heidnischen Wertesystem zu. Ich wußte nicht, wie sehr so ein heidnisches Wertesystem, jetzt aus Europa anstatt aus Asien, die Gemeinden bereits durchdrungen hatte, als ich in die Vereinigten Staaten kam.

Von Christus eine Identität erhalten

Nachdem ich mich an die kulturellen Gegebenheiten in den Vereinigten Staaten angepaßt hatte, vergingen viele Jahre bevor mir klar wurde, wie sehr ich meine Identität in den üblichen beliebten Rollen gesucht hatte. Langsam, Schritt für Schritt, begann ich zu entdecken, daß die Bibel voller Geschichten über Frauen ist, deren Rollen sich erst aus ihrer Identität als Nachfolgerinnen Jesu ergaben.

Wenn ich an die Jünger dachte, die Jesus nachfolgten, hatte ich immer an Männer wie Petrus, Jakobus und Johannes gedacht, die von ihren Netzen wegliefen, um Jesus zu folgen. Aber dann entdeckte ich eine andere Seite der Geschichte. In Lukas 8,1-3 las ich über Johanna, Susanna und Maria Magdalena und all die anderen Frauen, die aus ihren Rollen als Töchter und Ehefrauen ausbrachen, um Jesus nachzufolgen und die Gute Nachricht weiterzuverbreiten.

Ich war fasziniert von der Tatsache, daß es gerade Maria Magdalena gewesen war, die den Jüngern die Auferstehung Jesu verkündigt hatte. Zuvor hatte Jesus sie als Person angenommen, ihr die neue Identität als seine Jüngerin gegeben. Dadurch hatte Jesus vielleicht die Grundlage dafür geschaffen, daß Maria Magdalena eine Frau wurde, die die Fähigkeit hatte, auf andere Menschen zuzugehen. Das kam ihr sehr zustatten, als sie die Ablehnung der Jünger ertragen mußte, die ihr nicht glauben wollten. Für Jesus aber ermöglichte es Maria Magdalenas Identität als treue Jüngerin, daß sie die Rolle der Verkünderin der Frohen Botschaft übernahm.

Langsam begriff ich, daß Jesus mehr am Gehorsam einer Frau interessiert ist als an den Rollen, die sie spielt. In der Geschichte von Maria und Martha (Lk 10,38-42) beschwert sich Martha darüber, daß ihre Schwester nicht die traditionelle Rolle ausfüllt, den Gästen das Essen zu bereiten. Stattdessen setzt sie sich zu Jesus und hört ihm zu. Es scheint so, als habe Maria die Haltung einer Jüngerin einnehmen wollen, die ganz eins sein will mit ihrem Lehrer, genau wie Paulus sich selbst als jemanden bezeichnete, der „aufgewachsen ... zu Füßen Gamaliels" (Apg 22,3).

Es gibt viele Leute, die die Geschichte von Maria und Martha so interpretieren, daß es für Frauen zwei Auswahlmöglichkeiten gibt: zum einen die Rolle der Gelehrten und zum anderen die Rolle der eifrigen Gastgeberin. Aber Jesus gab Maria und Martha diese Wahlmöglichkeit nicht. Er tadelte Martha für ihre Geschäftigkeit, indem er sagte: „Eins aber ist not. Maria hat das gute Teil gewählt; das soll nicht von ihr genommen werden" (Lk 10,42). Marias Identität als Jüngerin war für Jesus wichtiger als ihre Rolle als Gastgeberin, ganz unabhängig davon, wieviel Arbeit in der Küche auf sie wartete. Jesus wünschte sich, daß auch Martha ihre Identität als seine Nachfolgerin vor ihre sozialen Verpflichtungen stellte.

Eine andere Bibelstelle, die ich nie richtig begriffen hatte, war die Geschichte von der Frau, die zu Jesus sagte: „Selig ist der Leib, der dich getragen, und die Brüste, an denen du gesogen hast" (Lk 11,27). Jesus wies diese Ehrerweisung nicht zurück, sondern er nutzte die Gelegenheit, um den Glauben der Frau zu vertiefen. Jesus gab zwar zu, daß er seiner Mutter dankbar war für ihre Rolle als seine Erzeugerin, aber er gab auch zu verstehen, daß es im Leben von Frauen noch eine weitere Dimension gäbe.

„Selig sind, die das Wort Gottes hören und bewahren" (Lk 11,28), sagt Jesus und meint dabei Maria, die ihn vom Heiligen Geist empfangen hat. Ihr Gehorsam begann damit, daß sie ihre Identität als „des Herrn Magd" erkennt und annahm (Lk 1,38).

Damit lud Jesus alle Frauen dazu ein, ihre wahre Identität in ihrer Beziehung zu Gott zu finden.

Während ich selbst mit meiner eigenen Identitätsfrage kämpfte, habe ich oft Trost gefunden in der Verheißung Jesu: „Denn wer

Gottes Willen tut, der ist mein Bruder und meine Schwester und meine Mutter" (Mk 3,35).

Der Zusammenhang dieser Aussage ist der, daß Jesus mitgeteilt wird, seine Mutter und seine Brüder stünden vor dem von einer Menschenmenge umringten Haus. Er reagiert auf diese Mitteilung mit der Frage: „Wer ist meine Mutter und wer sind meine Brüder?" Jesus antwortet, indem er sagt: jeder Mann und jede Frau, die sich als gehorsame Jünger mit ihm identifizieren, wird die Ehre haben, sein Bruder, seine Schwester oder seine Mutter zu werden.

Wenn diese Antwort Jesu schon Musik in meinen Ohren war, wie mag sie dann wohl erst auf die Frauen der damaligen Zeit gewirkt haben, deren Identität ausschließlich durch die Mutterschaft bestimmt war? Unter den Frauen des Neuen Testamentes, die ihre Identität darin fanden, Jüngerinnen Jesu zu sein, waren auch Mütter wie Lois und ihre Tochter Eunike, die Timotheus sein Wissen über die Heilige Schrift vermittelten (2 Tim 1,5; 3,14-15).

Unzählige Frauen haben seither ihre Identität als Jüngerinnen Jesu Christi gefunden und aus dieser Identität dann ihre jeweilige Rolle wachsen lassen.

Mir tut es jetzt unendlich leid, daß ich das jahrelang nicht begriffen habe, und daß ich mich dadurch von dem entfernt habe, was mich meine gläubigen Eltern gelehrt hatten.

Warum kam ich vom richtigen Weg ab? Weil wir uns auf einem sehr schmalen Weg befinden, wenn wir den Weg mit Jesus gehen, gegen allgemein übliche Lehren und Weltanschauungen. Jesus selbst hat vorausgesagt: „Nur wenige werden den Weg finden."

Es gibt heute nicht genug Frauen, in denen der brennende Wunsch ist, zu Jesu Füßen zu sitzen, wie es Maria getan hat.

Wenn ich auf die Jahre zurückblickte, in denen ich die Rolle der Martha innehatte, dann fragte ich mich oft, weshalb mir diese Erfahrung nicht erspart blieb. Die Antwort habe ich immer wieder zu hören bekommen: „Du hättest niemals die Frauen richtig verstehen können, die durch von Männern bestimmte Traditionen beherrscht werden, wenn du es nicht am eigenen Leib erlebt hättest." Gott „tröstet in aller unserer Trübsal, damit auch wir trösten können, die in allerlei Trübsal sind, mit dem Trost, mit dem wir selber getröstet werden von Gott" (2 Kor 1,4).

Rückblickend kann ich diese ganze Erfahrung, die damit begann, daß ich meine Stelle als Lehrerin aufgab, als eine der schwierigsten Situationen betrachten, die Gott zu unserem Besten umkehren kann, genau wie er es auch schon mit meiner Zeit im Straflager getan hatte. Ich kann jetzt darauf zurückblicken mit der tiefen

Gewißheit, „daß denen, die Gott lieben, alle Dinge zum Besten dienen" (Röm 8,28). Wenn ich mich je dazu entschließen sollte, mir einen Bibelvers eintätovieren zu lassen, dann müßte es Römer 8,28 sein.

Durch diese Erfahrung habe ich auch viel über Vergebung gelernt und darüber, wie der Himmel sich über einen einzigen Sünder freut, der umkehrt (Lk 15,7). Ich bin so eine Sünderin gewesen. Und wie die Sünderin, von der im Lukasevangelium die Rede ist, weiß auch ich, daß, wer viel Vergebung braucht, auch viel liebt (Lk 7,47). Als Sünderin, die Vergebung erfahren hat, habe ich auch entdeckt, daß derselbe Gott, der uns vergibt, auch unsere emotionalen Defekte und unsere negativen Erinnerungen aus der Vergangenheit heilt.

Aus diesem Grund kann ich auf all die schwierigen Situationen in meinem Leben schauen und mit dem Psalmisten in Lob und Anbetung einstimmen:

> Lobe den Herrn, meine Seele,
> Und was in mir ist
> Seinen heiligen Namen!
> Lobe den Herrn, meine Seele,
> Und vergiß nicht, was er dir Gutes getan hat:
> Der dir alle deine Sünde vergibt
> Und heilt all deine Gebrechen.
> (Ps 103,1-3)

Durch den Prozeß von Vergebung und Heilung fing ich wieder an, Gott anzubeten und konnte so meine Identität in der Beziehung zu Jesus als der ersten großen Liebe finden. Welch langen Weg mußte ich gehen, bevor meine Ehe die Beziehung meiner Eltern zu Gott und zueinander widerzuspiegeln begann, eine Beziehung, die auf dem Glauben beruhte, daß sie beide dazu aufgerufen waren: „daß ihr eure Leiber hingebt als ein Opfer, das lebendig, heilig und Gott wohlgefällig ist. Das sei ein vernünftiger Gottesdienst" (Röm 12,1).

Teil II

DIE MACHT DES EVANGELIUMS

Kapitel 4: Einstürzende Mauern

Die bombastische Marmortreppe, die ich immer so bestaunt hatte, wurde plötzlich zu einem Ort eines tiefen inneren Schmerzes.
Wie betäubt stand ich da und beobachtete Patricia, wie sie munter die Treppe herunterrannte, und tief in mir empfand ich einen Hauch von Diskriminierung. Patricia und ich waren gerade aus unserer dreijährigen Gefangenschaft in einem japanischen Straflager in China entlassen worden. Zusammen mit 1600 anderen Gefangenen hatten wir gelitten und uns gegenseitig als Leidensgenossen und Mitgefangene betrachtet.
Dann kam der Tag der Befreiung. Amerikanische Fallschirmjäger fielen vom Himmel, um uns zu befreien. Voller Freude über unsere wiedergewonnene Freiheit verließen wir alle gemeinsam das vertraute Lager mit dem elektrischen Stacheldraht und dem tiefen Graben.
Unser erster Aufenthaltsort war das wundervolle Hotel in Tsingtao, das die Japaner während der Kriegsjahre in erstaunlich gutem Zustand erhalten hatten.
Ergriffen von all der Pracht stammelte ich: „Ist es nicht toll, an so einem Ort zu sein?"
Patricias Antwort kam wie aus der Pistole geschossen, bevor sie weiter die Treppe hinabging: „Ach, das ist doch nichts Besonderes. Ich habe immer in so einer Umgebung gelebt. Für mich ist das nichts Neues!"
Patricia wollte mich daran erinnern, daß sie vor der Zeit im Lager die Tochter eines reichen Geschäftsmannes, ich dagegen nur ein armes Missionarskind gewesen war.
Ich habe ähnliches bei vielen jungen Leuten während meiner Collegezeit erlebt. Wie ein Straflager, so ist auch das College eine Art Schmelztiegel für Männer und Frauen, arm und reich und für Angehörige verschiedener Rassen. Viele wählen in dieser kosmopolitischen Atmosphäre ihren Lebenspartner. Einige entdecken oder festigen während ihrer Collegezeit auch ihre Beziehung zu Jesus Christus. Oft entstehen tiefe Freundschaften innerhalb kleiner Gruppen, in denen Austausch stattfindet und in denen sich Studenten treffen, um über ihren Glauben zu sprechen. In solchen

christlichen Gemeinschaften werden die Schranken von Rasse, Klasse und Geschlecht oft vergessen.
Aber nach der Collegezeit werden diese trennenden Barrieren im Denken der ehemaligen Studenten unweigerlich wieder aufgebaut. Warum ist das so? Weil diese trennenden Barrieren in den Köpfen der Menschen nicht aufgehört haben zu existieren, und weil wir nicht mehr so sehr darauf achten, dem Konformitätsdruck zu widerstehen.
Bald nach seinem Hochschulabschluß entdeckt der ehemalige Student, daß der Weg auf der wirtschaftlichen und sozialen Leiter schneller und sicherer ist und oft nur dann funktioniert, wenn man die richtigen Leute kennt. Und deshalb hat man keine Zeit mehr, sich mit gesellschaftlichen „Nieten" zu befassen – mit den Betrügern, Prostituierten und Säufern, mit denen sich Jesus so selbstverständlich zusammensetzte. Und langsam aber sicher erkennen die ehemaligen radikalen Christen, daß sie genau den Lebensstil angenommen haben, den sie bei ihren Eltern verurteilt haben. Genau wie Patricia, das Mädchen aus dem Straflager, befinden sie sich wieder in ihrer alten Spur.
Diejenigen, die geheiratet haben, nachdem sie sich am Anfang des Studiums kennen- und lieben gelernt hatten, werden mit Hindernissen konfrontiert, wenn sie in die wirkliche Welt hinausmüssen. Auch sie rutschen ganz schnell in die Verhaltensmuster, die sie aus ihrer Studentenperspektive immer verachtet haben. Aber während der Studienzeit war auch alles einfacher. Dort waren sie in einer christlichen Gemeinschaft gewesen, hatten viel Austausch und Anregungen gehabt. Und in der Philosophievorlesung hatten sie nebeneinander gesessen und sich zum selben Thema Gedanken gemacht. Im Gegensatz dazu verläßt der erfolgreiche junge Mann jetzt morgens im Dreiteiler das Haus, um ins Büro zu gehen und sich dort mit den wirklich wichtigen Dingen der Welt zu befassen, während seine Frau zu Hause bleibt, mit einem Berg von schmutzigem Geschirr und schmutziger Windeln, um die nächsten zehneinhalb Stunden alleine in einer Wohnung mit ein paar lebhaften Kleinkindern zu verbringen.

Das Beispiel Jesu

Auf dem Hintergrund einer Welt der Unzulänglichkeit ist das Evangelium für uns wirklich Grund zur Hoffnung. Derselbe Gott, der es ablehnt, uns vorgefertigte, gesetzliche Einheitsantworten auf unsere Fragen zu geben, lehnt es ebenso ab, uns in Menschen, die viel und solche, die weniger Glück haben, einzuteilen. Jesus hat

Vorurteile gegen Geschlecht, Klasse oder Rasse niemals gutgeheißen. Er wagte es, all diese Hindernisse einfach zu übergehen, als er sich an den Brunnen vor der Stadt Sychar setzte und dort begann, mit einer Frau zu sprechen – etwas, das sich für einen jüdischen Mann einfach nicht gehörte. Aber diese Frau war nicht nur eine einfache Frau, sondern sie hatte dazu noch einen recht fragwürdigen Ruf, entstammte der unteren Gesellschaftsschicht und hatte sich einer ketzerischen Religion angeschlossen. Kein Wunder, daß die Jünger neugierig wurden, als sie dazukamen, „und sie wunderten sich, daß er mit einer Frau redete" (Joh 4,27).

Aber Jesus fühlte sich nicht unwohl. Er wollte auch nicht essen, als die Jünger ihm etwas anboten. Er erklärte ihnen sein Empfinden des Erfülltseins, indem er ihnen indirekt mitteilte, was mit der Frau geschehen war. Sie war ihrer ersten großen Liebe an dem Tag begegnet, als Jesus ihr lebendiges Wasser anbot. Und dieses Wasser war so gut, daß sie sofort loslief und es allen Leuten in der Stadt weitersagte. Eines Tages würden die Jünger ernten, was diese Frau gesät hatte, denn in der Apostelgeschichte 8,4-25 ist von einer starken Gemeinde in Samarien die Rede. Aber Jesus erinnert sie: „Ich habe euch gesandt zu ernten, wo ihr nicht gesät habt; andere haben gearbeitet und euch ist ihre Arbeit zugute gekommen" (Joh 4,38).

Wäre es wohl möglich, daß Jesus dieser Frau Anteil gab an der Evangelisierung von Samarien? Mit diesen revolutionären Worten durchschnitt Jesus die enge Verbindung, die er nach Meinung seiner Nachfolger mit der irdischen, von Männern beherrschten religiösen Hierarchie der Oberklasse hätte haben sollen. Und als Jesus die folgenden Worte sagte, muß es ihnen wie ein Hieb vorgekommen sein:

„Sie sitzen oben an bei Tisch und in den Synagogen und haben's gern, daß sie auf dem Markt gegrüßt und von den Leuten Rabbi genannt werden. Aber ihr sollt euch nicht Rabbi nennen lassen, *denn einer ist euer Meister, ihr aber seid alle Brüder,* und ihr sollt niemanden unter euch Vater nennen auf Erden, denn einer ist euer Vater, der im Himmel ist. Und ihr sollt euch nicht Lehrer nennen lassen, denn einer ist euer Lehrer: Christus. *Der größte unter euch soll euch Diener sein"* (Mt 23,6-11; Hervorhebungen d. Verf.).

Irgendwie haben wir anscheinend diese Worte vergessen, denn wir haben die jüdische, männliche religiöse Hierarchie ausgetauscht gegen die normalerweise weiße, männlich beherrschte, gut bezahlte religiöse Hierarchie der meisten Kirchen. Alles, was Jesus am Anfang seines Wirkens gesagt und getan hat, steht in krassem Widerspruch zu diesem Aspekt unseres Christseins – zumindest des nach außen sichtbaren Christseins.

Wörter wie: Hierarchie, Autorität, Kontrolle, Beherrschen und Befehlsordnung sind in dem, was Jesus lehrte, kaum zu finden. Als Jakobus und Johannes Jesus darum baten, ihnen doch die Ehrenplätze zu seiner Rechten und Linken zu reservieren, da sagte Jesus:

„Ihr wißt, die als Herrscher gelten, halten ihre Völker nieder, und ihre Mächtigen tun ihnen Gewalt an. Aber so ist es unter euch nicht, sondern, wer groß sein will, der soll euer Diener sein; und wer unter euch der Erste sein will, der soll aller Knecht sein. Denn auch der Menschensohn ist nicht gekommen, daß er sich dienen lasse, sondern daß er diene und sein Leben gebe als Lösegeld für viele" (Mk 10,38; 42-45).

Jesu Aufruf zum Dienen ist vielleicht seine härteste Aufforderung an uns. Er fordert damit, daß wir alle Schranken der Diskriminierung überwinden und uns für ein Leben des Dienens entscheiden, statt für ein Leben des Beherrschens. Diese Lehre steht im krassen Gegensatz zu unserem menschlichen Streben nach Macht und Vorherrschaft.

Wir bauen Hierarchien von Autorität auf, die uns voneinander trennen, obwohl Jesus uns doch zur Einheit durch lebendiges Dienen aufgerufen hat. Weil wir Menschen sind, brauchen wir Aufgaben, die uns zugeordnet sind, und eine Aufteilung der Arbeit zu Hause, in der Gemeinde und in der Gesellschaft. Aber es handelt sich um ein Mißverständnis, wenn wir die uns zugedachte Position benutzen, um andere Menschen im Namen „geistlicher Autorität" oder „göttlicher Ordnung" zu beherrschen. Wenn sich Geistliche und Ehemänner zwischen Jesus und den einzelnen Gläubigen stellen, dann lassen sie einen Grundpfeiler der Wahrheit außer acht: „Denn es ist ein Gott und ein Mittler zwischen Gott und den Menschen, nämlich der Mensch Jesus Christus" (1 Tim 2,5).

In seiner Funktion als Mittler zwischen Gott und den Menschen ruft Jesus uns dazu auf, die neue Ordnung des Dienens anzunehmen. Dieser Aufruf ist verpackt als Einladung, eine persönliche Beziehung mit Jesus Christus zu beginnen: „Liebet ihr mich, so werdet ihr meine Gebote halten ... Ihr seid meine Freunde, wenn ihr tut, was ich euch gebiete" (Joh 14,15; 15,14). Diese Einladung, eine persönliche Beziehung mit ihm einzugehen, zeigt, daß seine Autorität auf der Liebe der Menschen zu ihm beruht. Er hat nie von jemandem verlangt, ihm zu gehorchen, weil er der Messias oder der gute Hirte war. Jesus lehrte durch sein Beispiel. Beim letzten

Abendmahl wollte er den Jüngern eine letzte Anschauung des Dienens geben:
„Da stand er vom Mahl auf, legte sein Obergewand ab und nahm einen Schurz und umgürtete sich. Danach goß er Wasser in ein Becken, fing an, den Jüngern die Füße zu waschen, und trocknete sie mit dem Schurz, mit dem er umgürtet war" (Joh 13,4-5).
Er entschied sich dafür, die Aufgabe zu verrichten, die in jener Kultur Frauen für ihre Männer und Sklaven für ihre Herren zu tun hatten. Und so überwand er die Schranken. Er fährt fort: „Wenn nun ich, euer Herr und Meister, euch die Füße gewaschen habe, so sollt auch ihr euch untereinander die Füße waschen ... Wenn ihr dies wißt, selig seid ihr, wenn ihr's tut" (13,14.17).
Warum sind wir so sehr damit beschäftigt, zu Hause, in der Gemeinde und in der Gesellschaft, Klassen und Schichten zu bilden, wenn Jesus uns doch dazu aufgefordert hat, eine Haltung liebevollen Dienens einzunehmen? Er lädt uns zu einer neuen Ordnung ein, in der wir alle gleichrangige Brüder und Schwestern sind, die einander dienen wollen, ganz unabhängig von Rasse, Klasse oder Geschlecht. Diese Grundhaltung des Dienens ist aber nur möglich, wenn wir als Sünder zum Kreuz kommen.
Jesus nahm keine berühmten religiösen Führer, wohltätige Geschäftsleute oder Patriarchen als Beispiele für Glauben. Nein, er nahm ein Kind.
„Jesus rief ein Kind zu sich und stellte es mitten unter sie und sprach: Wahrlich, ich sage euch: Wenn ihr nicht umkehrt und werdet wie die Kinder, so werdet ihr nicht ins Himmelreich kommen. Wer nun sich selbst erniedrigt und wird wie dies Kind, der ist der Größte im Himmelreich. Und wer ein solches Kind aufnimmt in meinem Namen, der nimmt mich auf" (Mt 18,2-5).
Diese Worte Jesu waren auch deshalb so wichtig, weil zu seinen Lebzeiten „Kinder keine Rechte hatten; und besonders Mädchen und die Kinder von Sklaven galten wenig". Hans-Ruedi Weber fährt fort, das Los der Jungen zu beschreiben:
„Diejenigen, die noch nicht das Shema rezitieren konnten, das Grundbekenntnis des jüdischen Glaubens, und diejenigen, die die Regeln der Thora, den Willen des lebendigen Gottes, noch nicht auswendig konnten, durften noch nicht uneingeschränkt am Gottesdienst und dem Leben des Volkes teilnehmen. Jesu Art, mit Kindern umzugehen, stand also in scharfem Kontrast zu dem, was zur damaligen Zeit üblich war. Seine Worte waren so erstaunlich, daß sogar seine Jünger sie nicht verstanden."[1]
Die Geschichte ist übersät mit „kleinen Leuten" – seien es nun

Kinder oder die Unterdrückten – die den durchschnittlich religiös eingestellten Mittelklasse-Erwachsenen meilenweit voraus waren, was ihr Verständnis des Reiches Gottes betraf.
Und dennoch weigern wir uns weiterhin, diesen Aspekt der Lehre Jesu zu sehen, und wir errichten Mauern, die Weiße von Farbigen, junge Menschen von alten, reiche von armen und die alteingesessenen Einwohner unseres Landes von neu hinzukommenden Fremden trennen. Aber Jesus ist mit uns allen sehr geduldig, und er hält seine Einladung aufrecht: „Nehmt auf euch mein Joch und lernt von mir; denn ich bin sanftmütig und von Herzen demütig; so werdet ihr Ruhe finden für eure Seelen. Denn mein Joch ist sanft, und meine Last ist leicht" (Mt 11,29-30).
Jesus ist der einzige Führer im Verlauf der ganzen Weltgeschichte, der mit Recht von sich behaupten kann, sanftmütig und demütig zu sein. Er ruft uns auf, ihm in seiner Spur zu folgen. Während wir uns einen Führer als Person mit Macht und Autorität vorstellen, erscheint Jesus als hilfloses Kind in einem Stall. Das ist das Paradoxe am Evangelium. Jesus hat an diesem demütigen Beginn nie etwas verändert. Er wurde nie ein politischer Führer am Hof eines Unterdrückers wie zum Beispiel Joseph, Mose und Daniel. Er blieb der Zimmermannssohn und forderte die Menschen auf, zu glauben wie Kinder und eine dienende Grundhaltung einzunehmen.

Die Urgemeinde

Die Gemeinden, die von den Jüngern gegründet wurden, wurden erhalten durch die Ermahnung, der Spur Jesu zu folgen. In jedem Zeitalter hat es Gläubige gegeben, die auf gefährliche Art und Weise dem Diktat ihrer Meister unterworfen waren. Aber vielleicht ist das Leben in der Zeit der ersten Gemeinden für uns am interessantesten. Die verachteten Jünger hatten den Vorteil, richtig anfangen zu können, nämlich am Pfingsttag.
Ungefähr achthundert Jahre zuvor hatte der Prophet Joel durch Gottes Fernrohr geblickt und gesehen, was an jenem besagten Pfingsttag geschehen würde. Zu einer Zeit, in der Frauen zum Besitz gehörten wie das Vieh, und Sklaven wie Lasttiere benutzt wurden, schrieb Joel auf, was Gott ihm offenbart hatte: „Und nach diesem will ich meinen Geist ausgießen über alles Fleisch und eure Söhne und Töchter sollen weissagen ... Auch will ich zur selben Zeit über Knechte und Mägde meinen Geist ausgießen" (Joel 3,1.2).
Lange bevor Paulus schrieb, daß Juden und Griechen in Christus eins seien, hatte Joel eine Vision von dem Tag, an dem es keine

Spannungen mehr geben würde zwischen Rassen, zwischen den Geschlechtern oder zwischen Armen und Reichen. Gott würde seinen Geist nicht nur über die Juden ausschütten, sondern über alle Völker. Eine Folge dieses Ausgießens des Geistes würde sein, daß die Töchter sich den Söhnen in der Verkündigung der Frohen Botschaft anschlössen und so den Machtkampf zwischen den Geschlechtern beendeten. Unter den Menschen, die den Geist Gottes empfangen sollten, würden auch die verachteten Sklaven sein. Und schließlich – auch alle Klassenunterschiede würden verschwinden.

Was ist das für eine wunderschöne Vision, die Joel seiner eigenen Generation und allen zukünftigen Generationen mitteilt!

Das Unmögliche sollte Wirklichkeit werden durch das Evangelium. Vielleicht sah Joel an dem Tag, als sich seine Weissagung erfüllte, vom Himmel herab. Es war der Pfingsttag, der Tag, an dem die Kirche entstand. Männer und Frauen hatten auf diesen Tag gewartet (Apg 1,12-14).

„Sie wurden alle erfüllt von dem heiligen Geist und fingen an, zu predigen in anderen Sprachen" (Apg 2,4). Und Petrus erhob sich und verkündigte, daß an diesem Tag die Weissagung Joels erfüllt sei. Dann zitierte er den genauen Text der Weissagung (Apg 2,16-18).

Wenn wir die Geschichte in Apostelgeschichte 2 lesen, dann haben wir den Eindruck großer Freude und schöpferischer Kraft, die in der großen Menschenmenge frei wird. Was für ein Tag! Wir können uns vielleicht vorstellen, mit wieviel Ehrfurcht diese ersten Gemeindeglieder auf einmal merkten, daß sie vor Gott alle gleich geworden waren. Für all die Unterdrückten wurden die eisernen Tore an dem Tag geöffnet, die Riegel zerbrochen und die Berge der Vorurteile wurden eingeebnet (vgl. Jes 45,2).

Den Sklaven wurde bestätigt, daß sie zur Familie Gottes gehörten. Indem sie in dieser Familie eine neue Identität erhielten, wurden die Sklaven in den ersten Gemeinden durch den Heiligen Geist dazu befähigt, die Gute Nachricht in ihre heidnische Umgebung zu bringen.

In seinem sehr guten Buch *Evangelism in the Early Church* (Evangelisation in den Urgemeinden; Anm. d. Übers.) beschreibt Michael Green archäologische Funde aus jüngster Zeit, die die historischen Aufzeichnungen über „die allgemeine Beeinflussung der Mittel- und Oberschicht der römischen Gesellschaft durch den christlichen Glauben auf dem Wege des Vorbilds von Leben und Wirken der Sklaven und Freigelassenen an ihren Arbeitsstellen" ergänzen.[2]

Es ist für uns nicht einfach, die ganze Tragweite dieser Tatsache zu erfassen, ohne uns noch einmal den Status von Sklaven in der römischen Gesellschaft zu vergegenwärtigen.
Aristoteles hat gesagt: „Ein Sklave ist ein lebendiges Werkzeug, genau wie ein Werkzeug ein lebloser Sklave ist", und Cato riet den Menschen, „verbrauchte Ochsen, verkümmertes Vieh ... alte Werkzeuge, einen alten Sklaven, einen kranken Sklaven und alles, was sonst noch unbrauchbar ist, zu verkaufen."[3]
Auf diesem Hintergrund übernahmen Christen die liebevolle Fürsorge für die Sklaven als Brüder und Schwestern. Nach Aussagen von Ignatius führte diese Form von Liebe dazu, daß finanzielle Mittel der Gemeinden verwendet wurden, um eine bestimmte Anzahl von Sklaven freizukaufen.[4]
Zusammen mit den Sklaven erfuhren auch die Frauen in den ersten christlichen Gemeinden Befreiung, weil sie an den Gottesdiensten, dem Herrenmahl und auch an der Verkündigung des Evangeliums unter den Heiden Anteil hatten. Michael Green beschreibt Frauen, die am „Waschplatz das Evangelium weitertratschten", und er ist der Ansicht, daß „gerade diese Frauen zu den erfolgreichsten Evangelisten gehörten!"
Egal, ob wir so früh wie im 1 Petrusbrief oder erst zur Zeit der Apostolic Constitutions (Apostolischen Satzung) hinschauen, das Reden und das Beispiel der christlichen Ehefrau wird ganz selbstverständlich als Haupteinfluß betrachtet, durch den die Bekehrung des Ehemanns eingeleitet wird.[5]
Die Bedeutung von Frauen im Bereich der Evangelisation, sei es privat oder öffentlich, blieb bis ins zweite Jahrhundert hinein von großer Bedeutung. Frauen wirkten als Prophetinnen, predigten und wurden zu Märtyrerinnen, gemeinsam mit ihren Glaubensbrüdern. Im Fall von Sklaven und Frauen änderten sich zwar die Gesellschaftsstrukturen nicht, aber die Einstellung ihnen gegenüber veränderte sich innerhalb der Familien.
Menschen von heute, die das Gebot der Liebe nicht verstehen, fragen, warum Paulus nicht laut gegen diese Strukturen anging, die Männer und Frauen, Reiche und Arme, Juden und Griechen voneinander trennten. Paulus beantwortet diese Frage im 1 Korintherbrief:
„Obwohl ich frei bin von jedermann, habe ich doch mich selbst jedermann zum Knecht gemacht, damit ich möglichst viele gewinne. Den Juden bin ich ein Jude geworden, damit ich die Juden gewinne ... Denen, die ohne Gesetz sind, bin ich wie einer ohne Gesetz geworden, damit ich die ohne Gesetz gewinne. Den Schwa-

chen bin ich ein Schwacher geworden, damit ich die Schwachen gewinne. Ich bin allen alles geworden, damit ich auf alle Weise einige rette. Alles aber tue ich um des Evangeliums willen, um an ihm teilzuhaben" (1 Kor 9,19-23).

Um der Sache des Evangeliums willen mußte Paulus viele Zugeständnisse machen, die vielleicht von außen wie Widersprüche aussehen mögen. Aber als ein Nachfolger Christi war er nicht doppelzüngig, wenn er sich an einem Tag wie ein Jude verhielt und am nächsten wie ein Heide. Seine große Leidenschaft war es, Männer und Frauen, Reiche und Arme, Juden und Heiden mit Jesus bekannt zu machen.

Virginia Mollenkott verteidigt diese Haltung, indem sie sagt: „Für die Apostel des ersten Jahrhundert war es die Hauptaufgabe, das Evangelium zu verbreiten. Es gab in der damaligen Kultur vieles, was dem Christentum widersprach, wie z. B. die Sklaverei und die Beherrschung der Frauen durch die Männer. Es galt aber, zuerst das Wichtigste zu tun. Obwohl im Neuen Testament all die Prinzipien stehen, die Sklaverei, Rassismus und Unterdrückung durch Männer abschaffen, wenn sie befolgt werden, ist es sehr wichtig, sich nicht von der Grundbotschaft Jesu, des Erlösers, ablenken zu lassen, indem man versucht, alle sozialen Ungerechtigkeiten von heute auf morgen zu beseitigen."[6]

David Sherman hatte bereits im 19. Jahrhundert denselben Gedanken, als er das Buch *Woman's Place in the Gospel* (Die Rolle der Frau im Evangelium) schrieb. Er erklärte:

„Obwohl sich die Apostel eine Zeitlang der Einrichtung der Sklaverei beugten, verbreiteten sie dennoch Grundregeln, mit denen dem bestehenden System die Grundlage entzogen wurde ... Nach derselben Methode wurde auch in der Frauenfrage verfahren ... Die Apostel begannen mit der Aufwertung und Ausbildung von Frauen und ließen die dadurch ausgelöste Bewegung sich dann über die Kanäle weiterverbreiten, die die Vorsehung und die damaligen Geschehnisse zuließen. So bereiteten sie einem viel breiter gefächerten und großartigeren Wirken den Weg, als sie es selbst hätten durchführen können."[7]

Der Gott der Gerechtigkeit

Wenn Männer und Frauen, Schwarze und Weiße, Reiche und Arme sich versammeln, um Jesus Christus anzubeten, dann werden sie entdecken, daß die Liebe, die unter ihnen herrscht, Situationen der Unterdrückung verändert und den Stachel der Diskriminierung entfernt. Nur dann werden Spaltungen am Leib Christi

geheilt werden, denn „ihr ... seid der Leib Christi und jeder von euch ein Glied ... damit im Leib keine Spaltung sei, sondern die Glieder in gleicher Weise füreinander sorgen" (1 Kor 12,27.25).
Unser Gott ist ein Gott der Gerechtigkeit. Dieses Thema hat Maria aufgegriffen, als sie erkannte, daß Gott sie auserwählt hatte – eine unbekannte Frau aus dem verachteten jüdischen Volk, aus einer Familie, die zu arm war, um ein Zimmer in einer Herberge zu bezahlen – für eine so große Aufgabe.
Marias Lobpreis wird immer noch und immer wieder von allen Gemeinden auf der ganzen Welt gehört:

> Meine Seele erhebt den Herrn,
> Und mein Geist freut sich Gottes, meines Heilandes,
> Denn er hat die Niedrigkeit seiner Magd angesehen.
> Siehe, von nun an werden mich selig preisen alle Kindeskinder,
> Denn er hat große Dinge an mir getan, der da mächtig ist
> Und dessen Name heilig ist.
> Er übt Gewalt mit seinem Arm
> Und zerstreut die hoffärtig sind in ihres Herzens Sinn,
> Er stößt die Gewaltigen vom Thron
> Und erhebt die Niedrigen,
> Die Hungrigen füllt er mit Gütern
> Und läßt die Reichen leer ausgehen.
> Er gedenkt der Barmherzigkeit
> Und hilft seinem Diener Israel auf. (Lk 1,46-49; 51-54)

Maria, die arme Frau vom Lande, aus einem besetzten Land, hatte den Ruf gehört, mit Gott zusammenzuarbeiten, um die Welt zu erlösen. Noch bevor sie den Erlöser zur Welt gebracht hatte, verkündete sie, daß die drei Grundpfeiler der Unterdrückung zerstört worden seien. Ich kann Marias Stimme all die Jahrhunderte hindurch hören; die Stimme, die uns sagt, daß, obwohl die Welt voller Ungerechtigkeit ist, dieser Zustand nicht dem Willen Gottes entspricht.
Vielleicht können wir unserer Liebe zu Gott am besten Ausdruck verleihen, wenn wir die Unterdrückung um uns herum am intensivsten wahrnehmen. Es gibt für uns nur einen, an den wir uns wenden können, wenn wir die wirklich vollkommene Gerechtigkeit wollen.

> „Von Gnade und Recht will ich singen
> Und dir, Herr, Lob sagen." (Ps 101,1)

Kapitel 5: Frauen zur Zeit Jesu

Bei der Vorbesprechung des Sonntagsgottesdienstes gab es ein Problem: „Pastor Malcolm, ich hoffe, sie werden es verstehen, wir können Sie im Frühgottesdienst nicht predigen lassen. Aber haben Sie etwas dagegen, wenn wir Ihre Frau bitten zu sprechen?"
Nachdem er sich geräuspert hatte, fuhr der Pastor mit seinem norwegischen Akzent fort: „Sehen Sie, Sie können kein Norwegisch und wegen der norwegischen Einwanderer, die gerade erst angekommen sind, haben wir es uns zur Regel gemacht, daß im Frühgottesdienst nur Norwegisch gesprochen wird. Aber im Abendgottesdienst darf ein wenig Englisch gesprochen werden. Sie können ja dann predigen", fügte er sichtlich erleichtert hinzu.
Wir saßen im Arbeitszimmer des Pastors der norwegischen Freien Evangelischen Gemeinde von Brooklyn, das war die Gemeinde, zu der ich gleich nach meiner Ankunft in den Vereinigten Staaten gehört hatte. Jetzt, als beurlaubte Missionare von den Philippinen, hatten wir vor, uns auf die englische und norwegische Abteilung der Gemeinde zu verteilen. Und nun waren wir mit Verständigungsschwierigkeiten konfrontiert.
Weil die Aufteilung in zwei eigenständige Gottesdienste unter einem Dach eingerichtet worden war, um das Sprachproblem zu lösen, waren die norwegischen Einwanderer sehr darauf bedacht, daß die norwegischen Gottesdienste auch wirklich nur auf Norwegisch gehalten wurden. Als dieser Hintergrund des Gesprächs nun im Arbeitszimmer des Pastors aufgedeckt wurde, da stellten wir fest, daß wir gerade die moderne Fassung des „Juden und Griechen, Mann und Frau"-Dilemmas miterlebten.
Auch wenn Bob ordinierter Pastor war, es nützte ihm nichts, weil ich es war, die Norwegisch konnte. Ich war die Hebräerin unter Hebräern, und mein Mann war der Grieche. Der Pastor war gezwungen, sich zwischen einer jüdischen Frau und einem griechischen Mann zu entscheiden. Vom kulturellen Hintergrund her wäre es leichter zu akzeptieren gewesen, die Frau im Abendgottesdienst predigen zu lassen. Aber warum sollte das Geschlecht des Menschen, der Gottes Wort verkündigt, eigentlich eine Rolle spielen?

Ein goldenes Zeitalter für Frauen

Lassen Sie uns jetzt einen Blick darauf werfen, wie Jesus mit den Frauen umging, die zu seinen Freunden gehörten, und mit denen, die ihm dabei halfen, die Gute Nachricht zu verbreiten. Es fing alles

mit Maria an, die sich selbst als Magd des Herrn bezeichnete. Als Maria erfuhr, daß sie bald schwanger sein würde, vertraute sie darauf, daß Gott ihre Beziehung zu Joseph regeln würde. Maria geriet nicht in Panik darüber, daß der Mann, mit dem sie verlobt war, sie vielleicht verstoßen würde oder daß man sie wegen dieser doch ungewöhnlichen Schwangerschaft steinigen könnte.[1]
Sie war völlig offen für das, was Gott mir ihr vorhatte, als sie sagte: „Siehe, ich bin des Herrn Magd; mir geschehe, wie du gesagt hast" (Lk 1,38). Sie hatte Prioritäten gesetzt: in erster Linie war sie Magd des Herrn und erst in zweiter Linie Josephs zukünftige Frau. Ihre erste und größte Liebe galt Gott selbst. Sie vertraute ihm, und deshalb vertraute Gott auch ihr, daß sie den Messias zur Welt bringen würde. — Seit Maria hat jede Frau, die eine solche Beziehung zu Gott hatte, die Erfahrung gemacht, daß es eben diese liebevolle Beziehung war, auf deren Grundlage Gott sie beauftragte, Christus in ihrer Zeit und ihrer Umgebung zu bezeugen. Das ist auch der Grund dafür, daß die Frauen, die Jesus lieb hatten, ihm zusammen mit den männlichen Jüngern nachfolgten:
„Und es begab sich danach, daß er durch Städte und Dörfer zog und predigte und verkündigte das Evangelium vom Reich Gottes; und die Zwölf waren mit ihm, dazu einige Frauen, die er gesund gemacht hatte von bösen Geistern und Krankheiten, nämlich Maria, genannt Magdalena, von der sieben böse Geister ausgefahren waren, und Johanna, die Frau des Chuzas, eines Verwalters des Herodes, und Susanna und viele andere, die ihnen dienten mit ihrer Habe" (Lk 8,1-3).
Auf ihrer Wanderung mit Jesus müssen diese Frauen aufmerksam zugehört haben, wenn er den Teilnehmern seines reisenden Seminars seine Botschaft vermittelte. Vielleicht merkten die Zwölf gar nicht, wie eifrig die Frauen alles aufnahmen. Aber die Engel müssen die Aufmerksamkeit der Frauen bemerkt haben, denn am leeren Grab erinnerte ein Engel die Frauen: „Gedenkt daran, wie er euch gesagt hat, als er noch in Galiläa war: Der Menschensohn muß überantwortet werden und am dritten Tage auferstehen. Und sie gedachten an seine Worte" (Lk 24,6-7).
Viele Menschen haben sich seither gefragt, weshalb Gott wollte, daß die Nachricht von der Auferstehung Christi den Jüngern ausgerechnet von Frauen überbracht wurde. War das nicht eine gute Idee, die neue Ordnung an diesem siegreichen Auferstehungsmorgen auf diese Weise einzuführen? Frauen gehörten zu denen, die als letzte und bis zum Schluß am Kreuz Christi ausharrten, und sie waren auch als erste an seinem Grab.

Es war Maria Magdalena, mit der Jesus als erster nach seiner Auferstehung sprach und ihr auftrug, diese Neuigkeit ihren Brüdern mitzuteilen (Joh 20,17.18). Maria Magdalena und die anderen Frauen waren auch bei den Jüngern, die im oberen Gemach auf den Heiligen Geist warteten.

Das gesamte Evangelium hindurch und auch in der Apostelgeschichte werden Frauen im Zusammenhang mit den engsten Vertrauten und Nachfolgern Jesu genannt.

Die Reisen des Paulus

Nach dem Pfingstereignis wählte Gott sich einen sturen aber hervorragenden Juden zum Hauptbaumeister seiner Gemeinde. Paulus sagte über sich: „Der ich am achten Tag beschnitten bin aus dem Volk Israel, vom Stamm Benjamin, ein Hebräer von Hebräern, nach dem Gesetz ein Pharisäer ... nach der Gerechtigkeit, die das Gesetz fordert, untadelig gewesen ..." Aber Paulus fügt auch gleich hinzu: „Aber was mir Gewinn war, das habe ich um Christi willen für Schaden erachtet. Ja, ich erachte es noch alles für Schaden gegenüber der überschwenglichen Erkenntnis Christi Jesu, meines Herrn" (Phil 3,5-8).

Im Lichte seiner Beziehung zu Jesus Christus bedeutete Paulus' Existenz als Jude, sein Mann-Sein, sein gesellschaftlicher Status als Pharisäer absolut gar nichts mehr. Derselbe Mann, der Gott jeden Tag wie alle gläubigen jüdischen Männer dafür gedankt hatte, daß er kein Heide, kein Sklave und keine Frau war, der schrieb nun die revolutionäre Feststellung: „Hier ist nicht Jude noch Grieche, hier ist nicht Sklave noch Freier, hier ist nicht Mann noch Frau; denn ihr seid allesamt einer in Christus Jesus" (Gal 3,28).

Aufgrund seiner Liebe zu Jesus Christus konnte er den Sklaven Onesimus lieb haben, und weil ihn die Liebe Christi stark machte, konnte er voller echter, tiefer Zuneigung an all die Gemeinden der ehemaligen Heiden schreiben, die er gegründet hatte. Und dieselbe Liebe führte dazu, daß er die Namen seiner weiblichen Mitarbeiterinnen in fast jeder Stadt und jedem Hafen nennt, die er bereiste. Paulus machte mit Frauen in der Gemeinde Bekanntschaft, als er noch ihr Verfolger war. Weil er wußte, daß auch Frauen das Wort Gottes am Pfingsttag verkündigt hatten und daß die Zahl derer, die an den Herrn glaubten, wuchs – „eine Menge Männer *und Frauen*" (Apg 5,14) – deshalb war wohl auch folgendes ganz selbstverständlich: „Saulus aber suchte die Gemeinde zu zerstören, ging von Haus zu Haus, schleppte Männer *und Frauen* fort und warf sie ins Gefängnis" (Apg 8,3; Hervorhebungen d. Verf.).

Für Paulus war es dann später nach seiner Bekehrung eine Überraschung, daß unter seinen Verfolgern auch Frauen waren. Als Paulus zum ersten Mal in Antiochien zu Juden und Heiden predigte, geschah folgendes: „Aber die Juden hetzten die gottesfürchtigen Frauen und die angesehensten Männer der Stadt auf und stifteten eine Verfolgung gegen Paulus und Barnabas an und vertrieben sie aus ihrem Gebiet."
Die Verkündigung des Evangeliums führte zu der unausweichlichen Entscheidung – entweder für oder gegen Christus – und das galt sowohl für Männer als auch für Frauen.
Nach seinem Ruf nach Mazedonien (Apg 16,9-10) überquerte Paulus das Meer nach Europa und hoffte, dort den Mann aus Mazedonien zu finden, den er in seiner Vision gesehen hatte. Stattdessen aber führte Gott Paulus zu einer Gruppe von Frauen, die am Ufer des Flusses Gangites beteten. Und dort traf Paulus auch Lydia, die später Leiterin der ersten Gemeinde in Europa wurde.
"Der tat der Herr das Herz auf, so daß sie darauf acht hatte, was von Paulus geredet wurde. Als sie aber mit ihrem Haus getauft war, bat sie uns und sprach: Wenn ihr anerkennt, daß ich an den Herrn glaube, so kommt in mein Haus und bleibt da", schreibt Lukas, der Verfasser der Apostelgeschichte (16,14-15).
Nachdem sie eine Zeitlang im Gefängnis gesessen hatten, wohnten Paulus und Silas wieder bei Lydia und betreuten die neuen Christen der Gemeinde von dort aus (Apg 16,40). In seinem Brief an die Gemeinde, die ihren Anfang in Lydias Haus hatte, schreibt Paulus Jahre später: „Ich danke meinem Gott, sooft ich euer gedenke ... für eure Gemeinschaft im Evangelium vom ersten Tag an bis heute" (Phil 1,3.5). Und er hat auch eine interessante Botschaft für zwei Frauen aus der Gemeinde: „Euodia ermahne ich und Syntyche ermahne ich, daß sie eines Sinnes seien in dem Herrn ... sie haben mit mir für das Evangelium gekämpft" (Phil 4,2.3).
Schon viele Leute haben herumgerätselt, was wohl die Ursache der Streitigkeiten zwischen den beiden Frauen gewesen sein mag. Hatten sie darüber gestritten, ob zum Gemeindetreffen Kekse oder Kuchen gereicht werden sollte? Allem Anschein nach verharmlost Paulus den Streit zwischen diesen beiden Frauen jedenfalls nicht, die Seite an Seite mit ihm gearbeitet hatten. Wahrscheinlich kommt Chrysostomos, ein Kirchenvater des 4. Jahrhunderts, der Wahrheit sehr nahe, wenn er meint, die Differenzen zwischen den beiden Frauen hätten mit dem geistlichen Wachstum der Gemeinde zu tun gehabt, die sich in ihrem Haus traf.[2]
Paulus trifft auch Frauen unter den ersten Jüngern Christi in

Thessalonich. Lukas schreibt: „Einige von ihnen ließen sich überzeugen und schlossen sich Paulus und Silas an, auch eine große Menge von gottesfürchtigen Griechen, dazu nicht wenige von den angesehensten Frauen" (Apg 17,4).
Dann zogen sie weiter nach Beröa. Und wir lesen: „Diese (Juden) waren freundlicher als in Thessalonich; sie nahmen das Wort bereitwillig auf und forschten täglich in der Schrift, ob sich's so verhielte. So glaubten nun viele von ihnen, darunter nicht wenige von den vornehmen griechischen Frauen und Männern" (Apg 17,11-12). Von Lukas wurde ihnen geraten, Paulus' Lehre auch zu hinterfragen und sie immer wieder mit der Schrift zu vergleichen.
Von Beröa reiste Paulus weiter nach Athen, wo er auf dem Hügel des Mars predigte. Nur wenige von denen, die sich dort bekehrten, werden namentlich erwähnt. Lukas berichtet über diejenigen, die glaubten:
„Einige Männer schlossen sich ihm an und wurden gläubig; unter ihnen war auch Dionysius, einer aus dem Rat, und eine Frau mit Namen Damaris und andere mit ihnen" (Apg 17,34).
Warum wurde Damaris wohl extra erwähnt? Ob sich vielleicht in ihrem Haus eine Gemeinde gebildet hatte? Wir können darüber nur mutmaßen.
Als nächstes machte Paulus in Korinth halt, wo er im Haus von Priscilla und Aquila Gast war. Im 1 Korintherbrief 16,19 lesen wir, daß in jenem Haus auch eine Gemeinde zusammenkam. In Römer 16,3-4 erwähnt Paulus die beiden noch einmal: „Grüßt die Priska und den Aquila, meine Mitarbeiter in Christus Jesus, die für mein Leben ihren Hals hingehalten haben, denen nicht allein ich danke, sondern alle Gemeinden unter den Heiden."
In Kenchrea, einem Hafen von Korinth am Sarontischen Golf, traf Paulus eine weitere bemerkenswerte Frau. „Ich befehle euch unsere Schwester Phöbe an, die im Dienst der Gemeinde von Kenchrea ist, daß ihr sie aufnehmt in dem Herrn, wie sich's ziemt für die Heiligen und ihr beisteht in jeder Sache, in der sie euch braucht; denn auch sie hat vielen beigestanden, auch mir selbst" (Röm 16,1-2).[3]
Chrysostomos sagt über Phöbe und Priscilla: „Sie waren prächtige Frauen, die durch ihr Geschlecht in keiner Weise beeinträchtigt waren – und eigentlich kann man solches auch erwarten, denn in Christus Jesus ist weder Mann noch Frau."[4]
Es würde den Rahmen sprengen, hier all die Frauen zu nennen, mit denen Paulus auf seinen Reisen zusammentraf – wie zum Beispiel die vier Töchter des Philippus, die weissagten (Apg 21,8-9) und all

die Frauen, die für den Herrn tätig waren und immer am Ende der Paulusbriefe genannt werden.
Vielleicht hat es sogar einen weiblichen Apostel gegeben. Von Junian ist in Römer 16,7 die Rede: „Grüßt Andronikus und Junias, meine Stammverwandten und Mitgefangenen, die berühmt sind unter den Aposteln und schon vor mir in Christus gewesen sind."
Im Griechischen lautet der Name Junian, und das ist entweder die Akkusativform des weiblichen Namens Junia oder des männlichen Junias. Obwohl die meisten modernen Übersetzer es für die männliche Form halten, hat das *Interpreter's Dictionary* (Wörterbuch für Übersetzer, Anm.d.Übers.) festgestellt, daß das gar nicht so sicher ist:
„Grammatikalisch könnte es feminin sein, das scheint aber nicht sehr wahrscheinlich, zum Teil auch deshalb, weil die Person, auf die Bezug genommen wird, ein Apostel ist."
Chrysostomos dagegen ging davon aus, daß sich das Junian auf eine Frau bezog. Und weil er in einer Zeit lebte, die doch sehr nah an dem Lebenszeitraum der Junia lag, muß seiner Annahme Beachtung geschenkt werden. „Oh, wie großartig muß die Hingabe dieser Frau gewesen sein, daß sie als wert erachtet wurde, Apostel genannt zu werden."[5]
Chrysostomos' Lob wird noch glaubhafter, wenn wir uns vor Augen halten, wie unwahrscheinlich es doch ist, daß er eine Frau als Apostel bezeichnet, wenn er nicht davon überzeugt war, daß sie diese Bezeichnung zu Recht trug, denn er schrieb auch: „Unter den wilden Tieren gibt es keines, das mehr Schaden anrichtet als die Frau."[6]
Frauen waren also von Anfang an aktiv an der Sache Jesu beteiligt. Michael Green weist in seinem Buch *Evangelism in the Early Church* (Evangelisation in den Urgemeinden) darauf hin:
„Das Neue Testament berichtet uns von Frauen, die in der Evangelisation aktiv waren, die als Gastgeberinnen die Gemeinde in ihren Häusern empfingen, die weissagten, in Zungen sprachen und als Diakoninnen tätig waren. Diese große Bedeutung der Frauen setzte sich ... auch im zweiten Jahrhundert fort. Manchmal fand sie ihren Ausdruck darin, daß Frauen öffentlich sprachen, teilweise darin, daß sie zu Märtyrerinnen wurden. Die Predigten einer Maximilla, einer Thekla oder der vier Töchter des Philippus waren von einer Kraft, die von niemandem bestritten werden konnte."[7]
Doch dies scheint mit einigen Aussagen des Paulus nicht übereinzustimmen. Verkündigten Frauen die Gute Nachricht oder schwiegen sie?

Ist Schweigen wirklich Gold?

In 1 Korinther 11,5 sagt Paulus, daß Frauen, die in der Öffentlichkeit beten oder prophetisch reden, ihren Kopf bedecken sollen. Das war eine Regel, die in der Zeit des Paulus und der damaligen Kultur für verheiratete Frauen galt. Prophetisch reden heißt hier nicht, die Zukunft vorauszusagen, wie es die Propheten des Alten Testamentes manchmal taten. In 1 Korinther 14,3 sagt Paulus: „Wer aber prophetisch redet, der redet den Menschen zur Erbauung und zur Ermahnung und zur Tröstung."

Entscheidend an diesen Aussagen ist jedoch die Tatsache, daß sie das öffentliche Beten und prophetische Reden von Frauen als gegeben hinstellen. Und anscheinend taten Frauen dies in den öffentlichen Gottesdiensten der Urgemeinden. In 1 Korinther 14,26 erfahren wir etwas genauer, wie diese Versammlungen abliefen:

„Wenn ihr zusammenkommt, so hat ein jeder einen Psalm, er hat eine Lehre, er hat eine Offenbarung, er hat eine Zungenrede, er hat eine Auslegung. Laßt es alles geschehen zur Erbauung." In den folgenden Versen (29-33) rät Paulus, daß in einer Versammlung zwei oder drei Menschen prophetisch reden können. Wenn Gott einem Menschen etwas mitteilt, der gerade nicht spricht in der Versammlung, so sollte derjenige, der gerade das Wort hat, es an den betreffenden Menschen weitergeben, denn „ihr könnt alle prophetisch reden, doch einer nach dem anderen, damit alle lernen und alle ermahnt werden" (V. 31).

Es wäre doch wunderbar, wenn unsere Gottesdienste wieder von Laien geprägt wären, die einer nach dem anderen prophetisch redeten, wie Paulus es in 1 Korinther 14,26-33 und 36-40 beschreibt. Aber mitten in dieser wunderbaren Passage stehen die Verse, daß Frauen in der Gemeinde schweigen sollen:

„Wie in allen Gemeinden der Heiligen sollen die Frauen schweigen in den Gemeindeversammlungen, denn es ist ihnen nicht gestattet zu reden, sondern sie sollen sich unterordnen, wie auch das Gesetz sagt. Wollen sie aber etwas lernen, so sollen sie daheim ihre Männer fragen. Es steht der Frau schlecht an, in der Gemeinde zu reden" (1 Kor 14,34-35).

Warum gibt Paulus Anweisungen über angemessene Kleidung für Frauen, die öffentlich beten und prophetisch reden, um im nächsten Augenblick zu sagen, daß sie schweigen sollen? Widersprach sich der große Apostel etwa selbst?

Kapitel 6: Paulus und die Frauen

Meine Mutter pflegte die Situation in Korinth mit der zu vergleichen, mit der mein Vater und sie in Nordchina konfrontiert waren. In den zwanziger Jahren, als sie begannen, Gottes Botschaft zu diesem vergessenen Flecken Erde zu bringen, fanden sie Frauen mit gewickelten Füßen vor, die so gut wie nie das Haus verließen und die im Gegensatz zu den Männern noch nie im Leben an einer öffentlichen Versammlung oder irgendeiner Art von Unterricht teilgenommen hatten. Als kleine Mädchen hatte nie jemand sie ermahnt und gesagt: „Ihr müßt jetzt stillsitzen und dem Lehrer zuhören." Die einzige Vorstellung von Versammlung, die sie hatten, waren die großen Familienfeste, bei denen alle Leute gleichzeitig redeten.

Wenn diese Frauen nun in den Gottesdienst meiner Eltern kamen und sich auf der Frauenseite in der Kapelle versammelten, dann hielten sie das für eine willkommene Gelegenheit, die neuesten Neuigkeiten mit den Nachbarinnen auszutauschen und während der Predigt Fragen zu der biblischen Geschichte zu stellen, die gerade durchgenommen wurde. Es ist wohl kaum nötig zu sagen, daß es ziemlich laut war, wenn man außerdem noch an all die Kleinkinder und Säuglinge denkt, die immer dabei waren. Wenn Sie sich jetzt noch vorstellen, wie verlockend es war, dem Ehemann auf der anderen Seite des Ganges hin und wieder etwas zuzurufen, dann wissen Sie, wie chaotisch es manchmal zuging. Wenn meine Mutter dann geduldig versuchte, den Frauen klarzumachen, daß sie erst zuhören und hinterher plaudern und Fragen stellen sollten, dann murmelte sie manchmal vor sich hin: „Genau wie in Korinth. Bestimmt war es in Korinth genauso."

Das Problem in Korinth

Als Paulus 1 Korinther 14,34-35 schrieb, da hörten die Frauen keineswegs auf, öffentlich prophetisch zu reden. Offenbar wollte Paulus ihnen nämlich sagen, wie sie sich benehmen sollten, wenn andere sprachen. Er verbot ihnen nicht zu sprechen und sich mitzuteilen. Vielleicht hilft es zum besseren Verständnis, wenn man die griechischen Wörter etwas genauer betrachtet.

Das griechische Wort *sigaô,* das mit „schweigen" (V. 34) übersetzt wird, kommt auch in Apostelgeschichte 12,17; 15,12 und 21,40 vor. An den genannten Stellen wird das Wort in dem Sinne verwendet, daß Menschen schweigen, und ihre Aufmerksamkeit dem Sprecher zuwenden sollten. Das griechische Wort *ideô* (V. 34) ist

mit „reden" übersetzt. Während das Wort *lateô* im Neuen Testament meistens das normale Sprechen, was auch die Verkündigung des Evangeliums beinhaltet, meint, wird das Wort in der griechischen Literatur jener Zeit auch manchmal im Sinne von „tratschen" oder „schwatzen" verwendet.[1] *Lateô* wird für jene Menschen benutzt, die viel reden, aber nicht zuhören wollen.
Genau das war das Problem der ungebildeten Frauen in China vor der Kulturrevolution. Sie hatten nie gelernt zuzuhören. Plutarch war mit diesem Problem wohl vertraut, denn er stellte *lateô* dem Zuhören gegenüber: „Ein Mann, der zu denen spricht (lalonnti), die nicht zuhören und nicht zuhört, wenn andere sprechen (lalonnton)."[2]
Wenn wir nun annehmen, daß Paulus das Wort im Sinne von „schwatzen" oder „unkonzentriert reden" verwendet hat, dann würde diese Bibelstelle bedeuten, daß die Probleme in Korinth denen meiner Eltern in China ganz ähnlich waren. Paulus beschneidet in keiner Weise das Recht zu beten und prophetisch zu reden, wie es in 1 Korinther 11,5 dargestellt wird, sondern er setzt sich nur mit den Auswüchsen auseinander, die dieses Recht nach und nach mit sich gebracht hat.
Wenn wir uns mit der Stelle 1 Korinther 14,34 beschäftigen, dann sollten wir dabei nicht das Grundanliegen des Briefes außer acht lassen. Es wird ein großes Maß an Freiheit vermittelt, aber gleichzeitig wird versucht, Ausschweifungen zu verhindern bzw. zu korrigieren.
Catherine und Richard Kroeger knüpfen sogar eine Verbindung zwischen Vers 32: „Die Geister der Propheten sind den Propheten untertan" und der Aussage in Vers 34: „ . . . sondern sie sollen sich unterordnen, wie auch das Gesetz sagt."
Die Kroegers schreiben: „Obwohl es nur selten gleich übersetzt worden ist, ist in der griechischen Urfassung in Vers 32 und 34 dasselbe Verb verwendet worden. *Hupotassô*, was bedeutet, etwas oder jemanden unter etwas setzen, steht hier im Medium, das reflexive Bedeutung anzeigt. Man tut also etwas an sich selbst. In fast allen Übersetzungen von Vers 32 wird der Gedanke der Selbstdisziplin betont. Wenn das Thema aber so eindeutig das der Selbstdisziplin ist, wie kann dann dasselbe Verb im selben Abschnitt anders übersetzt werden, wenn es auf die Frauen angewendet wird. Wörtlich übersetzt heißt Vers 34: „Die Frauen sollen sich beherrschen, so wie es auch das Gesetz sagt."[3]
Bisher ist immer davon ausgegangen worden, daß mit dem Gesetz das Gesetz des Alten Testamentes gemeint ist. Aber die Kroegers

meinen, daß es sich auf das von Heiden aufgestellte Gesetz bezieht, weil es in der Tradition des Alten Testamentes kein solches Gesetz gibt: „Weil sich die Frauen meistens wilder aufführten als die Männer, hatten sowohl die Griechen als auch die Römer solche Gesetze. Plutarch schreibt in seinen Moralia, daß Solon gemeinsam mit Epidmedines (ein Spezialist für Religion) Gesetze entworfen hatte, die die kultischen Ausschweifungen der Frauen zügeln sollten ... Bibelwissenschaftler haben in der jüdischen Tradition vergeblich nach solchen Gesetzen gesucht, aber in der griechisch-römischen Gesellschaft wurde allem Anschein nach jede rechtliche Möglichkeit genutzt, ekstatisches Verhalten von Frauen unter Kontrolle zu halten. Für die ersten Gemeinden war es ungemein wichtig, daß das Verhalten der Frauen untadelig war und die bestehenden Gesetze in keinem Punkt verletzte."[4]

Wenn man die griechisch-römischen Gesetze gegen religiöse Exzesse von Frauen als Hintergrund hat, dann kann man schon eher verstehen, daß das Thema der genannten Bibelstelle nicht Schweigen sondern Selbstbeherrschung bzw. Disziplin war.

Paulus schließt seine Anweisungen an die Frauen in 1 Korinther 14,34-35, indem er ihnen rät, ihre Fragen zu Hause ihren Männern zu stellen. Ich habe ja bereits erwähnt, wie abgelenkt Frauen in China vor der Zeit Maos waren, weil sie entweder mit ihren Freundinnen plauderten oder ihren Männern Fragen stellten. Vielleicht hat Paulus hier nur den Rat gegeben, daß die Frauen ihre vielen Fragen für sich behalten sollten, bis sie zu Hause waren.

Aber der Apostel kann auch noch einen weiteren guten Grund für seinen Rat gehabt haben. Für uns ist es wahrscheinlich gar nicht vorstellbar, wie verarmt die Beziehungen zwischen den Eheleuten der damaligen griechischen Gesellschaft waren. Eine Ehefrau wagte kaum daran zu denken, mit ihrem Mann über Religion zu sprechen. Um sicherzugehen, daß die Kinder, die die Frau zur Welt brachte, auch wirklich von ihrem Ehemann waren, wurde die Frau meistens in den Frauengemächern des Hauses isoliert. Sie wurde als Besitz des Mannes betrachtet, und es galt als ungehörig, wenn ein Mann seine Frau öffentlich zeigte. Deshalb mußte der Mann sich geistige Gefährtinnen und gebildete Freundinnen suchen, die Hetären.

Demosthenes erklärt: „Wir haben Hetären für die Freuden des Geistes, Konkubinen für die Sinneslust und Ehefrauen, damit sie uns Söhne schenken."[5]

Und Sokrates fragte einmal einen Mann: „Gibt es irgendjemanden, dem du mehr wichtige Dinge anvertraust als deiner Frau?"

„Nein, es gibt niemanden."
„Gibt es jemanden, mit dem du weniger redest?"
„Ich gestehe, es gibt nur wenige."[6]
Vielleicht hat Paulus nur versucht, mehr Verständigung zwischen den Ehepartnern zu erreichen, als er den Frauen riet, ihre Fragen zu Hause zu stellen. Leider nennt Paulus selbst nicht den Grund für diesen Rat. Wir können nur mutmaßen, daß es dem Verfasser von 1 Korinther 13 darum ging, daß Eheleute sich liebevoll miteinander verständigten, besonders wenn den Frauen so viel daran lag, mehr über Jesus zu erfahren.

Eine der vielen Frauen, die versucht haben, dieser Bibelstelle eine politische Erklärung zu geben, war die Engländerin Jessie Penn-Lewis (1861-1927). Sie war eine bekannte Persönlichkeit unter den Chinamissionaren, und sie war eine der Frauen, deren Biographien mich als Teenager im Gefängnis so sehr gefesselt hatten.

Ich war fasziniert von ihrer Liebe zum Herrn, ihrer ermutigenden Botschaft vom Sieg für die Christen und von ihrem Dienst in England, Schweden, Rußland, Finnland, Indien, Kanada und den Vereinigten Staaten.

Die beiden Bücher von ihr, die mir im Gefängnis am meisten brachten, waren ihre Arbeit über das Hohelied als Allegorie für unsere Liebesbeziehung zu Jesus Christus und ihr Buch *Face to Face* (Von Angesicht zu Angesicht; Anm. d. Übers.). In diesem zweiten Buch schildert sie die Liebe zwischen Gott und Mose, wie sie in der Bibel dargestellt ist: „Der Herr aber redete mit Mose von Angesicht zu Angesicht wie ein Mann mit seinem Freund redet" (2 Mose 33,11).

Ich wußte noch nichts über ihre *The Magna Charta of Woman* (Die große Urkunde der Freiheiten der Frau; Anm.d.Übers.), die 1919 in England veröffentlicht worden war und die 1975 von der Bethany Fellowship auch in den Vereinigten Staaten veröffentlicht wurde. In diesem Buch beklagt Jesse Penn-Lewis die Tatsache, daß „so viele christliche Frauen der Mode und anderem törichten Unfug überlassen sind", weil ihnen keine Verantwortung beim Bau des Reiches Gottes gegeben wird. Und das sei so, weil drei Stellen in den Paulusbriefen völlig falsch ausgelegt würden, und zwar auf eine Weise, „daß sie die gesamte Lehre des Apostels falsch ausgelegt haben."[7] Die drei Bibelstellen, von denen die Rede ist, sind 1 Korinther 11,2-16; 14,34-35 und 1 Timotheus 2,8-15.[8]

Die Anweisung an Timotheus

Die genaue Bedeutung des Briefes von Paulus an Timotheus, so-

weit er die Frauen betrifft, ist nicht eindeutig geklärt. Paulus sagt in 1 Timotheus 2,11-15:
„Eine Frau lerne in der Stille mit aller Unterordnung. Einer Frau gestatte ich nicht, daß sie über den Mann Herr sei, sondern sie sei still. Denn Adam wurde zuerst gemacht, danach Eva. Und Adam wurde nicht verführt, die Frau aber hat sich zur Übertretung verführen lassen. Sie wird aber selig werden dadurch, daß sie Kinder zur Welt bringt, wenn sie bleiben mit Besonnenheit im Glauben und in der Liebe und in der Heiligung."
Wie in der Stelle in 1 Korinther scheint Paulus hier seiner eigenen Annahme zu widersprechen, daß Frauen in der Gemeinde beten und prophetisch reden werden. Was kann er also mit der oben zitierten Stelle meinen?
Berkeley Nickelsen vom Bethel Seminar glaubt, daß Paulus versuchte, eine Situation zu korrigieren, in der falsche Lehren überhandgenommen hatten. Er schreibt:
„Falsche Lehren sind so trügerisch, daß sogar eine Frau ohne Sünde, wie Eva es war, davon betrogen und zu Fall gebracht wurde. Deshalb sollen Frauen in der Stille lernen. Die Situation in Ephesus war keineswegs so, daß Paulus wünschte, die Frauen würden üben und einmal ausprobieren, wie gut sie lehren könnten ... Deshalb war 1 Timotheus 2,11-15 eine Regelung für die Frauen in der damals bestehenden Situation. Heute ist es eine Regelung, die für beide Geschlechter gleichermaßen gilt, wenn sie nicht sorgfältig auf den Umgang mit falschen Lehren vorbereitet sind."[9]
Nickelsen unterscheidet hier zwischen einer Regel, die nur für eine ganz bestimmte Situation vorgesehen ist und einem Grundsatz, der immer und überall Gültigkeit hat.
Catherine und Richard Kroeger weisen noch auf eine weitere mögliche Auslegung hin. Sie haben Hinweise gefunden, die die Bedeutung dieser Verse erhellen könnten. Obwohl ihre Schlußfolgerungen schon ausgiebig von anderen Wissenschaftlern ausgewertet worden sind, glaube ich, daß ihre Argumentation auch an dieser Stelle kurz dargestellt werden sollte.
Die Schwierigkeit bei der Auslegung bestand darin, daß das Wort *authentein* (V. 12) an keiner anderen Stelle im Neuen Testament vorkommt und daß es auch in der griechischen Literatur nur selten verwendet wird. Deshalb hat es kaum Schlüssel zu seiner Bedeutung gegeben. Die Kroegers sind der Ansicht, man solle das Wort *authentein* übersetzen mit: „Jemanden dazu bringen, sexuelle Beziehungen einzugehen" und nicht als „Autorität an sich reißen", „dominieren" oder „Autorität über jemanden haben" (auch Berke-

ley Nickelsen bestätigt, daß *authentein* ein seltenes Verb mit vulgärem Unterton ist).
Die Kroegers begründen ihre Annahme mit der Benutzung von authentein in der griechischen Literatur vor dem Entstehen des Neuen Testamentes.[10]
Aber warum mußte Paulus Timotheus erst ausdrücklich sagen, daß Frauen keine sexuellen Gefälligkeiten anbieten sollten? So unwahrscheinlich es klingen mag, aber genau dies scheint in den ersten Gemeinden ein schwerwiegendes Problem gewesen zu sein. Sowohl die Gemeinde von Pergamon als auch die von Thyatira wird dafür, verurteilt, daß sie sexuelle Unmoral gelehrt und verbreitet hat (Offb 2,14.10).
Auch Petrus verurteilte Leute, die zur Gemeinde gehörten dafür, daß sie andere zu sexueller Sünde verführten (2 Petr 2,14.18).
Auch in den Sprüchen Salomos finden die Kroegers Hinweise dafür, daß es in verschiedenen religiösen Gruppierungen sexuelle Ausschweifungen gegeben hat. Dort werden „verfluchte Kinder" erwähnt im Zusammenhang mit dem Wort *authentein.*
Man geht davon aus, daß diese „verfluchten Kinder" aus nichtehelichen Beziehungen hervorgegangen waren.
Klemens von Alexandria klagte über bestimmte Gruppen von Christen, die den Abendmahlsgottesdienst in eine Sexorgie verwandelt hatten, und er nennt Menschen, die an dieser Art der Religionsausübung beteiligt waren, *authentein.* In der gesamten griechisch-römischen Welt scheint es Gruppen gegeben zu haben – manche von ihnen bezeichneten sich als christlich – die Gottesdienst, Lehre und sexuelle Ausschweifungen verbanden.[11]
Zwischen diesen verschiedenen Kulten und irregeleiteten Gruppen und einer weiteren gängigen Irrlehre bestand ein Zusammenhang. Diese Irrlehre ging davon aus, daß Frauen den Männern in bezug auf intellektuelle und geistliche Fähigkeiten überlegen seien und daß ihnen deshalb auch in der Schöpfung eine höhere Position zustehe.
Viele dieser Irrlehren beinhalteten, daß Eva zuerst geschaffen worden sei und daß aus ihr Leben und Erkenntnis auf Adam übergegangen sei. Ephesus war ein Zentrum für solche Kulte, und deshalb ist es gar nicht unwahrscheinlich, daß Paulus sich in dem Brief an Timotheus auf solche Kulte bezieht.[12]
Das würde auch erklären, weshalb ihm so sehr an angemessener Kleidung, angemessenem Benehmen und ruhigem Auftreten gelegen war. Wenn Paulus hier wirklich auf die „weiblichen" Irrlehren reagiert, dann sind seine Erläuterungen zur Schöpfung von Mann

und Frau in der Tat verständlich. In den Versen 13 und 14 gibt er eine geraffte Darstellung der Erschaffung des Menschen, um ganz direkt die Darstellung zu widerlegen, Eva sei das moralisch und geistlich überlegene Wesen gewesen. Paulus macht hier deutlich, daß Eva nicht über mehr Wissen und Erkenntnis verfügte, sondern daß sie selbst getäuscht wurde und deshalb sündigte.[13]

In diesem Zusammenhang bekommt auch Paulus' Aussage Sinn, daß eine Frau selig wird, indem sie Kinder zur Welt bringt. Er meint damit, daß selbst Frauen, die aufgrund ihrer Teilnahme an kultischen Aktivitäten uneheliche Kinder zur Welt gebracht haben, gerettet werden, wenn sie Buße tun und dann ein Leben in Liebe und Heiligkeit führen.[14] Nach Meinung der Kroegers müßte die Übersetzung des *authentein* in 1 Timotheus 2,12 lauten: „Einer Frau gestatte ich nicht, sexuelle Unmoral zu lehren oder einen Mann in sexuelle Ausschweifungen zu verwickeln."

Ein Mittelweg zwischen Extremen

Die Aussagen des Paulus über Frauen sind am besten verständlich, wenn man sie auf ihrem kulturellen und biblischen Hintergrund betrachtet. In der damaligen Gesellschaft hatten Frauen nur wenig Rechte und waren als Personen kaum geachtet. Dagegen erklärt das Evangelium, daß Männer und Frauen eins sind in Christus und daß sie nach der Verheißung beide Erben sind (Gal 3,28). Paulus wußte von den weiblichen Vorbildern in den Evangelien, daß es Maria und Elisabeth gewesen waren, die als erste von der Menschwerdung Gottes erfahren hatten (Lk 1,29-45); daß unter den ersten Menschen, die begriffen, daß Jesus für diese Welt sterben mußte, Maria von Bethanien war, denn sie hatte Jesus für sein Begräbnis gesalbt (Joh 12,1-8).

Paulus hatte wahrscheinlich auch davon gehört, daß Jesus sich der Frau in Samarien als Messias zu erkennen gegeben hatte (Joh 4,25-26), und daß Martha Jesus anvertraut hatte: „Ja Herr, ich glaube, daß du der Christus bist, der Sohn Gottes, der in die Welt gekommen ist" (Joh 11,27).

Darüberhinaus wußte Paulus aus eigenem Erleben, welche Rolle Frauen in den ersten Gemeinden spielten. Michael Green faßt die Situation so zusammen:

„Ein Blick in die Apostelgeschichte bestätigt den Eindruck, daß die Frauen eine wichtige Rolle spielten bei der Verbreitung des Evangeliums. Tabita, Lydia, Priscilla und die vier Töchter des Philippus, die prophetisch redeten, sie alle waren im zweiten Jahrhundert berühmt; auch die vornehmen Frauen von Beröa und Thessalonich und all die anderen. In den Briefen erfahren wir dann von Diakoninnen und vielleicht sogar von einem weiblichen Apostel! Acht der 26 Leute, die in den Grüßen in Römer 16 genannt werden, sind Frauen, und in Philipper 4 werden die Rivalitäten zwischen Frauen in der Evangelisationsarbeit gerügt.

Die Rolle, die Frauen spielten, ist um so bemerkenswerter, als sowohl die jüdische Welt als auch die der Heiden weitgehend eine Männerwelt war ... Und dennoch gehörten die Frauen zu den erfolgreichsten Evangelisten."[15]

Paulus lernte aus erster Hand, genau wie Petrus und die anderen Apostel, daß nicht nur Juden, sondern auch Heiden, freie Menschen und Frauen aufgerufen waren, Jesus Christus zu dienen.

Die Gemeinde von heute

Vom zweiten Jahrhundert bis heute hat es in der Gemeinde Christi sehr viele positive Veränderungen gegeben. Wenn wir aber das Leben in den ersten Gemeinden genau betrachten, dann müssen wir entdecken, daß in vielen Gemeinden der heutigen Zeit im Vergleich zu damals nur sehr wenige Frauen an der Leitung beteiligt sind, daß es eine Abgrenzung zwischen Gemeinden für Arme und für Reiche gibt und daß jede Gruppe, jede Rasse ihre eigenen Gottesdienste hält.

Genau die erste Liebe, die die Gemeinde von Ephesus laut Offenbarung des Johannes verloren hatte, fehlt auch den Gemeinden von heute. Und derselbe Heilige Geist, der die Christen von Ephesus zur Umkehr aufrief, kommt auch zu uns und ruft uns.

Vielleicht sind wir zu beschäftigt gewesen mit anderen Dingen, um seinen Ruf zu hören. Warum hat die Gemeinde von heute ihre Verantwortung nicht wahrgenommen, Frauen genauso wie Männer aufzurufen, den Missionsbefehl zu erfüllen? Warum hat sie es versäumt, Frauen aufzurufen, nicht einen Mann, sondern Christus an erster Stelle in ihrem Leben stehenzulassen, und so zu dienen wie Phöbe, Priscilla und Lydia?

Vielleicht hat sich die Gemeinde von heute zu sehr auf den Sündenfall des Menschen im Garten Eden konzentriert. Dort reizte die Schlange sowohl den Mann als auch die Frau, Gott ungehorsam zu sein. Adam und Eva mißachteten die Regeln Gottes und zerstörten dadurch die vollkommene Beziehung zu ihrem Schöpfer.

Diese Geschichte ist immer wieder für den Versuch mißbraucht worden, die Überlegenheit des Mannes gegenüber der Frau zu beweisen. Luther sprach vielen Theologen aus dem Herzen, als er schrieb:

„Die Arglist des Satans zeigte sich auch, als er die Natur des Menschen dort angriff, wo sie am schwächsten ist, nämlich bei Eva und nicht bei Adam. Ich glaube, daß Adam siegreich gewesen wäre, hätte der Satan zuerst den Mann versucht."[16]

Natürlich hatte Luther dieses Vorurteil auch nur von denen übernommen, die es schon vor ihm hatten, wie z. B. Tertullian, Hieronymus, Augustinus, Aquin und viele andere. Und auch die Lehrer unserer Zeit leiden noch unter den Folgen derselben Lehre.

Im Jahre 1978 hörte ich während eines Kongresses einmal die Predigt eines in Amerika sehr bekannten Predigers. Er sagte, daß die Schwierigkeiten, die Eva verursacht habe, daher rührten, daß sie nicht Adam gerufen habe, um die „Verhandlungen" mit der Schlange ihm zu überlassen.

Es waren ein paar tausend Zuhörer anwesend, von denen die meisten Frauen waren. Eine bedrückende Stille machte sich breit, und ich fragte mich, wie viele der Frauen wohl unverheiratet, verwitwet, geschieden oder mit einem Mann verheiratet waren, der wohl damit überfordert gewesen wäre, mit einer Versuchung fertig zu werden, die direkt vom Teufel kam. Uns wurde der Eindruck vermittelt, daß es Schutz vor Angriffen des Bösen nur für die paar Frauen geben könne, deren Männer die Verantwortung für das geistliche Wohl ihrer Frauen übernehmen.

Ein weiterer Satz aus der Schöpfungsgeschichte ist immer wieder gegen Frauen verwendet worden. Es ist die an Frauen gerichtete Feststellung: „Der Mann soll dein Herr sein" (Gen 3,16).

Helmut Thielicke weist darauf hin, daß die Herrschaft des Mannes über die Frau „kein Gesetz der Schöpfung ist, sondern ein Element der Unordnung, die den ursprünglichen Frieden der Schöpfung zerstört."[17]

Es ist eine Vorhersage, keine Vorschrift. Und dennoch gibt es heute noch Bücher, die Genesis 3,16 als Gottes erstes Gebot für Frauen darstellen.[18]

Falsche Lehren führen zu zwei Arten von Sünde: Zum einen entthronen sie Jesus Christus als Herrn und zum anderen diskriminieren sie seine geringsten Brüder und Schwestern. Wir stoßen Jesus von seinem Thron, wenn wir für unsere Probleme menschliche Lösungen zu finden versuchen. Und wenn wir menschliche Lösungen akzeptieren, dann nehmen wir in Kauf, Vorurteile gegen Menschen aufzubauen, die anders sind als wir. Wie oft ist der Heilige Geist gedämpft worden unter Menschen der dritten Welt, unter denen sozialer Randgruppen und unter Frauen, weil in den Gemeinden Vorurteile und Unwissenheit herrschten.

In einer Werbebroschüre für eine große internationale Konferenz von Evangelikalen, die in der Schweiz stattfinden sollte, waren 14 bekannte männliche Referenten aufgeführt, von denen die meisten weiß waren. Und dann stand da ganz unten auf der Seite noch etwas Kleingedrucktes: „Es werden auch Kirchenführer aus Ländern der dritten Welt teilnehmen." Warum wurden ihre Namen nicht genannt, und warum bekamen sie keinen besseren Platz auf dem Programm?

Wenn wir große Teile des Leibes Christi einfach ignorieren, dann dämpfen wir den Heiligen Geist.

Genau diese Gefahr war es, die A. J. Gordon, nach dem das Gordon College und das Gordon Conwell Seminar benannt sind, dazu veranlaßte zu sagen, daß der Geist nicht nur im Wort gegenwärtig ist, sondern daß „der Geist auch in der Gemeinde ist, dem Leib, der aus erneuerten und geheiligten Gläubigen besteht." Und Gordon beschreibt das Wirken des Heiligen Geistes in der Gemeinde weiter: „Bei jedem geistlichen Aufbruch in der Geschichte der Protestantismus hat sich gezeigt, daß man den Drang der christlichen Frauen zu beten und Jesus Christus zu bezeugen, nicht unterdrükken konnte."[19]

Gordon schrieb das vor fast hundert Jahren. Ist seine Botschaft auch für die heutige Zeit noch wichtig?

Vielleicht wird Gott durch Frauen, Sklaven und Menschen aus allen Nationen sprechen, wie er es am Pfingsttag versprochen hat. Ganz sicher aber ist, daß Gott in der Vergangenheit durch Frauen gesprochen hat, und vielleicht können wir durch ihr Beispiel lernen.

Teil III

EINE WOLKE VON ZEUGINNEN

Kapitel 7: Leiterinnen in den ersten Gemeinden

Es heißt, daß Liebe oft in den Tod führt. Patrioten sterben für das Land, das sie lieben, und Liebende wollen eher sterben als getrennt werden. Auch heute noch sterben Tausende von Menschen, weil sie Gott lieben. Sie kommen entweder aus kommunistischen Ländern oder Ländern der dritten Welt, aber sie sind ein Teil von uns, und wir sind ein Teil von ihnen, weil wir denselben Herrn lieben.
Jesus hat diesen Prozeß des Liebens und Sterbens begonnen. Der eine, der ans Kreuz ging, ruft uns dazu auf, unsere Brüder und Schwestern in ihrer Liebe zum Herrn zu begleiten, wenn es sein muß in den Tod. Der Eine, der uns am meisten liebt, fordert uns auf, zum Kreuz umzukehren und an der Freude der Märtyrer teilzuhaben, „die ihr Leben nicht geliebt haben, bis hin zum Tod" (Offb 12,11).
Edith Dean schreibt über die Frage nach Liebe und Tod in ihrem Buch *The Bible's Legacy for Womanhood* (Das Vermächtnis der Bibel für die Frauen): „Wir können Leiden erst dann wirklich verstehen, wenn wir das Kreuz angenommen haben ... Frauen, die Jesus dienten und an der Gründung seiner Gemeinde beteiligt waren, trugen viele Kreuze: Widerstand aus den eigenen Reihen, Gefangenschaft und Märtyrertod durch das römische Tribunal, Unwahrheiten über Jesus Christus und sein Evangelium, und das wenige, was sie hatten und mit dem sie so viel tun sollten, damit sein Leben und seine Botschaft alle Zeitalter erleuchten sollte."[1]
Die ersten dieser hervorragenden Frauen waren diejenigen, die Jesus während seines Wirkens auf der Erde begleiteten (Lk 8,1-3). Sie hielten es am längsten am Kreuz aus und waren auch als erste beim leeren Grab. Nach der langen Nachtwache lief Maria Magdalena los, um die großartigste Nachricht der Weltgeschichte zu verkünden – daß Jesus auferstanden war –, aber sie traf nur auf Unglauben. Vielleicht lag das zum Teil daran, daß jüdische Männer schon als Kinder gelehrt wurden, den Worten einer Frau nicht zu glauben. Als die Jünger Jesus auf der Straße nach Emmaus die unglaubliche Geschichte der Frauen weitererzählten, da tadelte er sie: „Oh, ihr Toren, zu trägen Herzens all dem zu glauben, was die Propheten geredet haben!" (Lk 24,25).

Zu dieser Hingabe der Frauen an Jesus Christus stellt der verstorbene Bischof Fulton Sheen die Frage:
„Wer ist einer Krise besser gewachsen – Mann oder Frau? Die beste Möglichkeit, hierauf eine Antwort zu finden, besteht darin, die größte Krise zu betrachten, mit der die Welt je konfrontiert war, nämlich der Kreuzigung Jesu Christi. Wenn wir die große Tragödie von Golgatha betrachten, dann gibt es eine Tatsache, die deutlich ins Auge sticht: Die Männer versagten ... und im Gegensatz dazu gibt es keine einzige Situation, in der eine Frau ihn im Stich gelassen hat."[2]

Diese Tradition der tiefen Liebe und Treue zu Jesus setzte sich auch in der Zeit der ersten Gemeinden fort. Von den Frauen, die in Kleinasien als Wanderpredigerinnen umherzogen, wird Thekla als „erste Märtyrerin" bezeichnet.

Laut Basilius gewann sie viele Menschen für Jesus Christus und taufte sie. Nach schlimmer Verfolgung in Ikonien gründete sie eine Ausbildungsstätte in einer Höhle in der Nähe von Selencia. Gregorius nennt Thekla zusammen mit Petrus, Paulus, Jakobus, Stephanus, Lukas und Andreas, Menschen, die um den Glauben kämpften „mit Feuer und Schwert, mit wilden Tieren und Tyrannen."[3]

Viele Frauen erlitten in den ersten Jahrhunderten des Christentums wie Thekla den Märtyrertod, weil sie Jesus Christus liebten. Für diejenigen, die offen über ihn sprachen, war es immer ein Wagnis. Michael Green spricht von der „fast übermenschlichen Hingabe, zu der die ersten Christinnen fähig waren", und er unterstreicht diese Aussage, indem er von einer Frau berichtet, „die den Weg in den Tod mutig und mit Würde ging."[4] Und er fährt fort:

„Das gallische Sklavenmädchen Blandina starb mit ebensoviel Mut und ungebrochener Treue zu Christus wie Perpetua, eine adelige afrikanische Dame. Die bewegende Geschichte aus dem Jahre 177 n. Chr. ist von Augenzeugen in Vienne überliefert worden. Ihr Brief wurde von Eusebius fast vollständig reproduziert. Blandina war erst kürzlich zum Glauben an Jesus gekommen und ihre Herrin fürchtete nicht um ihrer beider Leben, sondern hatte Sorge, daß Blandina angesichts des drohenden Todes schwach werden würde. Aber ihre Sorge war unbegründet. Mit teuflischer Erfindungsgabe gefoltert, sagte sie dennoch immer wieder beharrlich aus: 'Ich bin eine Christin, und unter uns Christen geschieht nichts Böses.'

Sie wurde gefoltert, in der Arena wilden Tieren vorgeworfen und mußte mit ansehen, wie ihre christlichen Gefährten ermordet wurden. Sie war wirklich ein außergewöhnliches Mädchen, das, obwohl sie schwach und verachtet war, ganz auf den unbesiegbaren Christus setzte und durch viele Prüfungen hindurch die Krone der Unsterblichkeit erlangte. Sie wurde schließlich getötet, indem man sie in ein Netz legte und einem Stier vorwarf; aber erst, nachdem sie vorher einem fünfzehnjährigen Jungen namens Pontius durch ihr eigenes Beispiel Mut gemacht hatte, als Märtyrer zu sterben, und nachdem sie liebevoll und inbrünstig für ihre Verfolger gebetet hatte.

Wenn Frauen wie sie für alle gesellschaftlichen Schichten der Gemeinde typisch waren, dann wundert es kaum, daß das Evangelium alle Hindernisse überwand und das ganze römische Reich ergriff."[5]

In den ersten zweihundert Jahren in der Geschichte der Christengemeinden geschah das Wachstum der Gemeinden und die Ausbreitung des Evangeliums durch ganz gewöhnliche, gläubige Menschen, sowohl Männer als auch Frauen, durch Adelige sowie durch Sklaven.

Santa Lucia

Santa Lucia von Sizilien hatte keine Angst um das Evangelium. Als ich ein Kind war, feierten wir das Fest der Santa Lucia mit unseren schwedischen Gastgebern in Taofungshan. Ich hatte mich noch nie so schön gefühlt wie damals als Dreizehnjährige in dem langen, weißen Gewand und den taillenlangen, blonden Haaren, die durch einen Farnkranz gehalten wurden – mit vier echten brennenden Kerzen darauf. Ich stellte mir vor, ich sei ein Engel, als ich das dunkle Schlafzimmer unserer bunt zusammengewürfelten skandinavischen Schar betrat, um ihnen Santa-Lucia-Leckereien zu bringen, während meine Helfer das Santa-Lucia-Lied sangen. Ich wünschte mir damals, dieses Ereignis möge nie zu Ende gehen.

„Die wirkliche Santa Lucia lebte ungefähr 300 n. Chr. in Syracus auf Sizilien und war dort als Wohltäterin unter den Armen tätig. Sie war mit einem reichen Adeligen verlobt, aus dessen Gunst sie aber fiel, als sie sich weigerte, ihre Hilfe für die Bedürftigen einzustellen. Stattdessen setzte sie ihre Arbeit mit noch größerem Eifer fort und verschenkte sogar ihre Aussteuer. Als sie auch weiterhin nicht bereit war, ihre Aktivitäten für die Armen einzustellen, lieferte ihr Mann sie dem römischen Präfekten aus, der sie ins Gefängnis warf. Sie wurde gefoltert und geblendet, aber sie widerrief ihren Glauben an Jesus Christus nicht. Als sie durch ein Wunder ihr Augenlicht wiederbekam, wurde sie zum Tod auf dem Scheiterhaufen verurteilt. Auch diese Methode schlug fehl, und sie überlebte auf wunderbare Weise. Schließlich wurde ihr jedoch das Leben durch ein 'magisches Schwert' genommen."[6]

Die ersten Missionare aus Irland brachten die Geschichte der Santa Lucia nach Schweden. Dort wurde sie zum Symbol für das Licht des Christentums, und der 13. Dezember – nach dem alten Kalender der dunkelste Tag des Jahres – wurde als Tag zu ihrer Ehre festgelegt. Ihre Geschichte hat heute einen festen Platz im schwedischen Volksgut.

Nach der Verfolgung der Lucia und vieler anderer folgte eine Zeit des Friedens. Der römische Kaiser Konstantin konvertierte im Jahre 312 zum Christentum, und der christliche Glaube erlangte dadurch nicht nur Ansehen, sondern war für diejenigen von Vorteil, die nach der Gunst des Kaisers strebten.[7]

Die Gemeinde wuchs nicht nur in der Größe, sondern auch von der Struktur her.

Statt als geheime Gruppen zu wirken, die eine echte Gegenkultur darstellten, bauten die Gemeinden nun öffentliche Versammlungsstätten und entwickelten ausgefeiltere Formen des Gottesdienstes. Der freie Gottesdienst, den Paulus in 1 Korinther 14,26-33 beschreibt, in dem der Heilige Geist den Gläubigen Zungengebet, prophetische Reden und Lieder eingab, wurde langsam von vorgegebenen Liturgien abgelöst. Nicht mehr die ganze Gemeinde praktizierte Geistesgaben und hatte Anteil an der Verkündigung des Evangeliums, sondern die Leitung fiel in die Hände einiger weniger Auserwählter, die für ihr Amt eine besondere geistliche Ausbildung erhielten.

Der Haken an diesen Neuerungen wurde den Frauen der Gemeinden erst viel später klar. Die Veränderungen wurden so langsam durchgeführt, daß sie kaum merkten, was da eigentlich geschah. So lange wie sich viele der Gemeinden auch weiterhin in den Häusern der Frauen trafen, hatten sie immer noch eine wichtige Verantwortung innerhalb der christlichen Gemeinde.

Die Frauen, die ihre Häuser für Hausgemeinden öffneten, wie zum Beispiel Lydia oder die „auserwählte Herrin" aus dem 2 Johannesbrief hatten von Anfang an die Funktion geistlicher Leiterinnen unter den Menschen, denen sie den Weg zu Jesus gezeigt und die sie mit geistlicher Nahrung versorgt hatten.

Solche Häuser blieben auch später Leuchtfeuer für Jesus Christus, weil Verwandte, Kinder und Freunde in der warmen Atmosphäre dieser christlichen Hausgemeinden zum Glauben fanden.

Dort, wo einige dieser großen Hausgemeinden gewesen waren, wurden später Kirchen und Bischofssitze gebaut. Weil Frauen auch weiterhin eine führende Rolle in den Anbetungsgottesdiensten spielten, entwickelte sich langsam eine Ordnung für diejenigen, die

diesen Dienst taten. Man nannte sie zunächst Diakonissen und später Stiftsdamen. Weil sie nun dazu bestimmt waren, bei den Gottesdiensten in den großen Kathedralen und Kirchen zu helfen, begannen sie, gemeinsam in der Nähe dieser Kirchen zu wohnen und zu leben.
Nach Aussagen von Joan Morris, einer Dozentin an der Universität Oxford, waren es Frauen, die als erste in Kommunen zusammenlebten. Laut Frau Morris ging man davon aus, daß die Diakonissen apostolischen Ursprungs waren.[8] Augustinus verfaßte ihre Regeln und bearbeitete sie später, so daß sie auch für Männer angewendet werden konnten.[9]
Manche Kommentatoren glauben, daß in 1 Timotheus 5,3-16 von den Anfängen eines „Ordens" von Witwen die Rede ist, die im Dienst der Gemeinde standen und von dieser unterstützt wurden. Tabita, eine Witwe, die in Apostelgeschichte 9,36-43 erwähnt wird, könnte Mitglied dieses „Ordens" gewesen sein.[10]
Mit Ausnahme der Orden gibt es kaum Informationen über die Rolle von Frauen in der Gemeinde in der Zeit nach den Christenverfolgungen.
Aber in den vergangenen hundert Jahren haben die römischen Katakomben im Mittelpunkt des Interesses christlicher Historiker gestanden. In der „Capella Greca", der Katakombe der Priscilla, ist ein Fresko aus dem zweiten Jahrhundert gefunden worden, das sieben Frauen beim heiligen Abendmahl darstellt. Auf dem Tisch sind der Kelch, das Brot und der Fisch zu sehen, als Symbol für Jesus Christus. An jeder Seite ist ein Korb mit Brot abgebildet als Erinnerung an das Brotwunder in der Wüste. Alle sieben dargestellten Menschen haben sehr weibliche Züge außer dem einen auf der linken Seite, der auch ein Mann sein könnte. Sein Gewand aber ist knöchellang, so wie es von Frauen jener Zeit getragen wurde.
Aber war es Frauen gestattet, das Abendmahl zu verwalten? Athanasius versichert, daß es so war. In einem Dokument an eine Kommunität von Jungfrauen schreibt er:
„Wenn zwei oder drei Jungfrauen mit dir zusammen sind, dann laß sie gemeinsam mit dir über dem Brot danksagen." Und dann fügte er hinzu, daß die Katechumenen dabei nicht anwesend sein sollten, wie es beim Abendmahl der Griechisch-Orthodoxen Kirche auch heute noch üblich ist. Athanasius glaubte, daß Jungfrauen ein Leben führten, als seien sie bereits im Himmel und „im himmlischen Königreich gibt es weder Mann noch Frau, so daß Frauen, die Gott wohlgefällig sind, den geistlichen Stand von Männern einnehmen können."[11]

Grabsteine sind weitere Informationsquellen über Frauen jener Zeit. Dorothy Irvin vom College St. Catherine in St. Paul im US-Bundesstaat Minnesota zitiert zwei Grabsteine mit folgenden Inschriften: „Das Grab der Veronika (oder ein ähnlich lautender Name), der Presbyterin (Genitiv feminin) und Tochter des Joses" und „Das Grab der Faustina, der Prebyterin (Genitiv feminin). Shalom."[12]
Während manche Frauen in der Gemeindeleitung (Prebyter) waren, fanden andere ihren Platz in den Klöstern, wo sie ihre Liebe und Treue zu Jesus Christus zum Ausdruck bringen konnten und wo sie ihre Identität in dieser Beziehung finden konnten, genau wie die Jungfrauen, die Athanasius unterrichtete. Schwester Mary McKenna stellt dieses „Zuhause" dem Mangel an Raum für Frauen in den Gemeinden von heute gegenüber. Sie spricht zwar von der römisch-katholischen Kirche, aber ihre Aussagen über Raum für Frauen sind für viele Kirchen und Gemeinden gültig:
„Die unterdrückende, verschlossene und abwehrende Haltung der männlichen Gemeinde von heute den Frauen gegenüber hat es in der Urgemeinde nicht gegeben, in der Gemeinde einer Zeit, in der paradoxerweise der soziologische Status der Frau wesentlich niedriger war als heute. Was Christinnen damals hatten und was ihnen heute fehlt, ist der geistliche Status der Orden und die damit zusammenhängende Sicherheit, einen Platz und eine Bestimmung in der offiziellen Gemeindestruktur einzunehmen."[13]
Die Idee der Klöster bedeutete ein Leben, das Kontemplation mit aktivem Handeln verband. Das übte auf die Gläubigen in den ersten Jahrhunderten eine starke Anziehung aus. Helena Wiebe schreibt in *Women of God in Early Christian Sodalities* (Frauen Gottes in den ersten christlichen Schwesternschaften; Anm. d. Übers.):
„Die ersten Gemeinden schienen das Leben als Probe für das Kommen des Bräutigams Jesus Christus zu betrachten. Es sollte alles vorbereitet werden für seine Rückkehr durch treuen Dienst und Sorgfalt in der Verantwortung für die große Familie des Reiches Gottes."[14]

Leben in Askese

Vom vierten Jahrhundert an waren immer mehr Frauen vom asketischen Leben der Kontemplation und des Gebets angezogen. Das Klosterleben bedeutete für diese Frauen die Befreiung (von früher Heirat und schwerer familiärer Verantwortung) zum Dienst im Reich Gottes. Das Leben im Kloster bot einer Frau die Freiheit,

ihre Identität in ihrer Beziehung zu Jesus Christus zu finden und diese Identität in einer Gemeinschaft weiterzuentwickeln, die tiefe Hingabe an Jesus Christus mit wissenschaftlicher Arbeit verband.
Rosemary Ruether hat darauf hingewiesen, daß „nur Frauen, die sich ganz der Askese widmeten, auf die Unterstützung der Kirche rechnen konnten, wenn es darum ging, Entscheidungen gegen die Familien zu fällen, die in der Regel forderten, daß die betreffende Tochter heiraten und Kinder bekommen sollte."[15]
Eine der bekanntesten Frauen des 4. Jahrhunderts, die dieses Leben der Askese wollte, war Macrina, die in Kappadozien (in der heutigen Türkei) lebte. Als junges Mädchen wies sie die Bemühungen ihrer Familie zurück, für sie eine Ehe zu arrangieren. Nach dem Tod ihres Vaters führte sie auch ihre Mutter in das asketische Leben ein, und der Familiensitz wurde eine Kommunität, in der wohltätige Arbeit getan und gebetet wurde.
Macrina nahm auch Einfluß auf ihren Bruder Basileus, als er von einem mehrjährigen Studienaufenthalt im Ausland zurückkehrte. Nach Aussagen eines weiteren Bruders namens Gregorius, der Bischof von Nyssa war, verlockte sie Basileus „so rasch zur Sache des Glaubens, daß er sich von aller weltlicher Darstellung zurückzog und begann, allen weltlichen Beifall in Worten zu mißbilligen. Stattdessen wandte er sich jenem Leben zu, das von der eigenen Hände Arbeit bestimmt war und das ihm durch konsequente Armut einen Lebensstil ermöglichte, welcher ohne Hindernisse zur Tugend führte."[16]
Macrina und Basileus gründeten später Kommunitäten für Männer und für Frauen, die auf denselben Grundsätzen beruhten. Johannes Chrysostomos, der große Kirchenvater, schrieb, daß Macrina „gut war, was das Organisieren betraf, daß sie eigenständig denken konnte und in bezug auf ihre Bildung ihrem Bruder in nichts nachstand."[17] In ihrer Frauenkommunität lehrte Macrina jeden, der kam und zuhörte, Bibelwissen. Sie gründete auch ein Krankenhaus, in dem die Gabe der Heilung praktiziert wurde. Es kamen viele in diese Kommunität, die sowohl körperliche als auch seelische Not litten. Macrinas Bruder Gregorius berichtet, daß seine Schwester ein Vorbild war, wenn es darum ging, ein Leben „frei von Zorn, Haß, Stolz, Luxus und Ehre" zu führen.[18]
Gemeinsam mit anderen Frauen sang und betete Macrina unablässig und verlieh auf diese Weise ihrer Liebe und Dankbarkeit zu Gott Ausdruck.
Macrina und Basileus errichteten ihre Häuser in der bergigen Gegend von Pontus mit Blick auf den Fluß Iris. Zur gleichen Zeit

gründete die ebenso schöne wie reiche Marcella die erste Kommunität für Frauen in der Kirche des Westens. Als kleines Mädchen hatte Marcella Athanasius, dem Patriarchen von Alexandria, zugehört, als er von den Mönchen berichtete, die in den Wüsten Ägyptens lebten, und sie vergaß seine Worte nie. Als ihr Mann sehr jung starb, machte sie aus ihrem Wohnhaus einen christlichen Ort der Einkehr.

Im Jahre 392 traf der Übersetzer Hieronymus von Konstantinopel in Rom ein, wo er an einem Kirchenkonzil teilnehmen wollte, und er wurde an Marcellas Gastfreundschaft verwiesen. Sie überredete ihn dazu, Bibelstunden abzuhalten für einige der vornehmsten Damen der römischen Gesellschaft. Hieronymus überredete die Frauen daraufhin, Hebräisch zu lernen, um das Alte Testament im Original lesen zu können.

Marcella nahm diese Herausforderung an und schrieb ihm noch jahrelang Briefe, in denen sie ihn bei Schwierigkeiten mit bestimmten Wörtern wie zum Beispiel selah, ephod und teraphim um Hilfe bat. Hieronymus beklagte sich einmal darüber, daß er die ganze Nacht aufgeblieben sei, um Antworten auf ihre detaillierten Fragen zu diktieren.[19]

Aber während der ersten drei Jahre ihrer Freundschaft blieb Hieronymus in Rom und arbeitete an seiner Übersetzung der gesamten Bibel ins Lateinische, der Vulgata, die ein Jahrtausend lang die Bibel für die gesamte Christenheit wurde. Er sagt, daß er sehr von der Kritik profitiert habe in der Zeit, als er mit seiner Gastgeberin und deren Freundinnen Bibelstudien betrieb. Er schrieb außerdem über Marcella: „Was ich als Frucht langer Bibelstudien und ständiger Meditation erlangt habe (seine lateinische Übersetzung der Bibel), lernte sie und machte es sich zu eigen."[20]

Wegen der Bibelstudien, die er dort abhielt, nannte Hieronymus das Haus der Marcella später Ecclesia Domestica, „die Kirche im Haus". Als Zentrum für Gebet, Studium und christliche Nächstenliebe veranlaßte diese „Kiche" später Fabiola, in Rom eines der ersten Krankenhäuser der Welt zu gründen. Und Paula und ihre Tochter Eustochium beschlossen, ihr Leben der Mithilfe bei der Bibelübersetzung des Hieronymus zu widmen. „Sie trafen später zu diesem Zweck mit ihm in Bethlehem zusammen."[21]

Mittlerweile hatte Marcella etwas außerhalb von Rom das erste Frauenkloster gegründet.

Nachdem Hieronymus Rom verlassen hatte, riet er Freunden, die in Rom lebten, Marcella um Material zu bitten, wenn sie Fragen zur Bibel hätten. Als es in Rom einmal zu einem Disput über die

Bedeutung der Bibel kam, bat er Marcella, die Sache zu klären. Über ihren Einfluß schreibt er: „Ich hatte die Freude mitzuerleben, wie Rom in ein zweites Jerusalem verwandelt wurde."[22]
Besonders glücklich war er über die Gruppe von Frauen, die sich Marcella im Kloster anschlossen und sich ganz dem Gebet, dem Bibelstudium, dem Singen von Psalmen in hebräischer Sprache und der Hilfe für die Armen widmeten. Hieronymus berichtet, ihre Freude an der Bibel sei unglaublich gewesen. Marcella mochte sehr gerne singen. Sie sang: „Dein Wort habe ich im Herzen verborgen, auf daß ich nicht wieder sündige", und den Psalm, der den vollkommenen Menschen beschreibt als jemand, „dessen Freude ist das Gesetz des Herrn und der darüber nachsinnt Tag und Nacht."
Hieronymus sagte, daß Marcella diesen Akt des Nachsinnens und Meditierens als etwas betrachtete, das Aktion erforderte. In einem Brief fragte sie ihn: „Was sind die Dinge, welche kein Auge gesehen und kein Ohr gehört hat?" (1 Kor 2,9).
Hieronymus antwortete, daß es sich um geistliche Dinge handele, die man auch nur geistlich wahrnehmen und hören könne.[23]
Als die Goten im Jahre 410 Rom einnahmen, war Marcella 85 Jahre alt. Sie schlugen sie mit Peitschen, aber Marcella sagte, sie empfinde keine Schmerzen. Hieronymus folgerte, Christus müsse die Herzen der Eroberer berührt haben, denn sie ließen schließlich Marcella und eine Freundin zur Basilika des Heiligen Paulus gehen, die damals als Zufluchtstätte für die Armen diente. Sie dankte Gott für ihre Errettung und dafür, daß die Goten sie als arme Frau vorgefunden hatten. Ein paar Tage später starb sie in der Basilika in der Gewißheit, daß wahrer Reichtum geistlicher Natur ist. Marcella gehörte zu der „Wolke von Zeuginnen", die Jesus als ihren Herrn und Erlöser erkannten, Frauen wie auch Melania, die Hieronymus als eine „zweite Thekla" bezeichnete. Sie gründete das erste römische Kloster auf dem Olivenhügel.
Melanias Enkelin, die den Namen ihre Großmutter trug und die sowohl mit Hieronymus als auch mit Augustinus befreundet war, trat in die Fußstapfen ihrer Großmutter und wurde berühmt durch ihre Missionsreisen. Sie stammte aus einer reichen römischen Familie, die Besitztümer im gesamten Mittelmeerraum hatte. Melania nutzte ihre Geldquellen, um den Armen zu geben, und um Kirchen und Klöster zu bauen für Männer und Frauen in Afrika und Jerusalem.
Auf einer Reise nach Afrika begann sie, sich der Disziplin des Betens und Fastens zu unterwerfen. Sie studierte sowohl die Schrift als auch das Leben der Wüstenmönche sehr intensiv.[24]

Auf einer ihrer Reisen nach Afrika nahm Melania in Konstantinopel an einer kaiserlichen Hochzeit teil und nutzte diese Gelegenheit dazu, einen Kreis prominenter Frauen über die Irrlehren des Nestorius aufzuklären. Zur gleichen Zeit trug sie dazu bei, daß ihr Onkel Volusian, ein einflußreicher Mann am Hof, Christ wurde. Sie war es auch, die die Kaiserin Euodika auf die Idee brachte, eine Pilgerreise nach Jerusalem zu unternehmen.

Aber der wohl wichtigste Beitrag Melanias zur Kirchengeschichte ist ihre Betonung des Lobpreises Gottes. Sie baute zweimal ein Kloster, „wo eine Gemeinschaft von Mönchen ihrem Herrn immerwährenden Lobpreis singen konnte."[25]

Diese Hervorhebung des Lobpreises erinnert an das Alte Testament, wo wir sowohl in der Stiftshütte als auch im Tempel Sänger vorfinden, die diese Arbeit Tag und Nacht verrichteten (vgl. 1 Chr 6,16.17; 9,33; Esra 2,41.65; Neh 7,1).

Melanias Anhänger waren vergleichbar mit jenen Sängern für den Herrn, die „in heiligem Schmuck Loblieder sangen und sprachen: Danket dem Herrn, denn seine Barmherzigkeit währet ewiglich" (2 Chr 20,21).

Dem Herrn Lobpreis zu singen, war für Melania eine wichtige Möglichkeit, der Welt zu bekunden, wem sie verpflichtet war.

Bezeichnenderweise brach Melania zu ihren Missionsreisen auf, nachdem sie während der Invasion durch die Goten im Jahre 410 aus Rom geflohen war.

Mit der Niederlage Roms wurde das Evangelium zwangsläufig durch Flüchtlinge über ganz Europa und dem Rest der damals bekannten Welt verbreitet. In dieser großen missionarischen Bewegung spielten Frauen immer eine wesentliche Rolle. Viele der Frauen, die das Evangelium nach Nordeuropa brachten, kamen als Gefangene dorthin, die später dort heirateten und ihre Männer mit dem Evangelium bekannt machten.

Kapitel 8: Den Glauben aufrechterhalten (600-1700)

Zu der großen „Wolke von Zeuginnen", die uns alle Zeitalter hindurch gerufen haben und rufen, gehören auch die Frauen, die Klöster gründeten oder reformierten. Denn es waren Klöster, die das Christentum während des Mittelalters aufrechterhielten. In England wurde Hilda von Whitby (614-680) vom König und von Bischof Aidan von Jona gebeten, ihnen bei der Gründung der ersten Klöster des Königreiches zu helfen. Am bekanntesten ist sie

durch die Gemeinschaften von Nonnen bzw. Mönchen in der Nähe der Gemeindekirche von Whitby geworden. Beda Venerabilis berichtet in seiner „Historica Ecclesiastica gentis anglorum", daß sie auf einer gründlichen Bibelausbildung der zukünftigen Geistlichen bestand.
Fünf ihrer Schüler wurden berühmte Bischöfe.[1]
Auf dem Gebiet englischer Literatur ist Hilda dadurch in Erinnerung geblieben, daß sie Caedmon entdeckte und unterrichtete, den ersten englischen Dichter, der seinem Glauben in der angelsächsischen Sprache Ausdruck verlieh.
Lyrik wurde zu einem neuen Weg, das Evangelium zu den einfachen Leuten zu bringen. Caedmons Gedichte begannen mit der Schöpfungsgeschichte und haben möglicherweise Milton dazu angeregt, sein Buch *Paradise Lost* (Das verlorene Paradies; Anm.d. Übers.) zu schreiben.
Wie auch andere berühmte Äbtissinnen hatte Hilda die Vollmachten eines Barons, denn sie war Mitglied von Regierungsgremien, rüstete in Kriegszeiten Soldaten aus und war dem König direkt unterstellt. In kirchlichen Angelegenheiten war sie direkt dem Papst unterstellt.[2]
Beda Venerabilis faßte Hildas Leben folgendermaßen zusammen:
„Sie versäumte es weder, ihrem Schöpfer öffentlich und im Stillen zu danken, noch die Herde zu unterrichten, die ihr anvertraut war."[3]
Sie starb im Jahre 680, während sie ihre Nachfolger ermahnte, die Einheit der Kirche zu bewahren.

Helferinnen der Armen

Hilda war eine Pionierin zu der Zeit, als das Christentum anfing, Wurzeln zu schlagen. Klara von Assisi (1194-1253) wirkte sehr viel später. Sie war eine Reformerin dort, wo das Christentum die Armen vergessen hatte, und sie war die Gründerin des franziskanischen Ordens der „Barfußnonnen" in Italien.
Mehrere Prinzessinnen traten den „armen Klarissen" – wie sie auch genannt wurden – bei, unter ihnen auch Agnes, die Tochter des Königs von Böhmen. Gemeinsam mit sieben weiteren Frauen von Adel gründete Agnes das erste Kloster in Prag.
Eine weitere Königstochter, Elisabeth von Ungarn, legte im Jahre 1228 ihr Gelübde ab und wurde die erste Franziskanerschwester in Deutschland. Sie wirkte unter den Leprakranken, den Alten und den Armen, und sie redete mit Gott während sie sich durch Wolle-

spinnen ihren Lebensunterhalt verdiente. Sie war erst 24 Jahre alt, als sie starb, aber die Gemeinde von St. Elisabeth hat zu ihrem Gedenken das größte Denkmal der Welt gebaut, das jemals einer Christin gesetzt wurde.[4]

Zu den Frauen, die die Kirche zu neuem Leben erweckten, gehörte auch Katharina von Siena (1347-80). Sie diente bescheiden den Armen und Sterbenden, zu der Zeit, als der schwarze Tod in Europa wütete, und sie rief in aller Öffentlichkeit Könige, Königinnen und auch den Papst dazu auf, Buße zu tun und mit Gott ins reine zu kommen. Eleanor McLaughlin schreibt über sie:

„Katharina war wirklich selbstlos in ihrer Fähigkeit, sich in echter Demut mit dem Sünder zu identifizieren. Sie überzeugte den Papst davon, ihrem Verständnis von Sünde beizupflichten und Buße zu tun, indem er barfuß ging, ein Akt päpstlicher Buße, den es nie vorher und auch danach nie mehr gegeben hat. Gleichzeitig war sie erfüllt von der brennenden Vision einer reformierten Kirche, von der Überzeugung, daß der Wille Gottes richtig und gut sei und von der unstillbaren Leidenschaft für die Erlösung der Menschen, die sie ansprach. Ihr Haß auf die Sünde war verbunden mit ihrer Liebe für den Sünder ... Ihr Ideal, ihre Vision von Heiligkeit, ihr heiliges Verlangen nach Gott bestand in der Gabe der Meditation, durch die sie selbst und alle, die sie hörten, in Bewegung gesetzt wurden für die Nächstenliebe und für eine Reform der Kirche."[5]

Wenn Katharina über die Liebe meditierte, die im gekreuzigten Jesus Christus sichtbar wird, dann packte sie der Eifer, zu Gottes Ehre beizutragen und dabei zu helfen, Seelen zu retten. Die im Kreuz Christi sichtbar gewordene Liebe wurde in Aktion umgesetzt und war mit Gehorsam verbunden – „einer radikalen Verbundenheit mit Jesus und dem Willen Gottes für sie, ohne Rücksicht darauf, was die Welt davon hielt."[6]

Sie ermunterte andere Menschen, auch nach dieser Liebesbeziehung zu suchen: „Fürchtet Gott und dient ihm ohne Rücksicht auf euch selbst; und dann kümmert euch nicht darum, was die Leute dazu sagen könnten ... Seid wachsam, daß ihr euch nirgends verliert, außer am Kreuz ... Und dort werdet ihr euch vollkommener wiederfinden."

Und während sie eine Gruppe von Einsiedlern drängte, sich ihr in den Bemühungen um Reformen anzuschließen, schrieb sie:

„Unsere Lauheit ist eine Folge von Undankbarkeit, die von einem zu matten Licht herrührt, in dem wir die qualvolle und unwandelbare Liebe des gekreuzigten Christus nicht erkennen können ... Denn würden wir sie sehen, so würde unser Herz mit den Flammen der Liebe brennen, und wir sollten hungern und dürsten nach mehr Zeit, um mit großem Eifer zur Ehre Gottes bei der Rettung von Seelen tätig zu sein. Zu diesem Eifer rufe ich Euch auf, lieber Sohn, daß wir nun von neuem zu arbeiten beginnen."[7]

Katharina war überwältigt von dem Wunder der Liebe Gottes, das im Leiden Christi sichtbar wird. Es schien ihr einfach unmöglich, daß ein Erkennen dieser Liebe nicht zur Veränderung des Menschen und zu Taten der Liebe führen sollte. Und dieselbe Erwartung hatte sie für die gesamte Kirche. Wie alle Reformer, war sie sich all der Sünden, die die Kirche auf sich lud, bewußt. Ihr Ruf war ein fortwährender Ruf zur Buße und Umkehr. Aber im Gegensatz zu anderen Reformatoren blieb sie den Kirchenoberhäuptern gehorsam. Sie verhielt sich wie der Bischof von Canterbury, der im 13. Jahrhundert an Papst Innozenz IV schrieb: „Als gehorsamer Sohn bin ich ungehorsam, widerspreche und rebelliere ich."[8]

Während dieser Zeit fanden die Frauen ihre Betätigungsfelder, die sie brauchten, zumeist in der Kirche:

„Vor dem 16. Jahrhundert waren es die Kirchen und nicht die Sekten, in denen die Frauen die dauerhaftesten und einflußreichsten Rollen übernahmen. Widerstand auf dem Hintergrund von Gehorsam, die Berufung der Heiligen, gaben den Frauen mehr Freiraum als sektiererische Proteste."[9]

Reformatorinnen

Für Frauen bedeutete die Reformation einen Schritt vorwärts und einen zurück. Für viele war das „nur aus Glauben allein" Musik in den Ohren. Aber für die Frauen allgemein hatte die Reformation auch negative Auswirkungen. Arthur Glasser vom Fuller Seminar schreibt:

„Eine der unglücklichen Folgen des Protestantismus ist die Tatsache, daß er Frauen aus dem klösterlichen Leben vertrieb. Es ist richtig, daß den Reformatoren des 16. Jahrhunderts dieses Leben schädlich zu sein schien. Aber indem sie alle Ordensstrukturen ungültig machten – was so schwerwiegend dazu beitrug, daß es für über 200 Jahre keine missionarischen Aktivitäten von protestantischer Seite gab – unterwarfen sie die Frauen der verengten Perspektive, daß ihre einzige akzeptierte Lebensbestimmung die Ehe sei. Mit der Auflösung der Nonnenklöster verloren die Frauen die letzte Chance, auch außerhalb des engen Umfeldes von Ehe, Heim und Kindern im Dienst der Kirche tätig zu sein."[10]

Nach Luthers Angriff gegen die kirchlichen Autoritäten waren viele Nonnen und Mönche in ganz Europa verunsichert und beschlos-

sen, die Klöster zu verlassen. Katharina von Bora zum Beispiel beschloß, gemeinsam mit acht weiteren Nonnen, dem Klosterleben den Rücken zu kehren und floh zu mitternächtlicher Stunde in leeren Fässern, in denen dem Zisterzienserkloster in der Nähe der böhmischen Grenze Heringe geliefert worden waren. Luther und der Fischhändler halfen ihnen dabei, auch auf das Risiko hin, mit dem Tode bestraft zu werden, wenn sie gefaßt würden. Indem sie ihren Orden verließen, verloren Katharina von Bora und acht andere Frauen den kirchlichen Rahmen, innerhalb dessen sie das Evangelium verkündigt hatten.
Katharina heiratete später Martin Luther, dessen Ansichten über die Minderwertigkeit von Frauen ja hinreichend bekannt sind.
Die Reformatoren vertraten im allgemeinen die Einstellung, daß die Frauen zum Zwecke des Wohlbefindens der Männer existierten. Calvin hat einmal geschrieben, welchen Frauentyp er sich wünschte: „Eine Frau, die sanft ist, rein, bescheiden, sparsam, geduldig und die nach Möglichkeit auch um meine Gesundheit besorgt ist."[11] Es lag ihm nicht besonders viel daran, eine Frau zu finden, die zu Hause und auch über das Heim hinaus einen Dienst für Jesus versah.

Quäkerinnen

Es gab aber auch vereinzelt Gruppen, die anfingen, diese stark eingeschränkte Rolle der Frauen bei der Verkündigung des Evangeliums in Frage zu stellen. Eine dieser Gruppen waren die Quäker in England. Im Jahre 1657 wurde eine Quäkerfrau vor den Augen ihres Anklägers, des Gemeindepfarrers, verhaftet. Auf ihre Frage, welches Verbrechen sie denn begangen habe, antwortete der Priester: „Eine Frau darf in der Kirche nicht sprechen." Der Rest dieser Geschichte ist in dem Buch *First Publishers of Truth* (Die ersten Verkünder der Wahrheit, Anm.d.Übers.) wiedergegeben:
„Deshalb befahlen sie ihr, noch in derselben Nacht nach Hawkchurch zurückzukehren, und daselbst wurde sie gepeitscht, bis Blut kam, was am nächsten Morgen geschah, als sie viele grausame blutige Striemen erhielt."[12]
Frauen wie diese waren durch George Fox, den Begründer der Society of Friends (Gesellschaft der Freunde, Anm.d.Übers.) und dessen Lehre über die „Priesterschaft aller Gläubigen" angeregt worden und dadurch, daß bei den Versammlungen der Quäker sowohl Männer als auch Frauen sprechen durften, wenn sie vom Heiligen Geistes geführt wurden. Als im Jahre 1611 die King James Version der Bibel erschien, und dadurch die Heilige Schrift allen

englischsprechenden Menschen zugänglich wurde, entstand unter Laien ein neues Interesse daran, die biblische Lehre zu lesen und darüber zu sprechen.
Bei ihren Bibelstudien entdeckten die Quäker viele Lebensbereiche, in denen ihrer Meinung nach Veränderungen notwendig waren. Weil vor Gott alle Menschen gleich sind, lehnten sie es ab, Geistlichen oder anderen Autoritätspersonen Titel zu verleihen. Darüber hinaus führte ihr Glaube an die Gleichheit der Menschen dazu, daß im Gemeinschaftsleben der christlichen Gemeinde keine Unterschiede zwischen den Geschlechtern gemacht wurden. Als Gegensatz dazu beschreibt George Fox die Behandlung einer Frau während einer Versammlung veschiedener protestantischer Gruppen:
„Zum Schluß stellte eine Frau zum Petrusbrief die Frage, was das bedeute: 'Denn ihr seid wiedergeboren nicht aus vergänglichem, sondern aus unvergänglichem Samen, nämlich aus dem lebendigen Wort Gottes, das da bleibt?' Und der Pfarrer sagte zu ihr: 'Ich gestatte es einer Frau nicht, in der Kirche zu sprechen', obwohl er vorher jedem die Freiheit gewährt hatte, etwas zu sagen."[13]
Die Quäker lehnten es auch ab zu schwören, weil das Schwören ihrer Meinung nach automatisch voraussetze, daß man bei einem normalen Gespräch weniger ehrlich sei. Und in den Wirren der Zeit, kurz nachdem Charles I enthauptet worden war, weigerten sie sich, Waffen zu tragen. Die Quäker bestanden auf der Gewissensfreiheit zu einer Zeit, als verschiedene religiöse Gruppen sich aufgrund ihrer Eigenarten gegenseitig verfolgten.[14]
Weil die Quäker meinten, daß im Stand der Geistlichen vieles nicht in Ordnung sei, fühlten sich einige Quäkerfrauen dazu aufgerufen, mit den Männern zu sprechen, die für den Dienst als Geistliche ausgebildet wurden. Sie glaubten, daß die Seminaristen mehr über das Leben und Wirken Jesu Christi wissen müßten, als es der Fall war.
Im Jahre 1653 machten sich Mary Fisher und Elizabeth Williams auf den Weg zur Universität von Cambridge und sprachen am Eingang des Sidney Colleges mit jungen Theologen über Gott. Als Strafe dafür ließ der Bürgermeister von Sussex sie bis zur Taille entblößen und auspeitschen. Nach den Berichten von Joseph Bess über die Leiden der Quäker von 1650-1689 sangen die beiden Frauen während der Bestrafung und waren voller Freude. Sie sagten: „Gelobt sei der Herr, der uns so viel Ehre zukommen läßt und uns stärkt, damit wir um seines Namens willen leiden können."[15]
Ein anderer Bericht sagt aus, daß die beiden Frauen zu ihren

Peinigern sagten: „Wenn ihr denkt, ihr habt noch nicht genug getan – wir sind bereit, für unseren Erlöser Jesus Christus noch mehr zu erleiden." Und dann knieten sie nieder und beteten: „Herr, rechne ihnen diese Sünde nicht zu."[16]

Die Nachricht von der gnadenlos ausgeführten Prügelstrafe ließ die Menschen im ganzen Land erschauern. Das konnte aber Elisabeth Fletcher und Elisabeth Leavens nicht davon abhalten, mit jungen Theologen von der Universität Oxford zu sprechen. Die beiden Frauen waren an halböffentlichen Debatten beteiligt, zu einer Zeit, in der öffentliche Reden etwas ganz Alltägliches waren. Damals konnte jeder sich an eine Straßenecke stellen und seine persönliche Ansicht über ein Thema jedem mitteilen, der vorbeikam und anhielt um zuzuhören.

Die Frauen baten gar nicht um besondere Vorrechte. Sie wollten weder als Pfarrerinnen ordiniert werden, noch wollten sie irgendeine andere Form der Anerkennung. Alles, was sie wollten, war das Recht, der Eingebung des Heiligen Geistes bei der Verkündigung des Wortes Gottes zu folgen. Aber die Männer in Oxford waren genausowenig bereit, das Wort Gottes aus dem Mund einer Frau zu hören wie die Männer in Cambridge.

Die Konfrontation im Jahre 1654 wird in *The First Publishers of the Truth* (Die ersten Verkünder der Wahrheit, Anm.d.Übers.) beschrieben:

„Sie litten unter der schwarzen Zunft der Gelehrten – denn diese zerrten sie zuerst durch einen schmutzigen Tümpel, danach zu einer Pumpe und hielten ihren Mund unter die Pumpe, eifrig Wasser da hineinpumpend, verbunden mit anderen Schamlosigkeiten. Danach schleuderten sie die besagte Elisabeth Fletcher gegen einen Grabstein und verletzten sie dabei so sehr, daß sie sich nie mehr völlig davon erholte."[17]

George Fox versuchte, diese Reaktionen der Männer auf weibliche Geistliche damit zu erklären, daß Männer sich vielleicht bedroht fühlten. Aber Männer „brauchen nicht zu fürchten, daß sie jemanden über sich haben, denn die Macht und der Geist Gottes geben allen Freiheit", sagt Fox.[18]

Während sie im Gefängnis saß, weil sie sich geweigert hatte, einen Eid auf den Commonwealth zu schwören, schrieb die Frau von Fox, Margaret Fell Fox, ein Flugblatt mit der Überschrift „Rechtfertigung des öffentlichen Redens von Frauen". Darin behauptet sie, daß Paulus' Ermahnung an die Frauen, zu schweigen, an eine bestimmte Gruppe von ungeübten Frauen gerichtet war, die sich erst kürzlich vom Heidentum zu Christus bekehrt hatten; an die

erfahreneren Christinnen schrieb Paulus Anweisungen, wie sie in der Öffentlichkeit beten und prophetisch reden sollten.
Auf diese Weise ermutigt, reisten die Quäkerfrauen nicht nur predigend durchs ganze Land, sondern sie wagten es sogar, die weite Reise in die neue Welt, nach Amerika, zu unternehmen.
Im Jahre 1656 wurden Ann Austin und Mary Fisher bei ihrer Ankunft in der Massachusetts Bay Kolonie sofort festgenommen. Diese Art der Behandlung überraschte Mary Fisher aber keineswegs, denn sie war nach ihrer Prügelstrafe in Cambridge auch in ihrem Heimatort verhaftet und eingesperrt worden, weil sie es gewagt hatte, das Wort an einen Pfarrer zu richten. In Boston wurden Hunderte von Büchern, die sie und ihre Gefährtin in die Neue Welt mitgebracht hatten, verbrannt, während die Frauen entkleidet und auf Hexenmale untersucht wurden. Danach sperrte man sie ins Gefängnis, wo sie bis zu ihrer Deportation nach England bleiben sollten. Die beiden wären sicher im Gefängnis von Boston gestorben, wenn nicht ein alter Mann einen Wärter bestochen hätte, damit er ihnen etwas zu essen brachte.
Die Quäkerfrauen, die später nachfolgten, erfuhren sogar eine noch schlimmere Behandlung. Schließlich kam Elizabeth Hooten zum zweiten Mal in Boston an, diesmal mit einer schriftlichen Genehmigung von König Charles, Land für ein neues Zuhause zu erwerben. Sie war eine gottesfürchtige Frau, die schon jahrelang bei den Baptisten als Predigerin tätig gewesen war, bevor sie den Quäkern beitrat.
Die Puritaner aber ignorierten die königliche Genehmigung und zwangen die siebzigjährige Missionarin, vor einen Karren gespannt nach Cambridge, Watertown und Dedham zu gehen. In jedem dieser Städte wurden sie zum Schandpfahl gebracht, der Rücken wurde ihr entblößt und dann peitschte man sie aus. Und sie berichtet schließlich selbst:
„Sie setzten mich auf ein Pferd und brachten mich meilenweit in die Wildnis, wo es viele wilde Tiere gab, darunter auch Bären und Wölfe und viele tiefe Gewässer, durch die ich hindurchwaten mußte ... aber der Herr errettete mich."[19]
Die tapfere Frau überlebte das alles, kehrte nach England zurück und begleitete später George Fox auf einer Missionsreise nach Jamaika, wo sie schließlich starb.
Elizabeth Hooten war nicht die einzige Quäkerin, die die Aufgabe der Mission ganz klar erkannte und in Angriff nahm. Nachdem Mary Fisher und Ann Austin die Botschaft der Quäker im Jahre 1656 nach Massachusetts gebracht hatten und deshalb deportiert

worden waren, machte sich Mary Fisher gemeinsam mit fünf weiteren Missionaren von England aus auf den Weg in die Türkei. Nachdem sie in Griechenland angekommen waren, fuhr sie allein weiter in die Türkei.
William Sewel, ein Geschichtsschreiber der Quäker, berichtet über ihre Ankunft am Hof des Sultans von Adrianopel:
„Der Sultan forderte sie auf, ihnen das Wort Gottes zu sagen und keine Angst zu haben, denn sie hätten gute Herzen und wollten etwas über Gott erfahren... Dann sagte sie alles, was ihr am Herzen lag. Die Türken hörten ihr aufmerksam zu... Dann wünschte der Sultan, sie möge doch im Lande bleiben und sagte, er könne nicht anders, als einen Menschen hochzuachten, der so viel Mühe auf sich nähme um den weiten Weg von England zu wagen, mit einer Botschaft von Gott, dem Herrn. Er bot ihr auch einen Leibwächter an, der sie nach Konstantinopel bringen sollte... Nachdem sie nun alles gesagt hatte, fragten die Türken sie, was sie von ihrem Propheten Mohammed hielte, und sie antwortete, sie kenne ihn nicht, aber Christus, der wahre Prophet, der Sohn Gottes, der das Licht der Welt sei und jeden Menschen auf dieser Welt erleuchten könne, den kenne sie."[20]
Obwohl die Protestanten nach der Reformation 200 Jahre brauchten, bis sie den Missionsbefehl für sich annahmen, war Mary Fisher Gott gehorsam und wurde eine Vorreiterin der modernen Moslemmission.

Die Bewegung um Wesley

Der eigentliche Durchbruch für die Möglichkeiten von Frauen, bei der Verkündigung des Evangeliums mitzuwirken, geschah mit der Erweckungsbewegung um Wesley im 18. Jahrhundert in England. Wie zur Zeit der ersten Gemeinden bewirkten diese Erweckungen Buße für alte Vorurteile, und es entstanden auf dieser Grundlage neue Grundeinstellungen.
Gottes besondere „Werkzeuge" zur Zeit dieser Erweckungen waren Charles und John Wesley und George Whitefield. Aber bereits lange Zeit bevor Charles und John geboren wurden, rührte Gott deren Mutter Susannah Wesley an und rief sie in einen ganz besonderen Dienst. Vielleicht bekam Samuel Wesley, ein anglikanischer Geistlicher, mehr als er dachte, als er eine junge Frau heiratete, die, wie Katharina von Siena, selbstbewußt das aktiv tätige mit dem kontemplativen Leben verband.
Edith Dean schreibt über Susannah Wesley:
„Obwohl sie in den Jahren von 1690-1709 19 Kindern das Leben

schenkte ... nahm sie sich jeden Tag zwei Stunden Zeit für ihre persönliche Stille vor Gott ... Was auch an Unvorhergesehenem dazwischenkommen mochte, jeden Tag genau zur selben Uhrzeit zog sie sich zu diesem Zweck zurück."[21]

Ihr Sohn John, der Begründer der Methodisten, vergaß sein ganzes Leben lang nicht die Predigten, die seine Mutter an Sonntagabenden für die Familie und die Nachbarn hielt, wenn der Vater sich auf dem Kontinent aufhielt. Als mit der Zeit die Zuhörerschaft für die Küche zu zahlreich wurde, verteilten sich die ungefähr 200 Leute im ganzen Haus und in der Scheune. Während Susannah Wesleys oberstes Anliegen war, daß ihre Kinder sich für ein Leben mit Jesus entschieden, glaubte sie aber auch, daß Gott sie für einen Dienst außerhalb ihrer vier Wände gebrauchen wollte.

Aber nicht jedem Mitglied der Gemeinde ihres Mannes gefiel diese Einstellung. Einige von ihnen schrieben an Susannahs Mann und beklagten sich bei ihm darüber, daß seine Frau die Grenzen, die ihr als Frau nun einmal gesetzt seien, überschritte. Als er sie daraufhin befragte, schrieb sie ihm:

„Genauso wie ich eine Frau bin, bin ich auch die Leiterin einer großen Familie; und ... in deiner Abwesenheit empfinde ich es als meine Pflicht, auf jede Seele achtzugeben, die du unter meiner Obhut zurückläßt, als ein Talent, das mir anvertraut ist vom Herrn aller Familien auf Erden ... Ich verstehe nicht, warum jemand dich in ein schlechtes Licht stellt, weil deine Frau sich bemüht, die Menschen in die Kirche zu bekommen und sie so davon abzuhalten, den Tag des Herrn zu mißachten ... Und zu dem Vorwurf, das sehe merkwürdig aus – kann ich nur sagen: das tut es gewiß. Und so ist es mit fast allem, was ernsthaft ist oder was in irgendeiner Form zum Ruhm Gottes oder zur Rettung von Seelen beiträgt."[22]

Es überrascht kaum, daß aus so einem Zuhause zwei Männer stammten, die den Lauf der englischen Geschichte entscheidend beeinflußt haben. Wie aufregend muß es für Susannah gewesen sein, John zu sehen, wenn er vor 20 000 Menschen predigte. Es gibt Historiker, die behaupten, England habe keine so grausige Revolution wie die französische erleiden müssen aufgrund all der sozialen Fortschritte, die aus den Erweckungen um die Wesleys hervorgingen.[23] Es waren die Erweckungen und nicht die Reformation, die England retteten.

Die Erweckungen in England und das „Große Erwachen" in Amerika veränderten auch die Einstellungen der Menschen gegenüber Frauen, die das Evangelium verkündeten. Durch die Erweckungen erhielten Frauen endlich den Platz in der Gemeinde Christi, den ihnen die Reformation nicht hatte geben wollen. Als Männer und Frauen ihre Sünden vor dem heiligen und gerechten Gott bereuten, und als sie offen wurden für das, was der Heilige Geist sie lehrte, da war der Status von Frauen plötzlich kein Thema mehr. Unter der Leitung des Geistes verschwanden die Barrieren von Geschlecht, Rassen und Klassen.

In so einem geistlichen Klima war es für John Wesley nicht schwer, den Lehren seiner Mutter zu folgen und Frauen als Gemeindepredigerinnen und Wanderpredigerinnen einzusetzen. Anfangs war er vorsichtig und schlug vor, daß Frauen fünfminütige Bibelauslegungen vortragen sollten. Aber dann kam es zu einer Krise.

Wesleys leitender Evangelist starb ganz plötzlich, und dessen Frau, Sarah Millett, übernahm die Aufgaben ihres Mannes in der Gemeinde. Sie predigte bisweilen vor 2 000-3 000 Menschen, und sie war durchaus in der Lage, dies auch zu verteidigen:

„Nun nehme ich nicht an, daß Maria Magdalena auch nur im mindesten der Unschicklichkeit beschuldigt werden kann, weil sie die Nachricht von der Auferstehung des Herrn verkündigte – und dadurch den Lehrern der Menschheit eine Lektion erteilte. Genausowenig kann auch die Frau von dem Brunnen in Samarien der Unschicklichkeit bezichtigt werden, weil sie die ganze Stadt einlud, zu Jesus Christus zu kommen. Und ich denke auch nicht, daß Deborah sich falsch verhielt, als sie in aller Öffentlichkeit die Botschaft Gottes verkündigte."[24]

Als im Jahre 1787, also zehn Jahre später, die Frage aufgeworfen wurde, ob Sarah Millett offiziell als methodistische Geistliche anerkannt werden solle, was konnte John Wesley da anderes tun, als ihr die Hand zur Zusammenarbeit zu reichen.

Aber nicht jeder war glücklich über die Überwindung der Schranken zwischen den Geschlechtern und den sozialen Klassen. Lady Huntington war eine gute Bekannte Wesleys, die zur Oberschicht gehörte. Sie erhielt einen Brief von der Herzogin von Buckingham mit der Frage, was sie von den neuen Geistlichen hielte. Die Herzogin war nicht sonderlich erfreut über die Antwort von Lady Huntington und schrieb zurück:

„Ich danke Euch für die Informationen über diese Prediger. Ihre Lehre ist überaus abstoßend und durchsetzt von Unverschämtheit und Respektlosigkeit der Obrigkeit gegenüber, besonders dadurch, daß sie sich stetig bemühen, gesellschaftliche Stellungen gleichzumachen und alle Unterschiede aufzuheben. Es ist abscheulich, wenn einem gesagt wird, man habe ein Herz wie ein gewöhnlicher niederer Wüstling. Das ist in höchstem Maße entwürdigend und beleidigend, und ich kann mich nur darüber wundern, daß Ihr Empfindungen äußert, die Eurem hohen Stand und Eurer guten Herkunft so wenig entsprechen."[25]

Unbewußt leistete Lady Huntington diesem Prozeß der gesellschaftlichen Angleichung an zwei Fronten Vorschub: zum einen, indem sie die Methodistenprediger anerkannte und zum zweiten, indem sie als Frau Initiative ergriff zur Unterstützung einer Bewegung, die Tausende von Menschen für die Wahrheit des Evangeliums öffnete und dem Leben in den Gemeinden in England neuen Auftrieb gab.

Sie hatte vier Wohnsitze: in Chelsea, London, Brighton und Bath, wohin sie immer wieder angesehene Persönlichkeiten des öffentlichen Lebens, wie z. B. Horace Walpole, Lord Bolingbroke, Lord Chesterfield und David Hume einlud, um dort George Whitefield zu hören.

Für die Bischöfe der anglikanischen Kirche hatte sie einen Alkoven eingerichtet, mit einem Vorhang davor „Nikodemus-Ecke" genannt, von wo aus sie zuhören konnten, ohne gesehen zu werden.

Wie viele Äbtissinnen des Mittelalters benutzte Lady Huntington ihren Einfluß, um die Verkündigung des Evangeliums von Jesus Christus zu fördern. Das tat sie aus Liebe zu dem Herrn, über den sie schrieb:

„Gott füllt jeden Mangel in meinem Leben aus. Ich habe keinen Wunsch und kein Verlangen außer nach Ihm ... Ich habe mich gewundert und habe gestaunt darüber, daß Gott mich mit allem, was in mir ist, durch seine Liebe erobert hat ... Ich bin zu einem Nichts geworden, bin in Stücke zersprungen, wie das Gefäß eines Töpfers. Ich wünschte mir, in die Flammen zu springen, um von meinem sündigen Fleisch befreit zu werden, daß kein Stäubchen meiner Asche mehr am anderen hänge, daß weder Zeit, Ort noch Menschen den Geist Gottes hemmen könnten."[26]

Als sie zwei ihrer sieben Kinder durch eine Pockenepidemie verlor, betete Lady Huntington: „Möge er meinen Glauben stärken und mein Herz erfüllen mit dem Eifer, für seinen Ruhm zu wirken. Möge er meinen Wirkungskreis erweitern und mir mehr Treue schenken in den Bereichen, in denen ich ihm diene."[27]

Drei Jahre später, sie war 39 Jahre alt, verlor sie ihren Mann. Aber auch als Witwe war sie entschlossen, ihre Zeit und ihr Geld für den Dienst einzusetzen.

Am bekanntesten wurde sie dadurch, daß sie den calvinistischen Flügel der Erweckung unterstützte, aber sie setzte sich auch für die Einheit aller Christen ein.

Weil sie eine Mittlerin der Liebe Gottes war, gebrauchte Gott sie auch, um Wesley und Whitefield nach deren Bruch über bestimmte Teile der Lehre wieder zu versöhnen. Später bildeten Lady Huntington, die beiden Wesleys und Whitefield die „Vierfache Allianz", um ihre Verständigung untereinander zu fördern.

Als sechs Studenten von der Universität Oxford verwiesen wurden, weil sie an Versammlungen der Methodisten teilgenommen hatten, entschied Lady Huntington, daß es nun an der Zeit sei, ein eigenes Predigerseminar zu gründen, und sie erzählte Wesley von ihrem Plan. Sie schlug eine dreijährige kostenlose Ausbildung vor, in der Unterkunft, Verpflegung und Kleidung enthalten sein sollten. Nach diesen drei Jahren sollte es den Absolventen freigestellt werden, in welcher Denomination sie wirken wollten.

Als das Seminar in Wales, in einem alten Gebäude aus dem 12. Jahrhundert, seine Arbeit aufnahm, setzte sie die Richtlinien fest, und es waren wahrscheinlich die wertvollsten Ratschläge, die Theologiestudenten je von einer Frau erteilt wurden:

„Zwei Punkte muß ich festsetzen als unerläßliche Voraussetzung für einen Diener des unvergänglichen Evangeliums. Der erste ist die unveränderliche Überzeugung, daß die Gemeinde Christi keine Einrichtung auf Erden haben kann, außer der, die zu Pfingsten vom Himmel eingesetzt wurde. Das ist die wahre Gemeinde Christi unter allen Denominationen der Welt. Sie kann ohne Glauben nicht bestehen, der ein Geschenk Gottes ist. Die Amtshandlungen müssen im Glauben getan und im Glauben empfangen werden ... Je näher an der Bibel und je einfacher die Predigten sind, und je nachhaltiger sie die Herzen anrühren, desto besser. Haltet Euch an Tatsachen, immer in dem Wissen um das Böse in Euren Herzen. Das ist die Wahrheit, die unser Herr einfach segnen muß. Er kann nichts anderes bezeugen, weil er von Grund auf und mit allem Nachdruck selbst die Wahrheit ist ... Ich schreibe das in der Hoffnung und dem Glauben, daß Ihr Euch über den Preis für das, was Ihr wollt, im klaren seid und daß Ihr wirklich den festen Willen habt, Euch uneingeschränkt dem Herrn Jesus Christus zur Verfügung zu stellen."[28]

Die hervorragendsten Absolventen dieser Schule wurden nach Savannah geschickt, um die amerikanischen Kolonien zu evangelisieren. Die anderen predigten in ganz England.

Am Ende ihres Lebens hatte Lady Huntington ihren gesamten Schmuck verkauft, um den Bau von Kapellen zu unterstützen, und sie war in eine so bescheidene Unterkunft gezogen, daß Besucher über die Änderung ihres Lebensstils entsetzt waren. Es wird aber

angenommen, daß Hunderttausende von Menschen das Evangelium hörten in den 60 Kapellen, deren Bau sie mitfinanziert hatte.
Welche Faktoren waren nun ausschlaggebend dafür, daß es dieser Frau nicht nur möglich war, die Gute Nachricht zu verkünden, sondern daß sie maßgeblich an der Verbreitung des Evangliums in ganz England und in Amerika beteiligt war?
Im geistlichen Klima der Erweckung kamen Männer und Frauen, Arme und Reiche zum Kreuz und wurden allein auf der Grundlage der Gnade in die Gemeinschaft der Gläubigen aufgenommen. Hinzu kam, daß Lady Huntington von Adel war. Aus diesem Grund wurde großzügig darüber hinweggesehen, daß sie „nur eine Frau" war. Es sind manchmal nur einige wenige Frauen nötig, um in Bereichen, die fest in Männerhand sind, Boden zu gewinnen, aber es sind Tausende von Frauen in jeder Generation nötig, um die gewonnenen Bereiche zu erhalten und weiterzuentwickeln. Viel zu oft verlieren Frauen wieder an Boden, und müssen immer wieder, mit jeder neuen Generation, die Kämpfe von vorne beginnen.

Kapitel 9: Aufbau christlicher Gemeinden in der Neuen Welt (1800-1900)

Der Geist der Erweckung um die Wesleys wurde von Männern wie Henry Worrall, der Wesley in England predigen gehört hatte, nach Amerika gebracht. Im Jahre 1835 begann seine Tochter Sarah mit dem „Dienstagstreffen zur Förderung der Heiligung", das 60 Jahre lang jede Woche stattfand. Eine andere Tochter, Phoebe, erlebte ebenfalls eine innere Erneuerung und sagte darüber:
„Der Herr schenkte mir so einen klaren Blick für meine äußere Unreinheit und Hilflosigkeit, getrennt dazu das Bewußtsein von der reinigenden, stärkenden Wirkung des Blutes Jesu und der erquickenden Hilfe durch den Heiligen Geist, daß ich mir dieser Tatsache seitdem wieder lebhaft bewußt bin."[1]
Phoebe Palmer gehörte zu der „Wolke von Zeuginnen", deren Beziehung zu Jesus dadurch geprägt war, daß er ihre erste große Liebe war. Weil sie ihre Identität in dieser Beziehung fand, hatte sie den tiefen Wunsch, andere Menschen mit Jesus bekanntzumachen. Deshalb schrieb sie Bücher wie *Faith and Its Effects* (Der Glaube und seine Auswirkungen), *The Way of Holiness* (Der Weg der Heiligung) und *Present to My Christian Friend on Entire Devotion to God* (Geschenk an meine christliche Freundin – Über die völlige

Hingabe an Gott). Später wurde sie Herausgeberin der Zeitschrift *Guide to Holiness* (Führer zur Heiligung).
Gemeinsam mit ihrem Ehemann, einem Arzt, der sie unterstützte und mit ihr zusammenarbeitete, bereiste Phoebe Palmer die gesamte Ostküste bis nach Kanada hinein, um zu predigen. In den Jahren 1857-58 war sie einer der führenden Köpfe in der Heiligungsbewegung, die sich im ganzen Land ausbreitete. Aber sie hatte auch Gegner, und viele Kirchentüren blieben ihr verschlossen, weil sie eine Frau war.

„In mancherlei Hinsicht ist die Kirche eine Art Armenfriedhof, wo die Gaben von Frauen begraben werden, genau wie die Fremden, die dort beerdigt wurden. Wie lange, oh wie lange noch wird es dauern, Herr, bis man den Stein vom Grab wegrollt und wir eine Auferstehung erleben?" schrieb Phoebe Palmer 1859 in ihrem Buch *The Promise of the Father* (Die Verheißung des Vaters, Anm.d.Übers.).[2]

Sie beschloß, dieses Buch zu schreiben, nachdem sie einer Frau zugehört hatte, die berichtete, wie weh es ihr getan habe, daß sie von Gott den Auftrag erhalten habe, öffentlich zu sprechen, dann aber von den Leitern der Gemeinde für ihren angeblichen Mangel an Gehorsam gerügt worden war.

Die Verheißung des Vaters

Phoebe Palmer argumentiert, daß der himmlische Vater seinen Geist über seine Söhne und Töchter ausgegossen hat, und daß er von ihnen erwartet, daß sie beten, predigen und prophetisch reden, so wie es in Joel 2,28-29 steht. Sie erwähnt auch die Unordnung in der Gemeinde von Korinth in Verbindung mit Paulus' Verbot für die Frauen und schreibt:

„Aus diesem Grund erlegte Paulus ihnen das Schweigen auf, und nicht im Zusammenhang mit dem Praktizieren der Gabe der Prophetie ... Es ist ganz klar, daß die Unordnung, über die hier geklagt wurde, nur in der Gemeinde von Korinth herrschte, und wir dürfen wohl davon ausgehen, daß sie kaum in anderen christlichen Gemeinden zur Zeit des Paulus vorkam. Und es ist noch weniger wahrscheinlich, daß es in den Gemeinden von heute diese Art der Unordnung gibt."[3]

Ihr Buch endet mit folgendem Aufruf:

„Oh diese schwere Last der Verantwortung, mit der die Kirche sich selbst nach unten zieht durch die traurigen Auswirkungen dieses Irrtums: Wie kann sie wachsen und gedeihen, wenn die Gaben von dreiviertel ihrer Mitglieder begraben sind?

Töchter Zions – aus dem Staub
Erhebt nun euer gesenktes Haupt;
Vertrauen schenkt dem Erlöser allein.
So soll in euch statt des Todes wieder Leben sein."[4]

Die Lehren Finneys

Schon vor der Zeit, in der Phoebe Palmer ihre Stimme erhob, hatte Charles Finney Frauen dazu ermutigt, öffentlich zu beten und Zeugnis zu geben. Nachdem Finney im Jahre 1824 als Pfarrer der Presbyterianischen Kirche ordiniert worden war, wurde er nach Aussagen von V.Raymond Edman „der bekannteste und erfolgreichste Erweckungsprediger in Amerika."[5]
Wie Phoebe Palmer, so hatte auch Charles Finney ein stetiges starkes Bewußtsein für seine eigene Sündhaftigkeit und war erfüllt von tiefer Dankbarkeit für das, was Jesus für ihn und alle Menschen getan hatte.
Finney schrieb einmal:
„Es schien, als sei meine Seele mit Christus vermählt, auf eine Art, die ich mir vorher nie hätte vorstellen oder ausmalen können. Die Sprache des Hohenlieds kam mir so vertraut vor wie mein eigener Atem ... Und da wurde mir klar, was es bedeutet, wenn es heißt: Er kann wunderbare Dinge tun, die jenseits all dessen liegen, was wir denken und erbitten können."[6]
Finney mußte um das Privileg kämpfen, „gemischte Veranstaltungen" – an denen sowohl Männer als auch Frauen teilnehmen durften – durchführen zu dürfen und um das Privileg, Frauen sprechen zu lassen. Er wurde angeklagt wegen der großen „Sünde, die voraussehbar ist ... wenn Frauen in gemischten Veranstaltungen beten."[7]
Alle namhaften Evangelisten trafen sich im Jahre 1827, um diesen Fall zu diskutieren und dabei zu einem Ergebnis zu kommen. Weil Finney sich aber weigerte, in diesem Punkt einen Kompromiß einzugehen, behielten die Frauen in den Gemeinden, die von der Erweckungsbewegung erfaßt wurden, die Möglichkeit, ihre Gaben auch zu praktizieren.
Theodore Weld, der berühmte Anti-Sklaverei Kämpfer, unterstützte Finney in seinem Kampf für diese Freiheit. Weld war auf einer von Finneys Versammlungen, in Utica im Staate New York, Christ geworden. Später schrieb er einmal an Angelina und Sarah Grimke, die aktiv in der Anti-Sklaverei-Bewegung mitarbeiteten:
„In derselben Woche, in der ich mich bekehrte, ... und das erste Mal, daß ich auf einer religiösen Versammlung sprach – drängte ich

die Frauen, sowohl öffentlich zu beten als auch zu reden, wenn sie überzeugt seien, den Auftrag dazu zu haben; und sie sollten sich auch nicht daran hindern lassen durch die Tatsache, daß sie Frauen seien ... Das Ergebnis war, daß sieben Christinnen in dieser Stadt es als Sünde bekannten, sich aufgrund ihres Frauseins hatten hindern lassen, und daß sie dann bei derselben Versammlung öffentlich beteten."[8]

Diese Frauen, die von Kindheit an gelernt hatten, daß es für eine Frau unschicklich sei, öffentlich zu beten, erkannten nun ihr Schweigen als Sünde. Finney ermutigte auch christliche Ehefrauen, mit ihren ungläubigen Männern über die Erlösung zu sprechen. Solchen Frauen wurde oft gesagt, daß auf ihre Situation nur der Bibelvers 1 Petrus 3,3 zutreffe, wo Petrus sagt, daß manchmal Ehemänner durch den vorbildlichen Lebenswandel ihrer Frauen und ohne Worte für Jesus gewonnen werden müßten. Finney dagegen geht davon aus, daß Frauen die Verantwortung haben, mit ihren ungläubigen Männern zu sprechen, daß sie dabei auf die Führung durch den Heiligen Geist angewiesen sind. Er sagt: „Ich kenne Frauen, die den Eindruck hatten, sie sollten mit ihren ungläubigen Männern sprechen, die es aber dann unterließen und so in die Irre liefen. Sie erkannten ihre Pflicht und weigerten sich, sie zu tun. Sie drückten sich davor, und dadurch verloren sie den Geist des Gebets."[9]

Es ist gar nicht verwunderlich, daß viele Frauen, die durch Finneys Erweckungspredigten von Gott ergriffen wurden, auch zu den führenden Feministinnen des 19. Jahrhunderts gehörten. Auch der erste Kongreß zur Frage der Rechte der Frauen wurde 1848 in einer methodistischen Kirche in Seneca Falls abgehalten. Die Erweckungsbewegung schien Hand in Hand zu gehen mit der Sorge um die Rechte der Sklaven und der Frauen.

Die Erweckungen brachten auch eine stärkere Beteiligung von Laien mit sich. Im Jahre 1858 erfaßte eine „Gebetsversammlungs-Erweckung" das Land. Geschäftsleute, Farmer, Fabrikarbeiter und Hausfrauen kamen zusammen, um Choräle zu singen und einander von ihrem Leben mit Jesus Christus zu erzählen. Dieses Jahr wurde dann als das „annus mirabilis", das wunderbare Jahr bezeichnet. Die Palmers waren in Kanada, wo sie Treffen ihrer Anhänger leiteten, und die Finneys hielten sich in Boston auf. Charles Finneys zweite Frau, Elizabeth Ford Atkinson, hielt Versammlungen ab, die „so überfüllt waren, daß die Damen den Versammlungsraum ausfüllten und vor den Türen und vor dem Haus standen, so daß sie die Rednerin gerade noch hören konnten."[10]

Im Dezember 1858 nahmen die Finneys ein Schiff nach England, wo Elizabeth schon vor zehn Jahren gesprochen hatte. Und wieder kamen viele, viele Menschen zu all ihren Versammlungen.

Die Palmers fuhren im Jahre 1859 nach England, wo Phoebe Palmer Catherine Mumford Booth, eine junge Pfarrersfrau, stark beeinflußte, die dann später an der Gründung der Heilsarmee beteiligt war. Nach ihrer Rückkehr in die Vereinigten Staaten reisten die Palmers weiter nach Westen, um in Evanston, im Staate Illinois, Versammlungen abzuhalten.

In Evanston nahm Frances Willard, die gerade 30 000 Dollar gesammelt hatte für den ersten Bau der Garret Bibelschule, an einem Gottesdienst teil. Sie war durch die Erweckungspredigten von Finney zum Glauben gekommen, und nun fühlte sie sich vom Aufruf Phoebe Palmers angesprochen, der all denen galt, die sich ein „erfüllteres Leben als Christen" wünschten.

Zehn Jahre später erhielt Frances Willard einen weiteren Ruf, sich der Bewegung für das Frauenstimmrecht anzuschließen. In jener Zeit hielt man das Frauenstimmrecht für „zu fortschrittlich und radikal, denn in jenen Tagen wurde es mit viel Lächerlichkeit und Spott versehen; es war etwas Unweibliches und Unbiblisches."[11]

Aber Frances Willard berichtet:

„Als ich an einem Sonntag allein kniete und betete, da erhob ich mein Herz zu Gott und schrie: 'Was willst du, das ich tue?' Und dann entstand in meinem Geist, wie ich glaube, aus höheren Regionen kommend, diese Erklärung: 'Du sollst für das Stimmrecht der Frauen sprechen. Es soll eine Waffe zum Schutz ihres Heims sein.' Und dann ging zum ersten und einzigen Mal in meinem Leben die gesamte Argumentation und Gestaltung für diese Aufgabe wie ein Blitz durch meinen Geist."[12]

Zunächst lehnte die christliche Frauentemperenzvereinigung es ab, Frances Willard über das Wahlrecht für Frauen sprechen zu lassen. Nachdem sie aber den Bundesvorsitz dieser Vereinigung erhielt, benutzte sie die Organisation als Übungsfeld für Frauen, die später Führerinnen der Nationalen Vereinigung für das Frauenstimmrecht wurden.

Amanda Smith und die „Heiligungs-Bewegung"

Eine weitere Frau, die die Heiligungs-Bewegung mit der Redefreiheit für Frauen verband, war die Evangelistin Amanda Smith. Sie war als Sklavin geboren worden und sprach nun gegen die Vorurteile der Leute den Schwarzen und Frauen gegenüber. Als sie bei einer Versammlung im Jahre 1868 eine innere Erneuerung erfuhr, da

hatte sie den Wunsch, laut zu rufen: „Ehre sei Jesus!" Aber später sagte sie dazu: „Ich war die einzige farbige Person im Saal, und ich hatte ein sehr ausgeprägtes Gespür für das, was angemessen und das, was unangemessen war." Am Ende dieser Versammlung aber hatte Gott sie von ihrer Furcht vor den Weißen befreit, indem er ihr Galater 3,28 ins Gedächtnis rief: „Hier ist nicht Jude noch Grieche, hier ist nicht Sklave noch Freier, hier ist nicht Mann noch Frau; denn ihr seid allesamt einer in Christus Jesus."
Als sie begann, an Versammlungen teilzunehmen, wo gesungen und Zeugnis gegeben wurde, erlebte sie folgende Begebenheit: „Der Herr befreite den guten alten Bruder Jacob C. von Vorurteilen. Als er mich bei der Versammlung erblickte, war er sehr irritiert. Er meinte aber, daß er den Segen brauche und war deshalb trotzdem zur Versammlung gekommen. Immer wenn diejenigen nach vorne gerufen wurden, die sich ein reines Herz wünschten, ging er nach vorn und kniete nieder. Wenn aber die schwarze Frau sang, betete oder ein Zeugnis gab, dann war er völlig blockiert und konnte nicht dableiben. Er mußte schließlich allein in die Wildnis gehen und dort beten. Erst danach war er in der Lage, vor sich selbst zu kapitulieren."[13]
Bei einer landesweiten Versammlung in Knoxville, Tennessee, gab Amanda Smith ihr Zeugnis, und ein Methodistenpfarrer, der ein entschiedener Gegner der Heiligungs-Bewegung gewesen war, begann zu weinen. Er betrat das Podium und bekannte seine Sünde des Vorurteils gegen die Lehre der Heiligung. Und er fügte hinzu: „Als ich dieser farbigen Schwester zuhörte, wie sie berichtete, daß Gott sie geführt habe und ihr diese wunderbare Erfahrung schenkte, da war die Dunkelheit in mir wie weggeblasen und Gott hat mich gerettet, und nun sehe ich die Wahrheit so deutlich wie nie zuvor. Ehre sei dem Herrn."[14]
So gebrauchte Gott nun Amanda Smith, um Vorurteile an drei Fronten abzubauen: Vorurteile gegen die Lehre der Heiligung, gegen Schwarze und gegen weibliche Evangelisten. Ihre Missionsreisen führten sie nach Keswick in England, und ein paar Jahre lang war sie in Afrika und Indien. Dort beobachtete Bischof Thoburn: „Sie verfügte über eine so klare Vorstellung ihrer Ziele, wie ich es selten erlebt habe. Während der 17 Jahre, die ich in Kalkutta gelebt habe, habe ich viele berühmte Besucher dieser Stadt kennengelernt, aber ich habe nie jemanden erlebt, der ein so großes Publikum anziehen und fesseln konnte wie Mrs. Smith."[15]
Die Denominationen mit besonderer Betonung der Heiligung, die aus den Erweckungen zur Zeit Amanda Smith' hervorgingen, ga-

ben auch weiterhin Frauen Gelegenheit zu predigen. Die *Church of God* (Gemeinde Gottes, Anm.d.Übers.), die 1881 gegründet wurde, veröffentlichte 1902 ein Buch mit dem Titel *Familiar Names and Faces* (Vertraute Namen und Gesichter, Anm.d.Übers.). Fünfzig der hundert aufgeführten Namen von führenden Persönlichkeiten waren Frauen. Und für die *Church of the Nazarene* (Gemeinde des Nazareners) war es überhaupt kein Thema, ob Frauen predigen durften oder nicht.

Der Historiker Timothy Smith schreibt über Frauen, die predigten, zu denen übrigens auch seine Mutter gehörte:

„Die Frauen, die diesen unabhängigen Dienst am Evangelium taten, scheinen ganz besonders fähig gewesen zu sein, ihre Frömmigkeit und den praktischen Alltag miteinander zu verbinden. Zwischen den Erweckungen führten sie ein normales und allem Anschein nach intaktes Familienleben, wenn man die wenigen erhaltenen Briefe von ihnen als Indikator dafür nehmen darf. Ihre Männer nahmen an den Versammlungen teil, wenn diese in der Nähe ihres Zuhauses stattfanden, und sie nahmen auch Zeiten der Trennung ohne viele Proteste hin."[16]

Ähnliche Erfahrungen machten Frauen in der Pilgrim Holiness Gemeinde, die 1897 gegründet wurde und Seth Cook Rees als Gemeindevorsteher wählte. Er war der Vater von Paul Rees, einem Leiter des Hilfswerkes „World Vision International". Seth Rees schrieb:

„Es sind Eifersucht, Vorurteile, Fanatismus und die Vorliebe der Männer fürs Herumkommandieren, die die öffentliche Anerkennung von Frauen durch die Kirchen verhindert haben. Keine Kirche und keine Gemeinde, die den Heiligen Geist kennt und erfährt, wird etwas gegen den Dienst der Frauen einzuwenden haben. Wir kennen etliche Frauen, die das Evangelium mit einer solchen Klarheit, Macht und Wirksamkeit verkündet haben, wie kaum ein Mann. Schwestern, laßt euch vom Heiligen Geist erfüllen, rufen und bevollmächtigen, das wunderbare Evangelium unseres Herrn zu verkünden."[17]

Rees' Frau Hulda hatte schon im Alter von 16 Jahren gepredigt. Sie begleitete ihren Mann als Mit-Seelsorgerin und Evangelistin. Ihr Stiefsohn Paul Rees sagte über sie: „Genau wie Cathcrine Booth war sie eine ausgeglichene Seele, in der hausfräuliche Vorzüge und die Gabe als Rednerin gleich stark entwickelt waren."[18]

Nicht jede Frau in der Heiligungs-Bewegung wurde eine Predigerin wie Hilda Rees, aber alle Frauen wurden ermutigt, öffentlich Zeugnis zu geben. Der Historiker Melvin Dieter schreibt:

„Es war die Theologie der Bewegung und die hervorragende Bedeutung des öffentlichen Zeugnisses von der Erfahrung der Heiligung, die vielen sonst schüchternen Frauen die Autorität und Vollmacht verlieh, so zu sprechen, wie der Heilige Geist sie führte... Für diejenigen, die diese Theologie zuließen, war ihre Logik unwiderlegbar."[19]

Weil besonders hervorgehoben wurde, was Gott alles getan hat, wurde das Schweigen darüber fast zur Sünde. Phoebe Upham formulierte das so: „Das Mitteilen dessen, was man von Gott empfangen hat, ist das auf den Nächsten ausgerichtete neue Christenwesen ... Wie sehr widersprechen dann die geschlossenen Münder der Frauen in den Gemeinden diesem neuen Christenwesen und dem Wort Gottes."[20]

In *Guide to Holiness* (Führer zur Heiligung, Anm.d.Übers.) sagt Sadie Hart, eine Prebyterianerin, daß ihre Weigerung, öffentlich zu beten, „den einen Schritt Abstand zwischen mir und dem Reich Gottes bedeutet hat." Sie lehnte das Recht der Frau, bei Gebetsversammlungen zu sprechen ab, bis ein Ältester einer Methodistengemeinde ihr einmal „gründlich die Meinung sagte." Nachdem sie ihr Vorurteil bekannt hatte, wurde sie offen für das Wirken Gottes in ihrem Leben.[21]

Eine Pfarrersfrau mit einem ähnlichen Hintergrund schlüpfte bei einer von Phoebe Palmers Versammlungen aus ihrem Kokon. Sie „verwandelte sich von einer scheuen, verschüchterten, schweigenden Christin in eine zwar immer noch weinerliche und bescheidene Frau, die jedoch mit erstaunlicher Wirkung öffentlich sprechen konnte."[22]

Genau wie Phoebe Palmer zitierten diese Frauen die Prophetie Joels und die Worte des Paulus in der Apostelgeschichte 2,17-18 als Begründung dafür, daß Frauen das Wort Gottes verkündigten.

Zu ihnen gehörte auch Jennie Vowler Willing, eine Methodistenpredigerin. Sie erklärte den Pfingsttag zum „Tag der Frauenemanzipation" und sagte: „Pfingsten wurde die Axt an die Wurzel des Baumes der Ungerechtigkeit gelegt."[23]

Das Pfingstereignis wurde als Anfang eines neuen Zeitalters betrachtet, das den Frauen einen wesentlich umfassenderen Dienst ermöglicht als Zeichen für die Ausschüttung des Heiligen Geistes vor der Wiederkunft Christi. Das Predigen wurde nicht als Resultat menschlicher Bemühungen oder einer speziellen Ausbildung betrachtet, sondern als Ausdruck der Wirkung des Heiligen Geistes. Oft sprachen die Laienprediger in einem Stil, den man „Bibellese" nannte. Der Sprecher las dabei einen Abschnitt vor und kommentierte ihn unter der Führung des Heiligen Geistes. Der Heilige Geist spielte in der Heiligungsbewegung eine große Rolle. Als erster hatte Wesley davon gesprochen, daß der Heilige Geist Zeugnis gebe zur Heiligung der Gläubigen. Diese Auffassung wurde auch von Charles Finney besonders hervorgehoben. Weil das Pfingstereignis für die Erfahrung der Heiligung von zentraler Bedeutung ist, erwarteten die Gläubigen auch besondere Gaben. Die Art des Dienens, die vom einzelnen getan wurde, hing nun nicht mehr so sehr von der Gemeindehierarchie ab, sondern vielmehr von den Gaben, die man hatte. Auf diese Weise war es auch einfacher, die Ungleichbehandlung von Männern und Frauen zu beheben. Die Gaben wurden nämlich Frauen und Männern in gleichem Maße verliehen, und am Kreuz Jesu gab es zwischen ihnen sowieso keine Unterschiede mehr.

Während nun die Hervorhebung des Aspektes der Heiligung bis ins 20. Jahrhundert hinein dauerte, gingen die radikalen Gleichheitsbestrebungen in der Zeit vor dem amerikanischen Bürgerkrieg verloren. Der Kampf der Frauen um die Möglichkeit zur Verkündigung des Evangeliums ging nun nicht mehr Hand in Hand mit dem Kampf um die Freiheit und die Rechte der Sklaven. Denn nach dem Bürgerkrieg neigte man zu der Einstellung, die Ziele der Anti-Sklaverei-Bewegung seien nun ein für allemal erreicht.

Eine weitere Ursache für den Verlust der Errungenschaften von Frauen im 19. Jahrhundert war der Wechsel von der gabenbezogenen zur professionellen Leitung und zu institutionalisierten Einrichtungen der Kirchen. In vielen Bibelschulen und Colleges zum Beispiel, die im 19. Jahrhundert gegründet worden waren, war ein Teil der englischen, theologischen und bibelkundlichen Abteilungen immer in der Hand von Lehrerinnen. Als aber später diese Schulen zu allgemeinen öffentlichen Colleges wurden, mußten viele Lehrerinnen ihre Stellen räumen, weil sie nicht über die erforderliche wissenschaftliche Qualifikation verfügten. Im Dienst der Gemeinden hatten Frauen mit den gleichen Schwierigkeiten zu kämpfen, denn die Gemeinden forderten in zunehmendem Maße Pastoren mit abgeschlossener Ausbildung an einem Predigerseminar. Zwischen 1930 und 1950 traten Töchter kaum noch in die Fußstapfen ihrer predigenden oder in anderen Bereichen arbeitenden Mütter; auf diese Weise gingen der jetzigen Generation junger Frauen die Vorbilder verloren, an denen sie sich orientieren könnten.[24]

Zwar hatte die Heiligungsbewegung, die zwei Jahrhunderte dauerte – von der Zeit Wesleys und Whitefields bis hinein in die erste Hälfte des 20. Jahrhunderts – einen großen Einfluß auf die Rolle der Frau, aber es gab noch andere Bewegungen, die für Veränderungen sorgten.

Die Erweckungsbewegung in Skandinavien und die Freikirchen

Auch die neuen Impulse, die aus den skandinavischen Erweckungen des 19. Jahrhunderts entstanden, spielten eine wichtige Rolle für die Entwicklung der Stellung von Frauen. Eine Freundin erzählte mir einmal, wie sie zu Jesus Christus gefunden hatte: „Es geschah bei einer Evangelisationsveranstaltung, die von einer schwedischen Baptistenevangelistin geleitet wurde."
Ich habe danach entdeckt, daß die schwedischen Baptisten in den Vereinigten Staaten eine lange Geschichte weiblicher Prediger haben. Schon während des 2. Weltkrieges wurde Ethel Ruff in der Payne Avenue Baptistengemeinde in St. Paul im Staate Minnesota als Pfarrerin ordiniert.[25]
Fredrik Franson war ein schwedischer Missionsstratege, der Ende des letzten Jahrhunderts einen wesentlichen Einfluß auf skandinavische Christen hatte, besonders wenn es um den Verkündigungsdienst von Frauen ging. Er gehörte zu den Mitbegründern der „Freien Evangelischen Gemeinden".
Im Jahre 1888 hielt diese Denomination eine ihrer ersten Hauptversammlungen ab, und eines der Diskussionsthemen lautete: „Gestattet die Bibel es den Frauen zu predigen, an christlicher Verkündigungsarbeit mitzuwirken und bei Gemeindeentscheidungen mit abzustimmen?"[26]
Die Diskussionsbeiträge dazu wurden in der schwedischsprachigen Zeitung Chicago Bladet abgedruckt und enthielten unter anderem folgenden Beitrag:
„In der Apostelgeschichte 21,9 steht, daß der Evangelist Philippus vier Töchter hatte, die prophetisch redeten, und es steht sogar da, daß diese Töchter unverheiratet waren. Das Wort 'Prophetie' kommt aus dem Griechischen und das Wort 'predigen' hat lateinischen Ursprung, aber die beiden Wörter haben dieselbe Bedeutung. Voraussetzung, um prophetisch reden oder predigen zu können, ist eine Menschenversammlung, denn wenn nur eine Person zuhörte, wäre es Konversation. Wenn es für Frauen damals durchaus schicklich war zu predigen, dann sollte das bei uns nicht anders sein. Wenn wir sehen, wie Gott solche gläubigen Schwestern wie z. B. Nelly Hall zur Rettung von Seelen und zur Stärkung von Gläubigen gebraucht, dann sollte das ein überzeugendes Zeichen für uns sein. In keiner der Gemeinden, wo sie wirkte, hat es Spal-

tungen gegeben. Wenn es dazu käme, dann sicherlich durch törichte einzelne, die sich auf eine Diskussion darüber einlassen, ob es richtig ist, daß Frauen predigen oder nicht; für solche Vorkommnisse könnte man Nelly Hall dann aber nicht verantwortlich machen. Gott ist mit ihr, und sie spricht bevollmächtigt durch den Heiligen Geist, während andere Prediger so trocken predigen, daß es knirscht."[27]
Die Dringlichkeit, mit der für die Verkündigung des Evangeliums gearbeitet wurde, wird durch einen weiteren Kommentar deutlich, den ein Mann auf der bereits erwähnten Versammlung im Jahre 1888 abgab:
„Möge der Geist der Stummheit sowohl Männer als auch Frauen verlassen, denn es ist schrecklich, wie schweigsam wir geworden sind, wenn es um den Herrn und seine Gnade geht. Das gilt für unsere Familien, für gesellschaftliche Zusammenkünfte und auch für den Kreis unserer Gemeinschaft. Wo zwei oder drei in seinem Namen versammelt sind, da ist Gemeinschaft von Gläubigen."[28]
Nach einer weiteren Konferenz der Freien Gemeinden in Chicago im Jahre 1896 wurden die Gemeinden in allen Landesteilen dazu ermutigt, Vereinigungen zu gründen. Della Olsen schreibt über die Joliet Konferenz, die zur Gründung einer Vereinigung von Predigern, Evangelisten, Ältesten und Sonntagsschulleitern aus schwedischen, norwegischen und dänischen Gläubigen aus freien Gemeinden in Illinois und den angrenzenden Bundesstaaten führte. Diese Gemeinden wurden nach und nach Freie Evangelische Gemeinden.
Della Olsen berichtet weiter, daß Frauen in den Statuten von drei solcher Vereinigungen besonders erwähnt werden. In den Statuten der ersten heißt es: „Die Vereinigung hält sich nicht für befugt, Evangelistinnen die Mitgliedschaft zu verweigern, wenn diese von ihrer Ortsgemeinde zu dem Dienst berufen worden sind."[29]
Im Jahre 1978 nahm eine junge Frau an einem Erntedankgottesdienst einer Freien Evangelischen Gemeinde in jener Gegend teil. Als sie an den Tisch trat, an dem wir saßen und gemeinsam Erntedank feierten, war sie ziemlich aufgebracht. Der Pfarrer hatte am Morgen nur die Männer der Gemeinde dazu eingeladen, sich zu treffen und gemeinsam dafür zu danken, daß Gott sie im vergangenen Jahr gesegnet hatte.
Heute sind die Möglichkeiten für Frauen, in den Freien Evangelischen Gemeinden zu sprechen, viel dürftiger. Aber Della Olsen hat niedergeschrieben, welche aktive Rolle Frauen in den Gemeinden des 19. und des beginnenden 20. Jahrhunderts spielten. In dem

Buch *A Woman of Her Times* (Eine Frau ihrer Zeit; Anm. d. Übers.) schreibt sie herausfordernd:
„Es gibt immer noch die herkömmlichen und akzeptierten Rollen – das Singen im Kirchenchor, Mitarbeit in der Kinder- und Jugendarbeit, Teilnahme an Frauenmissionskreisen und natürlich das Servieren von Kaffee und Kuchen bei Gemeindeveranstaltungen. Aber ist das wirklich alles? Sicherlich nicht für Frauen aus Freikirchen, die das fortsetzen wollen, was Frauen dort schon erreicht haben."[30]
Aber die Vorstellungen, die Frauen aus den Freien Gemeinden hatten, sind weitgehend verschwunden. Nach Meinung von Donald Dayton fingen die evangelikalen Kirchen kurz vor dem 2. Weltkrieg an, ihre Einstellung zu Frauen dem Denken der säkularen Welt anzupassen.[31]
Die starke evangelikale Prägung, durch die Ungerechtigkeiten im Namen des Herrn bekämpft wurden, wurde verdrängt durch die Beschäftigung mit der rechten Lehre und mit Benimmregeln. Das Zeitalter der Erweckungen war vorbei, und mit der Rückkehr zum „Tagesgeschehen" kamen auch die alten Vorurteile gegenüber Frauen wieder an die Oberfläche.
Dann begann der 2. Weltkrieg, und viele Frauen mußten „Männerarbeit" tun, während Söhne, Ehemänner und Väter für ihr Land kämpften. Kriegsmüde kamen die Männer zurück mit dem Wunsch, daß die Frauen wieder für Haushalt und Kinder sorgen sollten.
Der „Weiblichkeitswahn" war eine Philosophie des Frauseins, die sich aus der Sehnsucht der Gesellschaft nach der „guten alten Zeit" entwickelte.
Aber ist die „gute alte Zeit" wirklich gut? Während die Christen es versäumten, diese Frage zu stellen oder zu beantworten, stellte die säkulare Welt während der turbulenten sechziger Jahre ihre ganz eigenen Fragen zur Rolle der Frau. Mit nur geringem Einfluß der Kirchen wurden die Antworten auf diese Fragen zur Grundlage eines radikalen, linksgerichteten Feminismus, der Christen und Humanisten gleichermaßen aufgeschreckt hat.
Genauso wie der „Weiblichkeitswahn" eine Reaktion auf die Kriegsjahre war, war auch die Ablehnung der Frauenbewegung eine gesellschaftliche Reaktion auf die möglichen Veränderungen, die der Feminismus mit sich bringen könnte.
In der Spannung zwischen diesen beiden Extremen fanden sich evangelikale Christinnen, und ihnen blieb im Grunde nur die Wahl zwischen zwei schlechten Alternativen. Sollten sie sich den radika-

len Feministinnen oder den Antifeministinnen anschließen? Viele merkten gar nicht, daß beide Gruppierungen ihre Grundlage in menschlicher Kultur, nicht aber in der Lehre Jesu hatten.
Viele Evangelikale neigen dazu, sich den Antifeministinnen anzuschließen. Dagegen sind evangelikale Frauen meistens eher defensiv als offensiv, wenn es um Jesus Christus geht. Die große Chance der Frauen, das Evangelium als positive, befreiende Kraft für das Gute darzustellen, ist oft in der Hitze des Gefechts verlorengegangen. Wir fragen uns: Was ist eigentlich aus der Verkündigung des Wortes vom Kreuz geworden? Und was ist aus dem Vermächtnis jener mutigen Frauen aller Epochen geworden, die den gekreuzigten Jesus verkündigt haben und bereit waren, für den einen zu sterben, der ihre erste Liebe war?
Der Aufruf durch Jesus, den einzig vorhandenen Weg in das Reich Gottes zu betreten, muß sowohl von Männern als auch von Frauen verkündigt werden. Da ist eine Welt, die für Jesus Christus gewonnen werden soll. Das Schiff ist dabei zu sinken, und wir stehen am Ufer und streiten darüber, wer die Menschen retten soll – Männer oder Frauen. Egal ob Mann oder Frau – wir haben die Chance, das Evangelium „in den Häusern" zu verkündigen (Apg 20,20). Was für ein Privileg, daß Gott uns daran beteiligen will. Die Nachfolge Jesu bringt Vertrautheit und Freude mit sich, die ungestüme Freude, dem einen treu zu folgen, der unsere erste Liebe ist.
Jesus Christus hatte der kleinen Gruppe von Frauen, die ihm folgte, solche Freude zu bieten. Er gab den Frauen aller Zeiten ihren ganz besonderen Auftrag, als er zu ihnen sagte: „Geht eilends hin und sagt ... daß er aufgestanden ist von den Toten" (Mt 28,7).
Protestierten sie etwa mit dem Einwand, sie seien ja nur Frauen? Nein, sondern durch ihre Liebe beflügelt waren sie bereit, alle Risiken auf sich zu nehmen, um die Gute Nachricht zu verbreiten.

Teil IV

JESUS CHRISTUS IN ALLEN LEBENSBEREICHEN

Kapitel 10: Als unverheiratete Frau tätig werden

„Und wenn ich nun eine alte Jungfer werde?" platzte es aus der hübschen Blondine mit der sanften Stimme heraus. Ich beobachtete, wie ihr hübsches Gesicht sich verzog und kleine Tränenbäche ihre Wangen hinabrannen. Für Cindy war das ein schwerwiegendes Problem. Ihr ganzes geordnetes Weltbild war erschüttert worden. Und ich war auch erschüttert – zu erschüttert, um ihr eine große Hilfe sein zu können.
Diese Szene fand statt, als Bob und ich vor Jahren als Seelsorger in den Vereinigten Staaten tätig waren. Cindy wollte mit uns über ihre „sturen" Eltern sprechen, die ihr verboten hatten, mit einem Jungen „zu gehen", der kein Christ war. Sie schüttete uns ihr Herz aus und klagte darüber, wie wenig christliche Jungen es in ihrer Stadt gäbe und fragte ganz verzweifelt: „Was habe ich denn hier schon für Chancen?" In Cindys Augen gab es nichts Schlimmeres, als eine alte Jungfer zu sein. Cindy war gerade dreizehn!
Ich war schockiert über das, was sie sagte. Meine letzte Aufgabe in Asien war es gewesen, mit Frauen zu arbeiten, von denen viele sich gegen die patriarchalische Kultur stellten und ihre Väter oft inständig anbettelten, sie noch nicht so schnell zu verheiraten, damit sie noch ein wenig länger ausschließlich Jesus Christus dienen konnten.
Natürlich ist es unfair, Cindy mit diesen jungen Frauen zu vergleichen, die einer Kultur entstammen, in der die Eltern den Mädchen helfen, einen Mann zu finden. Cindy wuchs in einer Gemeinde auf, die es ihr schwer machte zu erkennen, daß Jesus Christus ihre tiefsten inneren Sehnsüchte stillen konnte (Ps 107,9).
Bei einer anderen Gelegenheit, kurz bevor ich Cindy kennenlernte, verblüffte mich eine gläubige Frau, die ich sehr bewunderte, mit den Worten: „Es scheint so, als als seien die unverheirateten Mädchen Gottes Stiefkinder." Hat Gott wirklich Lieblingskinder – und solche, die er weniger gern hat?
Gibt es Christen zweiter Klasse in der Familie Gottes?
Wenn es stimmt, daß Gott keine Lieblingskinder hat, dann erfährt die unverheiratete Christin ihre persönliche Erfüllung durch Jesus

Christus dann, wenn sie ihm zunächst zu Füßen sitzt und zuhört und dann anderen erzählt, was sie gelernt hat.

Die Töchter Gottes sind weder abhängig von sexueller Befriedigung noch von männlichem Schutz, weder von einem Ehemann noch von Kindern, um einen Platz in der Gemeinde und der Gesellschaft auszufüllen, und um ihre Identität als Frau zu erlangen. Sie kann Erfüllung finden in der schöpferischen Ausdruckskraft ihrer Geschlechtlichkeit als Frau. Sie hat die wunderbaren Möglichkeiten, die Paulus nennt:

„Und die Frau, die keinen Mann hat und die Jungfrau sorgen sich um die Sache des Herrn, daß sie heilig seien am Leib und auch am Geist; aber die verheiratete Frau sorgt sich um die Dinge der Welt, wie sie dem Mann gefalle. Das sage ich euch zu eurem eigenen Nutzen. Nicht um euch einen Strick um den Hals zu werfen, sondern damit es recht zugehe und ihr stets und ungehindert dem Herrn dienen könnt ... Eine Frau ist gebunden, solange ihr Mann lebt; wenn aber der Mann entschläft, ist sie frei zu heiraten, wen sie will; nur daß es in dem Herrn geschehe! Seliger ist sie aber nach meiner Meinung, wenn sie ledig bleibt. Ich meine aber, ich habe auch den Geist Gottes" (1 Kor 7,34-35; 39-40).

Es gibt nur wenige Passagen im Neuen Testament, die öfter übergangen worden sind. Dieselben Christen, die Paulus an anderer Stelle wörtlich nehmen, übersehen manchmal diese eindeutigen Worte, die den Christen von Korinth ans Herz legen, unverheiratet zu bleiben:

„Über die Jungfrauen habe ich kein Gebot des Herrn; ich sage aber meine Meinung als einer, der durch die Barmherzigkeit des Herrn Vertrauen verdient. So meine ich nun, es sei gut *um der kommenden Not willen,* es sei gut für den Menschen, ledig zu sein ... Wenn du aber doch heiratest, sündigst du nicht, und wenn eine Jungfrau heiratet, sündigt sie nicht; doch werden solche in äußere Bedrängnis kommen. Ich aber möchte euch gerne schonen. Das sage ich aber...: Die Zeit ist kurz. Fortan sollen auch die, die Frauen haben, sein, als hätten sie keine; ... und die diese Welt gebrauchen, als brauchten sie sie nicht. Denn das Wesen dieser Welt vergeht. Ich möchte aber, daß ihr ohne Sorge seid" (1 Kor 7,25-26; 28-32; Hervorhebungen d. Verf.). Wir erhalten hier einen kurzen Blick auf das Unverheiratetsein im Lichte der ewigen Werte. Im folgenden wollen wir die Haltung Gottes und die der Menschen gegenüber alleinstehenden Frauen betrachten. Wir fangen mit einem Blick ins Alte Testament an.

Die Darstellung im 1. Buch Mose

Egal, ob Frauen aus freier Entscheidung oder durch entsprechende Umstände unverheiratet sind, – was zählt, ist die Haltung Gottes ihnen gegenüber. Fast alle Frauen in allen Kulturen sind einige Jahre ihres Lebens als Erwachsene unverheiratet, und zahlreiche Frauen im Alter zwischen 18 und 78 sind mehr Jahre ihres Lebens unverheiratet als verheiratet. Wieviele Frauen kennen Sie, die seit 30, 40, 50 oder gar 60 Jahren verheiratet sind?

Die Autoren Scanzoni und Hardesty berichten in ihrem Buch *All We're Meant to Be* (Was wir sein sollen; Anm. d. Übers.), daß im Jahre 1974 in den USA 16,5 Millionen unverheiratete Frauen lebten, die älter waren als 25 Jahre. Von ihnen waren 4,2 Millionen nie verheiratet gewesen, die anderen lebten getrennt, waren verwitwet oder geschieden.[1]

Wenn unverheiratete Frauen nicht Gottes Stiefkinder sind, dann muß der liebende Schöpfer einen wunderbaren Grund haben, daß er zuläßt, wenn viele Frauen ihr ganzes Leben oder zumindest einen Teil davon unverheiratet bleiben.

Zunächst einmal wird Gottes liebende Grundhaltung im ersten Kapitel der Bibel offenbar. Wir können davon ausgehen, daß Gott uns geschaffen hat, weil er sich Gefährten wünschte – Menschen, die die Vorstellung Gottes widerspiegeln und so mit ihrem Schöpfer kommunizieren können. Weil wir für Gott geschaffen wurden, ist unsere natürliche Reaktion auf ihn die der Anbetung und Liebe, und das kommt durch Lobpreis zum Ausdruck. Lobpreis für den einen, der „den Menschen zu seinem Bilde (schuf), zum Bilde Gottes schuf er ihn; und schuf sie als Mann und Weib" (1 Mose 1,27).

Das Bild Gottes beinhaltet männlich und weiblich, und es ist hier nicht die Rede von Ehe. Dann folgen die besonderen Anweisungen für Männer und Frauen: seid fruchtbar und mehret euch, macht euch die Erde untertan und herrscht über die Lebewesen. Von diesen drei Aufträgen scheinen wir den ersten erfüllt zu haben. Weil wir eine Bevölkerungsexplosion auf dieser Welt erleben, können die unverheirateten Frauen bezüglich des ersten Auftrages ganz beruhigt sein. Aber wir haben uns weder die Erde untertan gemacht, noch die Herrschaft über die Natur angetreten. Wir haben noch nicht alle Möglichkeiten der Nahrungsmittelgewinnung entdeckt. Es gibt immer noch Menschen, die hungern. Es bleiben also zwei unerledigte Aufgaben, und um diese zu vollenden, ist die Zusammenarbeit aller Männer und Frauen nötig, damit die Menschheit die göttliche Würde erlangen kann, die Gott uns als

Ausdruck seines göttlichen Bildes ursprünglich zugedacht hatte. Es war nicht Gottes Absicht, einen Interessenkonflikt zwischen Menschen zu erzeugen. Er teilte sie nicht in reiche und arme oder bevorzugte und weniger bevorzugte Völker ein. Und ganz sicher sagt diese erste Geschichte nichts über die Ungleichheit zwischen den Geschlechtern. Es ist vielmehr von einer ergänzenden Beziehung zwischen Männern und Frauen die Rede, die eine Ehebeziehung bei weitem übertrifft. Deshalb war Paulus davon überzeugt, daß es in Christus weder Mann noch Frau gibt (Gal 3,28).
Rein intuitiv wußte er, daß die alte Ordnung falsch war, nach der nur Männer eine beschlußfähige Gruppe zur Gründung einer Synagoge bilden konnten. Er fing an zu begreifen, daß Männer und Frauen gemeinsam die Einheit der Gottheit mit ihren drei Elementen widerspiegeln.
Wenn wir unverheirateten Frauen also das Gefühl geben, sie passen nicht in die Gemeinde, dann haben wir darin versagt, sie als Teil des Ebenbildes Gottes anzunehmen und es somit auch versäumt, Gottes erste Lektion über die Gleichheit von Mann und Frau zu beherzigen. Augustinus argumentierte diesbezüglich am Kern der Sache vorbei, als er schrieb:
„Die Frau allein kann nicht Gottes Ebenbild sein, während der Mann auch ohne Ergänzung durch die Frau das Ebenbild Gottes ist, genauso vollständig wie in der Verbindung mit seiner Frau."[2]
Da wußte der große Heilige noch nicht, daß er zur Verfolgung von Frauen beitrug – besonders unverheirateter Frauen – die noch kommen sollten. Weil er verblendet war, merkte er auch nicht, daß man Gott selbst verfolgt, wenn man Menschen verfolgt, die nach seinem Bild geschaffen sind.
Diese Tatsache wurde ganz deutlich, als Saulus „suchte die Gemeinde zu zerstören, ging von Haus zu Haus, schleppte Männer und Frauen fort und warf sie ins Gefängnis" (Apg 8,3). Später, als Saulus auf der Straße nach Damaskus angesprochen wurde, da fragte die Stimme: „Saul, Saul, warum verfolgst du mich?" (Apg 9,4; Hervorhebung d. Verf.). Das bedeutet, daß Paulus Jesus selbst verfolgte, als er jene Männer und Frauen ins Gefängnis warf. Und wir tun heute genau dasselbe, wenn wir unverheiratete Frauen diskriminieren, die von Gott nach seinem Bild geschaffen sind. Wir können dann dieselbe Stimme hören, die damals sagte: „Ich bin Jesus, den du verfolgst" (Apg 9,5).

Nach Aussagen von Lukas

war Jesus der einzige vollkommene Mann, der nie eine unverheira-

tete Frau diskriminiert hat. Denn weil der Erlöser selbst unverheiratet war, verstand er, was unverheiratete Leute in einer Gesellschaft aushalten mußten, in der die Ehe „das Normale" ist.
In den Evangelien werden sogar mehr Frauen ohne Hinweis auf ihren Familienstand erwähnt, als im Zusammenhang mit ihrer Rolle als Ehefrau.
Das mag uns vielleicht überraschen in einer Zeit, in der die Gemeinden so familienzentriert sind, daß sie dazu neigen, unverheiratete Frauen auszuschließen.
Als ich einmal eine verwitwete Frau ermutigte, doch auch in die Gemeinde zu gehen, da antwortete sie: „Ach, die Gemeinden wollen keine alten Damen wie mich. Sie wünschen sich junge Ehepaare mit Kindern."
Im Gegensatz dazu ist das, was Lukas in seinem Evangelium und in der Apostelgeschichte schreibt, eine wirklich Gute Nachricht für unverheiratete Frauen. In Lukas 1 lernen wir Maria kennen, die durch den Besuch eines Engels den „großen Auftrag" von Gott erhält. Im zweiten Kapitel des Lukasevangeliums begegnen wir Hanna, einer 84jährigen Frau, die nach nur sieben Ehejahren Witwe geworden war und seitdem als Prophetin im Tempel lebte. Jesus erwähnt in Lukas 4 eine weitere Witwe, welche Elia während der Hungersnot mit Essen versorgte, und in Lukas 7 wird berichtet, wie Jesus den Sohn der Witwe von Nain vom Tod auferweckte. Und er sagt über die Sünderin, die ihm die Füße mit kostbarem Öl salbte: „Ihre vielen Sünden sind vergeben, denn sie hat viel Liebe gezeigt; wem aber wenig vergeben wird, der liebt wenig" (Lk 7,47).
Das achte Kapitel des Lukasevangeliums beginnt mit einer Aufzählung von Frauen, „die er gesund gemacht hatte von bösen Geistern und Krankheiten", die mit Jesus reisten und die Verpflegung Jesu und seiner Jünger bezahlten. Nur von Johanna wird ausdrücklich gesagt, daß sie verheiratet war. Wieviele von den anderen Frauen wohl verheiratet waren? Wir können nur annehmen, daß einige von ihnen geschieden waren, weil sie nicht Gnade fanden in den Augen ihres Ehemannes, „weil er etwas Schändliches an ihr gefunden hat" (vgl. 5 Mose 24,1). Diese Frauen waren sicher begeistert, als sie erfuhren, daß Jesu Mutter all diejenigen seien, „die Gottes Wort hören und tun" (Lk 8,21). Was für eine wunderbare Botschaft für unverheiratete Frauen! Das Kapitel endet mit der Geschichte der Frau, die seit zwölf Jahren unter dem Blutfluß litt (Lk 8,43). Während dieser ganzen Zeit galt sie als unrein und machte jeden unrein, den sie berührte (3 Mose 15,19-33). Aber aus irgendeinem Grund hatte sie zu Jesus genug Vertrauen, um ihn zu berühren; sie

wurde geheilt und erhielt den Auftrag, ihre Heilung öffentlich zu bezeugen.

In Lukas 10 besucht Jesus zwei unverheiratete Frauen, mit denen ihn eine einzigartige Freundschaft verband (vgl. auch Joh 11).

Martha hat genug Vertrauen zu ihm, um sich darüber zu beklagen, daß immer sie allein die Hausarbeit tun müsse. Wir haben an anderer Stelle schon erwähnt, daß Jesus beide Schwestern gleichermaßen liebte, aber er macht deutlich, daß Maria die bessere Rolle – nämlich die einer Jüngerin – gewählt hat „und das soll nicht von ihr genommen werden."

Aber genau diese Rolle ist vielen Frauen verweigert oder weggenommen worden, die versucht haben, es der Maria gleichzutun. Margaret Clarkson, eine unverheiratete Frau, die Dichterin und Lehrerin ist, schreibt:

„Egal, über welche Fähigkeiten, Erfahrungen und Geistesgaben eine Frau verfügt, normalerweise wird von ihr einfach erwartet, daß sie ihre traditionelle Frauenrolle in der Gemeinde, in der Küche oder im Umgang mit Babys und Kindern erfüllt. Sie braucht dafür nicht einmal besonders geeignet zu sein – während in anderen Bereichen, für die sie alle Voraussetzungen erfüllt, händeringend nach Mitarbeitern gesucht wird – aber das scheint offenbar keine Rolle zu spielen."[3]

Zur Zeit Jesu wurde von Jüngern, die Jesus nachfolgten, ganz einfach erwartet, daß sie an andere weitergaben, was sie gelernt hatten. Was ist mit den gläubigen Frauen von heute, die Jesus jahrelang nachgefolgt sind und so viel weiterzugeben hätten – haben sie dazu je Gelegenheit?

Vielleicht dachte Jesus an solche Frauen, als er in Lukas 11 verkündete, daß er Frauen nicht nur in ihrer Rolle als Gebärende und stillende Mutter sieht. Was für eine Botschaft für kinderlose Frauen: „Ja, selig sind, die das Wort Gottes hören und bewahren" (Lk 11,28).

Als Kontrast dazu erzählte mir einmal eine unverheiratete Frau, die einen Doktortitel hatte und als Englischdozentin an einem College arbeitete, sie fühle sich in ihrer Gemeinde fehl am Platze, denn, so sagte sie: „Ich habe nichts zur Erhaltung der Art beigetragen und damit auch nicht für neue Teilnehmer in der Sonntagsschule gesorgt." Ist denn die Fortpflanzung für uns eigentlich wichtiger geworden als der Versuch, die „zu erreichen, die das Evangelium noch nicht kennen?"

Und ist die Biologie zur Bestimmung der Frau geworden, statt der geistlichen Hingabe an Jesus Christus?

Jesus kommt auf dieses Thema zurück, als die Sadduzäer ihm die Frage zur Problematik der Frau stellen, die mit sieben Brüdern verheiratet gewesen war und in keiner der sieben Ehen ein Kind bekommen hatte. Wer würde nach der Auferstehung ihr rechtmäßiger Ehemann sein? Diese Frage war als Testfrage gedacht, um herauszufinden, wie Jesus über die Auferstehung dachte. Seine Antwort auf die Frage ist aber auch für Frauen von heute von Bedeutung. Jesus antwortete:
„Die Kinder dieser Welt heiraten und lassen sich heiraten; welche aber gewürdigt werden, jene Welt zu erlangen und die Auferstehung von den Toten, die werden weder heiraten noch sich heiraten lassen. Denn sie können hinfort auch nicht sterben; denn sie sind den Engeln gleich und Gottes Kinder, weil sie Kinder der Auferstehung sind" (Lk 20,34-36). Jesus betrachtet Frauen als Kinder, die Gott gehören und nicht als Frauen, die Ehemännern gehören.
In den Kapiteln 18 und 21 greift Lukas zwei von Jesus' Geschichten über Witwen auf – eine, die als Beispiel für Beharrlichkeit stand, als Jesus über das Gebet sprach, und die andere diente als Beispiel für Großzügigkeit, denn sie gab Gott alles, was sie hatte (Lk 18,1-8; 21,1-4). Der Verfasser des Evangeliums beendet seine Darstellung damit, daß er noch einmal auf die galiläischen Frauen zurückkommt, die Jesus bis Jerusalem folgten und bei seinem Prozeß, seinem Tod, seinem Begräbnis und seiner Auferstehung da waren (Kap. 24).
Gleich am Anfang der Apostelgeschichte erwähnt Lukas einige dieser Frauen wieder, als sie im Obergeschoß auf das Geschenk des Vaters warten (Apg 1,13-14). Maria Magdalena, von der die meisten Fachleute glauben, daß sie unverheiratet war, war die erste, die den Jüngern die Auferstehung Jesu verkündete. Eine andere unverheiratete Frau wurde als erste Christin in Europa bekannt. In Philippi trafen sich Frauen zum Gebet. Wir haben ja schon erwähnt, daß Lydia die erste war, die auf die Botschaft des Paulus reagierte und ihr Haus für christliche Gottesdienste öffnete (Apg 16,14).
Gott sandte Petrus zu Tabea, um sie vom Tod aufzuerwecken. Tabea war eine Witwe unter Witwen, die Kleidung für die Armen nähte (Apg 9,36-41). Zur gleichen Zeit lebte in Cäsarea der Evangelist Philippus, „der hatte vier Töchter, die waren Jungfrauen und weissagten" (Apg 21,8-9).

Unverheiratete Frauen in der Weltmission

Seit dem Pfingstereignis hat sich die Tradition der „weissagenden

Töchter" fortgesetzt. Viele unverheiratete Frauen gehörten zu den Pionieren der modernen Missionsarbeit. Schon im Jahre 1882 hatten spezielle Missionsgesellschaften für Frauen 694 unverheiratete Frauen ausgesandt in die Weltmission und unterstützten diese Frauen.[4] In demselben Jahr waren 56 verheiratete und 95 unverheiratete Frauen in der Chinamission tätig. Und schon im Jahre 1888 berichtete Hudson Taylor, der Begründer der Chinamission, daß viele Missionsstationen in China von unverheirateten Frauen besetzt waren.[5]

Im Jahre 1900 wurden 1015 unverheiratete Frauen als Missionarinnen von Amerika aus ausgesandt. Bis zum Jahre 1910 hatte sich die Anzahl mehr als verdoppelt und bis 1923 verdoppelte sie sich ein weiteres Mal.[6] Im Jahre 1830 betrug der Anteil weiblicher Missionare 49 Prozent, 1880 waren es 57 Prozent und 1929 sogar 67 Prozent.[7]

Viel Ermutigung, in den Missionsdienst zu gehen, erhielten unverheiratete Frauen von Missionsgesellschaften, die speziell zu dem Zweck gegründet wurden, Frauen an der Erfüllung des Missionsbefehls zu beteiligen. Helen Montgomery, die aufgrund ihrer Bibelübersetzung bekannt wurde, berichtet, daß es im Jahre 1910 in den USA 44 Missionsgesellschaften für Frauen gab, die von 2 Millionen Frauen mit jährlich 4 Millionen Dollar unterstützt wurden.[8]

Nach Auskunft von Ralph Winter vom amerikanischen Zentrum für Weltmission haben sich all diese Organisationen aufgelöst. Die erste wurde 1865 gegründet und 1980 aufgelöst. Diese Missionsgesellschaft, die übrigens von Methodisten geleitet wurde, war die größte ihrer Art.[9]

Die daraus folgende Abnahme der Zahl weiblicher Missionare wird in den Statistiken des *Mission Handbook North American Protestant Ministries Overseas* (Nordamerikanische Protestantische Dienste in Übersee) deutlich. Danach gab es 1976 insgesamt 13186 hauptberufliche Missionare, von denen 4643 unverheiratete Frauen waren. Heute sind nur noch 59,96 Prozent aller Missionare Frauen im Gegensatz zu den 67 Prozent aus dem Jahre 1927.[10]

Als einen Grund für die Abnahme der Anzahl unverheirateter Frauen in der Weltmission nennt Beaver „den derzeitig starken gesellschaftlichen Druck, als Frau früh zu heiraten", aber er fügt hinzu, daß „der entscheidende Faktor das Ende der spezifischen Frauenmissionsbewegung" sei. Und er fährt fort:

„Der größte Verlust, den das Ende der organisierten Frauenmissionswerke mit sich brachte, war das Abnehmen des missionarischen Anliegens und der Verlust des Eifers für die Ziele der Mission

in den Gemeinden. Seit dem Jahrzehnt zwischen 1810 und 1820 ist das Engagement für die Weltmission in den protestantischen Gemeinden nicht mehr so gering gewesen ..., was größtenteils am Mangel direkter Beteiligung von Frauen gelegen hat."[11]
Welche Aussichten bestehen in einer säkularisierten Gesellschaft und Kirche, die Missionsorganisationen für Frauen wieder zu beleben, damit unverheiratete Frauen wieder einen Dienst tun können, in dem sie ihre erste Liebe zu Jesus zum Ausdruck bringen können? Ich habe in vielen Ländern der Welt Frauen getroffen, die bereit gewesen wären, sich für die Sache des Herrn ganz hinzugeben, wenn sie nur die richtige Organisation gefunden hätten, mit der sie hätten arbeiten können.
Mutter Teresa ist so eine Frau. Sie ist wahrscheinlich zur Zeit die bekannteste unverheiratete Missionarin der Welt. Malcolm Muggeridge schrieb ihr und ihren „Missionarinnen der Liebe" folgende wunderschöne Ehrung:
„Ihr Leben ist nach weltlichem Maßstab sicherlich hart und streng, aber ich bin noch nie so reizenden, glücklichen Frauen begegnet wie ihnen, und ich habe noch nie eine solche Atmosphäre der Freude erfahren, wie sie sie schaffen. Mutter Teresa, die alles gern erklärt, mißt dieser Freudigkeit große Bedeutung bei. Sie sagt, daß die Armen nicht nur Dienst und Hingabe verdienen, sondern auch die Freude, die ja ein Teil der menschlichen Liebe ist... Die Anzahl der Missionarinnen der Liebe ... wächst in atemberaubender Geschwindigkeit. Ihr Mutterhaus in Kalkutta platzt aus allen Nähten, und immer wenn ein neues Haus eröffnet wird, gibt es unzählige Freiwillige, die sich darum reißen, dort zu arbeiten. Es ist so, wie die gesamte Geschichte des Christentums zeigt: Wenn viel erwartet wird – und mehr – dann geschieht es; wenn wenig erwartet wird, dann geschieht auch nichts."[12]
Muggeridges Reaktion auf die Schwestern in Kalkutta erinnert mich an ein ähnliches Erlebnis, das ich einmal hatte. Müde und übersättigt von den Eindrücken einer Europareise kamen wir bei den Marienschwestern in Darmstadt an, das ist eine lutherisch geprägte Schwesternschaft. Die Gesichter der Schwestern waren von Freude gezeichnet. Wir hatten ein Stück Kanaan betreten, wo die Atmosphäre von der Gegenwart Gottes bestimmt war. Von Darmstadt aus haben sich die Schwestern über die ganze Welt ausgebreitet. Unter denen, die wir trafen, waren Witwen und ledige Frauen, ähnlich wie im Orden der Witwen und Jungfrauen, über die Johannes Chrysostomos schrieb (als er berichtete, daß es in der Gemeinde von Antiochien 3 000 alleinstehende Schwestern gäbe).[13]

Vielleicht ist es an der Zeit, zu dem Konzept der Schwesternschaften für unverheiratete Frauen zurückzukehren, um ihnen den besonderen Raum zu geben, den sie brauchen, um wirksam in den Gemeinden und in der Mission für Jesus tätig sein zu können.

Die Vorteile, unverheiratet zu sein

Trotz der überwältigenden Beweise dafür, daß Gott unverheiratete Frauen in der Mission gebraucht, schreibt ein Christ von heute in einem Buch über die Ehe:
„Der Plan des Schöpfers für den Menschen ist die Ehe und nicht die Ehelosigkeit ... Der Plan Gottes ist die Ehe. Ehelosigkeit zu dem Zweck, Gott dadurch zu dienen, ist eine kulturelle Tradition, aber nicht Gottes Plan."[14]
Andere Autoren sind nicht ganz so plump, aber es ist so, wie Scanzoni und Hardesty schreiben: „Pfarrer sind bekannt für ihre grausamen 'Witze' über unverheiratete Missionarinnen."[15]
Was Jesus gelehrt hat, bestätigt diese beschränkte Sichtweise ganz sicher nicht. Nachdem die Jünger gehört hatten, was Jesus zum Thema Scheidung zu sagen hatte, reagierten sie mit den Worten:
„Steht die Sache eines Mannes mit seiner Frau so, dann ist's nicht gut zu heiraten" (Mt 19,10). Darauf antwortete Jesus:
„Diese Worte fassen nicht alle, sondern nur die, denen es gegeben ist. Denn einige sind von Geburt an zur Ehe unfähig; andere sind von Menschen zur Ehe unfähig gemacht; und wieder andere haben sich selbst zur Ehe unfähig gemacht um des Himmelreichs willen. Wer es fassen kann, der fasse es" (V. 11.12).
Jesus erklärt uns hier, daß das ehelose Leben nicht für jeden gedacht ist. Wir aber machen heute oft den Fehler zu denken, daß es für niemanden gedacht ist. Jesus ist an dieser Stelle sehr praxisbezogen und erklärt, daß es verschiedene Menschen mit sehr unterschiedlichen Beürfnissen gibt. Und er würdigt den Verzicht für die Sache des Reiches Gottes, nicht den Verzicht auf die Sexualität, sondern den Verzicht auf den körperlichen Ausdruck unserer Geschlechtlichkeit.
Es gibt Christen, die dieser Lehre Jesu keine Beachtung schenken und die auch nicht auf Paulus' Aussagen zu diesem Thema hören. Diese Christen lehren direkt oder indirekt, daß kein Mensch, der ehelos bleibt, je Erfüllung erleben kann. Das ist ein Zeichen dafür, wie sehr sich die Kirchen dem weltlichen Wertesystem angepaßt haben. Wir bilden unser Wertesystem mit Hilfe von Fernsehen und Kinofilmen, die unseren Sexualtrieb stimulieren und uns weismachen, wir könnten ihn jederzeit und beliebig ausleben. In unserer

Gesellschaft wird doch einfach davon ausgegangen, daß „selbstverständlich" jeder sexuelle Erfahrungen und Phantasien hat; und allein der Gedanke, auf das Ausleben der Sexualität zugunsten einer höheren Berufung zu verzichten, scheint ungeheuerlich.
Vergleichen Sie diesen Zustand doch einmal mit dem, was Jesus in Matthäus 5,27-28 über das Begehren sagt.
Oft stürzen sich junge Christen unüberlegt in die Ehe, weil sie in das Denkraster der sexbesessenen Welt gezwängt werden. „Man kann doch nicht ohne Sex leben", heißt es dann. Und die Kirchen akzeptieren das, indem sie lediglich hinzufügen: „Christen dürfen aber nur im Rahmen der Ehe Geschlechtsverkehr haben." Deshalb ziehen junge Christen daraus eben oft die Schlußfolgerung: Dann muß ich mir eben möglichst schnell eine(n) Partner(in) suchen.
Aber Sexualität ist nicht die einzige Triebkraft in uns. Wir haben auch den Drang, etwas zu erreichen, den Drang, unsere Fähigkeiten zu entwickeln und zur Ehre Gottes einzusetzen. Frauen im mittleren Alter blicken oft zurück auf all ihre verpaßten Chancen, das zu tun und zu werden, was Gott ihnen zugedacht hatte.
Unter diesen Frauen gibt es etliche, die zugeben, daß sie vielleicht besser daran getan hätten, nicht zu heiraten und ihre Erfüllung in einer schöpferischen Tätigkeit gefunden hätten als Alternative zum Ausleben ihrer Sexualität. Andere haben zugegeben, daß sie als Teenager einmal den Plan hatten, für Gott im vollzeitlichen Dienst zu stehen. Aber statt eine Ehe nur mit einem Mann einzugehen, für den Jesus auch an erster Stelle stand, hatten sie ihre erste Liebe zu Jesus aufgegeben zugunsten ihrer Liebe zu einem Mann.
Genauso wie es heute viele Menschen gibt, die ihre Heirat bereuen, hat Paulus sicherlich auch viele gekannt, die ihn um seine Ehelosigkeit beneideten. Und dennoch ist Paulus' Anliegen in 1 Korinther nicht Ehelosigkeit um ihrer selbst willen, sondern es geht ihm darum, Jesus Christus über alle anderen Anliegen zu stellen. Er hält es für äußerst schwierig, Jesus auch dann Nummer 1 sein zu lassen, wenn man verheiratet ist und meint deshalb, es sei einfacher, unverheiratet zu sein. Er begründet es mit den Worten: „ ... der kommenden Not wegen" (V. 27).
Befinden wir uns heute in einer ähnlichen Lage wie damals die Christen von Korinth? Wir kennen sicher alle eine oder mehrere Ehen, die zerbrochen sind. Unsere Zeit hat auch Ähnlichkeit mit der Zeit, in der Noah lebte. Jesus warnt uns:
„Und wie es geschah zu den Zeiten Noahs, so wird's auch geschehen in den Tagen des Menschensohns: Sie aßen, sie tranken, sie heirateten, sie ließen sich heiraten bis zu dem Tag, an dem Noah in

die Arche ging und die Sintflut kam und brachte sie alle um" (Lk 17,26-27).

Manchmal sind die Kinder am sensibelsten für die Zeichen der Zeit, in der wir leben. Ich war tief bewegt, als ein zehnjähriger Junge aus meiner Gemeinde zu seiner Mutter sagte: „Ich glaube nicht, daß ich mal heiraten werde. Ich hab bestimmt viel zu viel mit Jesus zu tun."

Aber was ist denn mit unserem menschlichen Bedürfnis nach Liebe, Zärtlichkeit und Gemeinschaft? Jesus hat doch versichert, daß wir in der Familie der Christen Mutter, Brüder und Schwestern finden können (Mk 3,31-35). Keine unverheiratete Frau sollte allein und isoliert von anderen Christen leben. Aus diesem Grund werden heute auch wieder christliche Kommunitäten gegründet.[16]

In Zeiten der Einsamkeit und der Versuchung braucht eine alleinstehende Frau jemanden, der ihr Mut zuspricht, denn „so ist's ja besser zu zweien als allein ... Fällt eine von ihnen, so hilft ihr ihre Gefährtin auf. Aber wehe der, die allein ist, wenn sie fällt. Dann ist keine andere da, die ihr aufhilft ... Eine mag überwältigt werden, aber zwei können widerstehen, und eine dreifache Schnur reißt nicht leicht entzwei" (Pred 4,9-10,12; Änderungen d. Verf.).

Diese Darstellung, wie zwei oder drei einander helfen können, erinnert an die Gemeinschaft von zwei oder drei Gläubigen, die zusammen beten (Mt 18,19-20). Im Zusammenwirken mit solcher Gemeinschaft wird eine unverheiratete Frau Hilfe erfahren und selbst Hilfe sein. Manchmal wird sie ihren natürlichen Mutterinstinkt dabei nutzen. Mutter- bzw. Vaterinstinkt müssen bei unverheirateten Frauen und Männern nicht zwangsläufig überflüssig sein. Paulus gebrauchte diesen Instinkt in seinen Beziehungen zu den Gemeinden. In Galater 4,19 und Thessalonicher 2,7 vergleicht Paulus sich selbst mit einer Mutter. Und Jesus selbst bezeichnet sich in Matthäus 23,37 als Henne, die ihre Küken unter ihren Flügel versammelt.

Die Welt ist doch voll von verlorenen Menschen, mutterlosen Kindern und zerstörten Familien, die unsere Hilfe brauchen. Wir alle können uns am Bemuttern, Pflegen und Nähren beteiligen. Auf diese Weise befriedigen wir eines unserer wichtigsten Bedürfnisse – nämlich gebraucht zu werden, uns in jemand anderem zu reproduzieren – indem wir ihn zu Jesus hinlieben. Während die menschliche Liebe heute vorhanden und morgen schon vorbei sein kann, ist der Herr, der uns liebt, mit all seinen Verheißungen immer da.

„Rühme, du Unfruchtbare,
die du nicht geboren hast!
Freue dich mit Rühmen und jauchze,
die du nicht schwanger warst!
Denn die Einsame hat mehr Kinder,
als die den Mann hat, spricht der Herr..."
„Denn der dich gemacht hat, ist dein Mann -
HERR Zebaoth heißt sein Name –
und dein Erlöser ist der Heilige Israels,
der aller Welt Gott genannt wird..."
„Denn es sollen wohl Berge weichen
und Hügel hinfallen,
aber meine Gnade soll nicht von dir weichen,
und der Bund meines Friedens soll nicht hinfallen,
spricht der Herr, dein Erbarmer."
(Jes 54,1.5.10)

Die ganze Erfüllung finden, ohne verheiratet zu sein, ist das für eine Christin möglich? Daran zu zweifeln hieße, an Gottes Verheißungen zu zweifeln.

Kapitel 11: Als verheiratete Frau tätig werden

Stellen Sie sich einmal eine Luftfeuchtigkeit von über 90 Prozent bei einer Temperatur von über 30° im Schatten vor – und das im Frühling, im Sommer, im Herbst und im Winter. Wir lebten im Süden der Philippinen, ein paar Breitengrade vom Äquator entfernt in einem Land, wo die Leute selten über die Hitze sprechen, weil sie immer gleich schlimm ist. Deshalb erkannte man Ausländer auch immer sofort, weil sie vorwiegend über die minimalen Temperaturschwankungen sprachen und stöhnten, weil sie so schwitzten.

Mein Mann – der sich auf jeden Fall den Gebräuchen des Landes anpassen wollte – war fest entschlossen, sich nicht dabei ertappen zu lassen, über das Wetter zu sprechen. Nicht einmal in seinen Briefen nach Hause erwähnte er es. Aber weil ich den Briefwechsel mit den Gemeinden erledigte, die unser Missionsprojekt unterstützten, gelang es mir doch, hin und wieder einen Satz über das Wetter hineinzumogeln. Als Bob einmal einen dieser Briefe las, legte er energisch Widerspruch ein: „Aber du hast doch erst im letzten Brief über das Wetter geschrieben. Ich finde du übertreibst.

Du beklagst dich – und das klingt, als ob du Mitleid erheischen willst."

Ich war beleidigt. Weil ich ja schließlich die Last hatte, den Kontakt mit den Gemeinden aufrechtzuerhalten und zu pflegen, wollte ich wenigstens ein Stückweit das Recht der „Pressefreiheit" genießen. Ich wollte aber auch mit meinem Mann im Einvernehmen sein – also strich ich murrend den Wetterbericht wieder durch.

Ungefähr drei Wochen nach diesem Vorfall erhielten wir ein Paket von einer der Gemeinden, an die ich geschrieben hatte. In dem Paket waren allerhand Überraschungen für uns. Und für die Kinder – damit ihre kleinen Hände in dem fernen Land nicht kalt würden – wunderschöne wollene Fausthandschuhe! Eins zu null für mich.

Die Konflikte zwischen den Geschlechtern treten manchmal im Clownskostüm verkleidet auf, und nicht selten können wir herzlich über sie lachen. Ein andermal werden sie zu einem Vorherrschaftsgerangel. Möglicherweise registrieren die Ehepartner ganz genau jede Gelegenheit, bei der der andere recht hatte. Manchmal wird der Kampf zum Glücksspiel. Die Umstände scheinen einen von beiden zu bevorzugen. Einer ist der Gewinner, der andere der Verlierer.

Diejenigen, die den Wettkampf irgendwann satt haben, ermitteln den Endstand des Spiels nicht selten vor dem Scheidungsrichter. Und wir hören, wie Jesus widerspricht und sagt: „Mose hat euch erlaubt, euch zu scheiden von euren Frauen, eures Herzens Härte wegen; von Anfang an aber ist's nicht so gewesen ... Habt ihr nicht gelesen: 'Der im Anfang den Menschen geschaffen hat, schuf sie als Mann und Frau und sprach: Darum wird ein Mann Vater und Mutter verlassen und an seiner Frau hängen und die zwei werden ein Fleisch sein? So sind sie nun nicht mehr zwei, sondern ein Fleisch. Was nun Gott zusammengefügt hat, soll der Mensch nicht scheiden" (Mt 19,8; 4-6).

Was will Gott damit sagen? Weil Mann und Frau einen Bezug zu dem großen Gott haben, der sie geschaffen hat, dürfen sie die Agape, die zwischen Schöpfer und Geschöpfen besteht, auch zwischen zwei Menschen erwarten, die durch die Ehe miteinander verbunden sind.

Das ist eine Art der Liebe, die weder durch Dritte, noch durch irgendwelche Probleme zerstört werden kann.

Klingt das für unsere Ohren wie ein unerreichbares Ideal? Seit Urzeiten haben Männer und Frauen die Grundannahme bezweifelt, daß Gott zwei Menschen durch eine Liebe miteinander verbinden kann, die stark genug ist, um dauerhaft zu halten. Um herauszufinden, wie Ehe eigentlich ursprünglich gedacht war und was schließlich aus ihr geworden ist, wollen wir zunächst einen Blick auf die erste perfekte Ehe werfen.

Das Paradies

Nach der Schilderung der Schöpfung von Mann und Frau in 1 Mose 1 gibt es noch eine genauere Darstellung davon, wie Adam und Eva geschaffen wurden: in 1 Mose 2.
In Vers 7 heißt es: „Da machte Gott der Herr den Menschen aus Erde vom Acker und blies ihm den Odem des Lebens in seine Nase." Der Odem Gottes ist in den Menschen, weil sie nach seinem Bilde geschaffen sind. Aus diesem Grund hat der Mensch das Privileg, mit Gott verbunden zu sein – den Schöpfer zu lieben, zu ehren, zu loben und anzubeten. Dies unterscheidet den Menschen vom Tier. Wir sind geschaffen, um „Gott zu verherrlichen und uns für immer und ewig an ihm zu erfreuen" (Westminster Katechismus).
Als nächstes wird der Unterschied zwischen den Geschlechtern festgesetzt, indem Gott sagt: „Es ist nicht gut, daß der Mensch allein sei; ich will ihm eine Gefährtin machen, die um ihn sei." Gott will, daß die Menschen in Gemeinschaft leben und nicht allein. Es schwingt hier die Aussage mit, daß Einsamkeit zu Hilflosigkeit führt. Im Gegensatz dazu ist ein Gefährte bzw. eine Gefährtin ein(e) Helfer(in). Paul Jewett vom Fuller Seminar für Theologie beschreibt Menschlichkeit als „mitgeteilte Menschlichkeit (Mitmenschlichkeit). Menschlichkeit, die nicht geteilt bzw. mitgeteilt wird, ist unmenschlich ... Mitmenschlichkeit ist das, was sie ist, weil der Mensch nach Gottes Bild geschaffen ist."[1]
Was für eine Hilfe schuf Gott nun, um Adam mit der „Ich und Du" Beziehung bekanntzumachen? Das hebräische Wort *ezer* (übersetzt als „Helfer") beinhaltet laut Berkeley und Alvera Mickelsen nicht die Bedeutung von „untergeordnet sein". Es wird an anderen Stellen benutzt, um Gott als unseren „Helfer" darzustellen (Ps 20,2; 33,20; 70,5; 115,9-11; 121,1-2; 124,8).
Eva war aus „demselben Stoff" wie Adam, so daß er gleich merkte: sie war wie er selbst. Sie war eine Gehilfin, die zu ihm paßte. Der Begriff passend kann mit „gleich" und „entsprechend" übersetzt werden.[2]
In 1 Mose 2 gibt es keinen Hinweis darauf, daß die Geschlechter nicht gleichwertig sind. Dem Mann wird gesagt, er soll Vater und Mutter verlassen und an seiner Frau hängen. Das Wort, das mit

„verlassen" übersetzt worden ist, bedeutet genauer „fallenlassen", „aufgeben", und „an ihr hängen" ist ganz wörtlich übersetzt. Er soll sich an ihr „festklammern".[3]
Als der Eheberater Walter Trobisch diese biblischen Grundsätze am Cameroun Christian College in Afrika lehrte, „da kam es in seinem Unterricht zu einem regelrechten Aufruhr. Die Frau hatte ihre Eltern zu verlassen – das verstand sich von selbst. In einer patriarchalisch aufgebauten Gesellschaft ist das etwas Selbstverständliches, genau wie es damals in Israel der Fall war. Aber daß der Mann Vater und Mutter verlassen sollte ... Seinen Vater verlassen, statt dessen Leben fortzusetzen? Nein – niemals! Wenn ein Mann Vater und Mutter verläßt – sie nicht im Stich läßt, aber sie verläßt, um eine eigene Familie zu gründen, statt seine neue Familie der Sippe hinzuzufügen, dann wird er wirtschaftlich unabhängig ... Um es noch einmal ganz deutlich zu machen: der Mann soll an seiner Frau hängen und nicht nur umgekehrt. Die Gemeinschaft beruht auf Gegenseitigkeit. Und was genauso wichtig und revolutionär ist: ein Mann hängt an seiner Frau und nicht an der Sippe."[4]
Dieser Maßstab für die Ehe, wie er in 1 Mose 2 dargestellt ist, unterscheidet sich so grundlegend von dem, was viele Leute bisher gekannt haben, daß er immer noch auf der ganzen Welt für Aufregung sorgt.
In der Geschichte von dem ersten Paar wird uns demonstriert, wie Gottes perfekter Plan für das Zusammenleben von Mann und Frau aussah: harmonisch sollte es sein, nicht hierarchisch; Verständigung sollte es geben und nicht Wettstreit. Dieser Sachverhalt inspirierte den großen Dichter John Milton zu den Versen:

> Zwey edlere Gestalten, aufrecht, schlank,
> Wie Götter aufrecht, angebor'ne Würd'
> Im Blick als Schmuck der nackten Majestät
> Zwey schienen über Alles, und mit Recht
> Zu herrschen; denn in ihren göttlichen
> Geberden leuchtete das Ebenbild
> Von ihrem großen Schöpfer ...

> Einfalt und Unschuld! – Nackend gingen sie
> Einher, vor Gottes und der Engel Blick
> Nicht scheu, kein Arges denkend, Hand in Hand
> Das schönste Paar von allen Liebenden
> Die jemals sich umarmten...[5]

Das verlorene Paradies
Über ein trauriges Ereignis schreibt Milton:
„Die erste Schuld des Menschen, den Genuß/Verbothner Frucht, den Tod bracht' in die Welt/ Und allen unsern Jammer, mit Verlust ..."[6]
Das Paradies war an dem Tag verloren, als die Schlange Eva in Versuchung brachte, am Wort Gottes zu zweifeln und ungehorsam zu sein und als dann Eva Adam auf dieselbe Art und Weise zum Ungehorsam verführte (1 Mose 3,1-13). Indem sie das Wort Gottes in Frage stellten, stellten sie auch die Integrität ihres Schöpfers in Frage. Als Gott den beiden deutlich machte, was sie getan hatten, zeigten sie die typische Reaktion des gefallenen Menschen. Sie gaben die Schuld für ihr Verhalten einem anderen – Adam gab Eva die Schuld und Eva wiederum beschuldigte die Schlange. Und seither spielen wir dieses Spiel, das Böse immer beim anderen zu suchen.

Wir bekommen einen Eindruck von der Vertrautheit, die zwischen Adam und Eva und dem Schöpfer einmal geherrscht hatte, wenn wir lesen: „Am Abend, als es kühler wurde, hörten sie, wie Gott, der Herr, durch den Garten ging. Sie versteckten sich zwischen den Bäumen" (1 Mose 3,8). Die beiden, die wußten, wie schön es war, am Ende eines Tages mit Gott durch den Garten zu schlendern – so wie Freunde das tun – versuchten nun, sich vor der Realität der zerstörten Beziehung mit diesem Freund zu verstecken.

Aber nicht nur die Beziehung zu Gott war zerstört, sondern auch die Beziehung zur Natur und die Beziehung zwischen Mann und Frau. Adam erfährt, daß er und alle Menschen, die nach ihm kommen, im Schweiße ihres Angesichts ihr Brot erarbeiten müssen und daß sie den Tod hinnehmen müssen. Und Eva wird vorausgesagt, daß sie unter Schmerzen Kinder zur Welt bringen wird und daß der Mann, den sie auch weiterhin begehren wird, immer über sie herrschen wird. Die Einheit, die die beiden erlebt haben, ist durch die Sünde zerstört worden. Von nun an würde es zwischen ihnen immer einen Machtkampf geben (1 Mose 3,16).

Als nun die Frauen merkten, daß sie die Opfer dieses Machtkampfes waren, merkten viele von ihnen das Syndrom der „beleidigten Verdienste" von Miltons gefallenem Engel.[7] Genau wie die Schlange begann die Frau zu stöhnen: „Ich bin verletzt worden." Sie ignorierte den Segen Gottes, aufgrund dessen sie Kinder zur Welt bringen und eine Bestätigung ihrer Bestimmung erfahren konnte, denn sie wurde von der Sünde des Bösen geplagt – vom Stolz. Und

deshalb beklagte sie sich bei Gott, anstatt das zu tun, wozu sie geschaffen war, nämlich ihn zu loben und zu preisen.
Die ganze Vielschichtigkeit des Bösen begann mit dem Verlust des Paradieses. Patricia Gundry beschreibt in ihrem Buch *Heirs Together* (Gemeinsame Erben; Anm.d.Übers.) den verhängnisvollen Kreislauf:
„Die Frau wird immer mehr dazu neigen, sich ganz auf ihren Mann zu verlassen, sie wird von ihm abhängig sein wegen ihrer vielen Schwangerschaften und wegen der kleinen Kinder, für die sie sorgen muß. Und die Folge dieser Abhängigkeit wird sein, daß ihr Mann ihr Bedürfnis ausnutzen und sie beherrschen wird. Ich glaube schon, daß hier der Grund dessen gelegt worden ist, was ich einmal Weltlichkeit nennen will: Diejenigen, die verletzbar sind, suchen Hilfe bei den Mächtigen, und die Mächtigen nutzen ihre Macht aus, um die Schwachen zu beherrschen und sie zu mißhandeln. Dieser Prozeß wird immer vielschichtiger und verlockender. Er breitet sich immer weiter aus, bis alle Beziehungen davon durchsetzt sind."[8]
Seit dem Tag, als Adam und Eva das Paradies verlassen mußten, haben viele Menschen versucht, diesen Teufelskreis zu durchbrechen. Manche sind aus schlechten Ehen einfach ausgebrochen. Selbst in Zeiten, als es nur einen Beruf für Frauen gab – die Prostitution – als Alternative zur Ehe, waren manche Frauen so verzweifelt, daß sie lieber diesen Weg gingen, als die Ehe fortzusetzen.
Zu der Zeit, als Nora Torwald verließ – in Ibsen's Drama *Nora oder ein Puppenheim* – gab es bereits ein paar Berufe, die Frauen offenstanden; und dennoch versetzte der ungewöhnliche Schluß des Stückes ganz Europa in Aufruhr. Er war zu schockierend und zu unerwartet im Zeitalter viktorianischer Selbstgefälligkeit. Welche Gründe hatte das?
„Und du warst immer so nett zu mir, doch unser Heim war immer nur eine Puppenstube. Hier bei dir war ich deine Puppenfrau, so wie ich daheim Papas Puppenkind gewesen war. Und die Kinder, die waren wieder meine Puppen. Ich fand es lustig, wenn du mit mir spieltest, genau wie die Kinder es lustig fanden, wenn ich mit ihnen spielte. Ja, Torwald, dieses Spiel – das war unsere Ehe . ... Ich glaube, daß ich in erster Linie ein Mensch bin, ich genausogut wie du – oder daß ich jedenfalls versuchen muß, ein Mensch zu werden."[9]
Wir haben alle erlebt, wie eine neue Bewegung zur Befreiung der Frau entstanden ist, und viele von uns haben bestimmt mit den

Freundinnen oder Nachbarinnen den Kummer geteilt, die sich so verhielten wie Nora. Sie haben diesen Entschluß sicher als einzigen Ausweg aus der Herabsetzung von Frauen gesehen, die mit dem Sündenfall anfing. Inzwischen zeigen sich die Folgen ihres Handelns bei den Kinder in den steigenden Zahlen der Klienten in Beratungsstellen im ganzen Land. „Das verlorene Paradies" wird immer deutlicher sichtbar durch noch mehr zerbrochene Familien und immer mehr zerstörte Beziehungen. Dieser schreckliche Alptraum wird sich in der kommenden Generation fortsetzen – und in der nächsten und der übernächsten.

Da ist es kaum verwunderlich, daß es viele Menschen gibt, die auf diesen Zustand reagieren, indem sie die Menschen zu den traditionellen Vorstellungen von Ehe zurückrufen.

Dabei beachten sie aber nicht, daß diese alten Vorstellungen nicht unbedingt christlicher sind als die der alten Sklavenhalter in Amerika, die meinten, die Sklaverei und ihren Glauben miteinander in Einklang bringen zu können.

Wir vergessen bei solcher Denkweise nämlich, daß Gott in das „verlorene Paradies" hineinkam und die Gesetze des Alten Bundes einsetzte – und diese Gesetze hatten zum Ziel, gesellschaftliche Gegebenheiten wie Patriarchat, Polygamie, Scheidung, Sklaverei und Monarchie abzumildern. Das hieß, der Allmächtige hatte das Patriarchat genausowenig eingesetzt wie Sklaverei oder Scheidung. Wir können Gott wirklich dafür danken, daß er in unsere menschlichen Gegebenheiten eingriff und die Frauen nach dem Sündenfall besonders beschützte. Es gab Gesetze, die die Frauen vor den Launen ihrer Männer schützten. Normalerweise hatten es die jüdischen Frauen besser als ihre heidnischen Nachbarinnen, aber es war dennoch die alte Ordnung, unter der sie standen, mit der Last, die das Gesetz mit sich brachte.

Das Gesetz wurde dann zusammengefaßt zu den beiden großen Geboten der Liebe (Mt 22,37-40). Und schließlich kam Jesus Christus als Erfüllung des Gesetzes und gewann das Paradies zurück. Aber seit der Zeit Christi haben immer wieder Menschen, die sich Gläubige nannten, die neue Ordnung abgelehnt, welche Christus gegründet hat. Manche haben sicher die besten Absichten gehabt, hatten jedoch immer noch mit den Unzulänglichkeiten zu kämpfen, die es mit sich bringt, wenn man „durch einen Spiegel ein dunkles Bild sieht" (1 Kor 13,12).

Aber oft haben Theologen auch ganz einfach die traditionellen Strukturen des Alten Testaments akzeptiert und dabei gar nicht begriffen, wie sowohl das Gesetz als auch das Evangelium zu den

Frauen stehen. Aus diesem Grund leben viele immer noch im „verlorenen Paradies".
Eine Freundin erzählte: „Ohne eine klare Rangordnung in der Befehlsgewalt hätten wir zu Hause ein einziges Chaos." Damit schloß sie sich der häufig gemachten Annahme an, daß Frauen immer nur Chaos verursachen, wenn sie nicht von einem Mann beherrscht werden. Viele moderne Theologen und Leiter haben diese Grundeinstellung. Einer von ihnen behauptet sogar, er habe nach dem Gesetz des Alten Testaments die Macht und das Recht (4 Mose 30), ein Gelübde, das seine Frau vor Gott ablegt, zu widerrufen.

„Wenn Ihre Frau nach Hause kommt und Ihnen sagt, sie habe versprochen, bei der Gestaltung des Erntedankgottesdienstes zu helfen oder im Chor mitzusingen, und Sie glauben, sie habe vorschnell etwas versprochen, dann müssen Sie ihr das sagen – in Liebe. Das kann sich dann etwa so anhören: 'Schatz, ich glaube, du hast dir da zu viel aufgeladen. Wir brauchen dich hier zu Hause.' Wenn sie Ihnen dann sagt, sie habe aber Gott dieses Versprechen gemacht, dann müssen Sie sagen: 'Ja, ich weiß, aber Gott wird dich daran nicht binden, denn ich bin dein Haupt und gestatte dir die Teilnahme nicht'."[10]

Solche Grundregeln haben bei vielen Frauen in evangelikalen Kreisen bewirkt, daß sie meinen, in Gottes Augen nichts wert zu sein. Weil sie sich als Christen zweiter Klasse betrachten, glauben sie, ihnen stehe eine persönliche Beziehung zu Jesus nicht in gleichem Maße zu wie ihrem Mann. Und weil sie ohnehin meistens die ganze Last des Haushalts und der Kinder tragen, geben sie auf und akzeptieren die Lüge, daß sie für Gott unbrauchbar sind bei der Verkündigung des Evangeliums.

Hat die Kirche den Ehemännern etwas in die Hand gegeben, das zerstörerisch ist? Der christliche Soziologe John Scanzoni hat gesagt:

„Macht muß immer mit Gerechtigkeit einhergehen, denn sonst wird sie entstellt ... Wer soll den Mann zur Verantwortung rufen, wenn nicht die Frau. Wer außer ihr kann ihm Widerstand entgegensetzen, wenn er unrecht hat. Es ist töricht zu sagen: 'Er ist es schließlich, der vor Gott verantwortlich ist.' Könige, geistliche Würdenträger und Präsidenten mit unkontrollierten Machtbefugnissen werden habsüchtig, selbstsüchtig und beuten andere Menschen aus. Dasselbe gilt auch für Ehemänner mit unkontrollierter Macht."[11]

Wenn der Ehemann in geistlichen und weltlichen Dingen über die

Frau herrscht, dann kann es sein, daß er sich für den einzigen Mittler zwischen ihr und ihrem Gott hält. Es gibt in manchen christlichen Ehebüchern Diagramme zum Thema Ehe, in denen es zwischen der Frau und Gott keine direkte Verbindung gibt.
Die Frau hat dort nur auf dem Umweg über ihren Mann einen Bezug zu Gott. Es ist dann so, wie der Sohn einer guten Freundin es einmal ausdrückte: „Mein Vater dient Gott und meine Mutter dient meinem Vater." Solche patriarchalischen Denkmuster werden in dem Augenblick verhängnisvoll, wo die Unterordnung unter dieses System die Unterordnung unter die Herrschaft Christi verdrängt.
Während nun die eine Gruppe von Menschen ein System idealisiert, gibt es eine andere, die ihren Ehemann idealisiert. Eine der unverblümtesten Verfechterinnen der herkömmlichen traditionellen Ehe spricht über die Ehemänner in einer geradezu religiös anmutenden Sprache, die gewöhnlich nur dann verwendet wird, wenn man über Gott spricht: „Erst wenn die Frau ihrem Mann ihr ganzes Leben hingibt, wenn sie ihn verehrt, anbetet und bereit ist, ihm zu dienen, wird sie in seinen Augen wirklich schön."[12]
Eine andere bekannte Autorin geht sogar noch einen Schritt weiter bei der Gleichsetzung ihres Ehemannes mit Gott:
„Eines Tages bekam folgender bekannter Bibelvers für mich eine ganz tiefe Bedeutung: 'Ihr Frauen, ordnet euch euren Männern unter wie dem Herrn'(Eph 5,22)... Ich sollte meinen eigenen Mann so behandeln, als ob er der Herr wäre, der in unserem bescheidenen Heim zu Hause wäre ... Würde ich Jesus eine so mütterliche Frage stellen wie: 'Na, wie war's im Büro?' Würde ich Jesus auffordern, den Garten in Ordnung zu bringen und die lange fälligen Reparaturen am Haus endlich in Angriff zu nehmen? Würde ich den Herrn auffordern, doch bitte vernünftig zu fahren? Würde ich mir je ein Urteil über meinen Herrn erlauben – über seinen Geschmack, seine Einstellung oder seine Handlungsweisen? Ich war bestürzt über mich – und daraus ergab sich eine ganz neue Art der Unterordnung."[13]
Wir sollten uns in acht nehmen und nicht am obersten Anliegen einer Frau rütteln, die den Herrn, ihren Gott, ehren und ihm dienen will. Das könnte nämlich dazu führen, daß sie ihre Identität als Jüngerin Jesu verliert.
Statt weiterhin Jesus als erste Liebe zu betrachten und zu behandeln, könnte sie beginnen, andere Götter zu verehren: z. B. ihren Mann, ihre Kinder oder die Sicherheit von Heim und Familie.
Bei einem Treffen, an dem ich kürzlich teilnahm, gestand eine

Frau: „Mir ist klar geworden, daß ich meinen Mann zu meinem Herrn und Erlöser gemacht habe."
„Und ich mache mich gar nicht gut als Herr und Erlöser", fügte ihr Mann hinzu. Als die beiden dies erkannt hatten, konnten sie ihre Prioritäten neu festsetzen, und das gab ihnen neue Freiheit und neue Freude im Leben mit Jesus Christus.

Das wiedergewonnene Paradies

Vor mehr als 300 Jahren war Milton gefesselt von dem großen Thema der Erlösung, als er ein Loblied auf den Sohn des Höchsten schrieb mit dem Titel: *Das wiedergewonnene Paradies:*

> A fairer Paradise is founded now
> For Adam and his chosen sons, whom thou
> A Savior art come down to reinstall;...

> Hail Son of the Most High, heir of both Worlds
> Queller of Satan, on thy glorious work
> Now enter, and begin to save mankind.[14]

Als Jesus Christus auf diese Welt kam, um die Menschheit zu erlösen, wurde das Paradies für uns Menschen wiederhergestellt. „Das Alte ist vergangen, siehe, Neues ist geworden", rief Paulus voller Freude aus. Besonders für die Frauen wurde durch Jesus alles anders. In den Jahren, in denen Jesus auf der Erde lebte, müssen die Frauen, die ihn berührten und mit ihm reden konnten, gedacht haben, sie seien wieder im Paradies. Und sie waren es auch, denn das, was sie da erlebten, war das wiedergewonnene Paradies.
Nur zweimal in der gesamten Weltgeschichte haben wir Vollkommenheit in der Beziehung zwischen Mann und Frau gesehen – im Paradies und in der Art und Weise, wie Jesus mit Frauen umging. Heute sehen wir zwar keine ganze Vollkommenheit in menschlichen Beziehungen, aber wir erleben Menschen, die die Erfahrung des wiedergewonnenen Paradieses machen, weil sie sich ganz für die Gnade Gottes öffnen. Ich bin Gott so dankbar für die Frauen in meinem Bekanntenkreis, die erkannt haben, daß Christus uns „zur Freiheit befreit" hat, die „fest stehen" und die sich nicht mehr „das Joch der Knechtschaft auflegen lassen" (Gal 5,1).
Eine meiner besten Freundinnen, Myrl Glockner, ist eine großartige Zeugin für die Freiheit, die sie in Jesus Christus gefunden hat. Ihre Freiheit nahm ihren Anfang, als sie als Siebzehnjährige auf einer Farm in Wisconsin, wo sie aufgewachsen war, begann, ernsthafte Fragen zu stellen. „Ich bekam es mit der Angst zu tun, wenn ich die Menschen in meiner Umgebung betrachtete. Die Ehen

dieser Christen hatten nicht das, was ich mir wünschte. Und trotzdem galt die Ehe dort, wo ich aufwuchs, als das höchste Ziel", erzählte Myrl mir. Sie hatte ihren Schulabschluß gemacht, war aber zu jung um zu arbeiten, und so blieb sie vorerst zu Hause, wo sie sehr viel Zeit zum Nachdenken hatte.

„Was hat es mit dem Leben eigentlich auf sich?" fragte sie sich. „Werde ich, wenn ich vierzig bin, zurückblicken und sagen: 'Ich wünschte mir, ich hätte alles ganz anders gemacht?'Ich wollte mein Leben einfach nicht verpfuschen." Auf ihrer Suche nach einer geistlichen Grundlage gewann sie den Eindruck, daß das Christentum, das sie kannte, oft nicht viel mit der Wirklichkeit zu tun hatte, und sie stellte Jesus die Frage: „Wenn du der bist, der du behauptest zu sein, dann zeige es mir." Und Jesus antwortete ihr durch eine Bibelarbeitsreihe über den Römerbrief, die in ihrer Gemeinde stattfand. Für Myrl war das ein Zeichen dafür, daß Jesus Wirklichkeit war. Und deshalb übergab sie ihr ganzes Leben Jesus Christus.

„Ich bat ihn, er möge mich am Heiraten hindern, solange ich nicht ganz sicher sei, daß er alles sei, was ich brauchte", erzählte sie. Sie berief sich auf die Verheißung Gottes, daß er selbst ihre durstige Seele erfüllen möge (Ps 107,1-9). Gott hat seine Verheißung in Myrls Leben erfüllt, denn sie ist heute eine Christin, die vielen ein Vorbild ist. Jesus ist wirklich ihre erste Liebe geworden und geblieben. Sie hat dem Herrn gedient und ihm ihre Liebe gezeigt, indem sie Tausenden von Menschen bei Evangelisationen von Jesus erzählte und Hunderten durch Bibelschulungskurse. Gott hat ihr das Herz erfüllt mit der Liebe zu Jesus, zu ihrem Mann und mit Liebe zu all denen, mit denen sie in ihrem Dienst zu tun hat. Myrl ist der lebende Beweis dafür, daß eine Ehefrau ihre Beziehung zu Jesus nicht einzuschränken braucht, um ihrem Mann ein Gefühl der Sicherheit in der Beziehung zu vermitteln. Und weil Bob und Myrl sich wirklich Gott ausgeliefert haben, spiegeln sich in ihrer Ehe die Grundsätze wider, die in Epheser 5 dargestellt sind.

In diesem Kapitel fordert Paulus die Christen auf: „Lebt in der Liebe, wie auch Christus uns geliebt hat und hat sich selbst für uns hingegeben als Gabe und Opfer" (V.2). Als nächstes warnt er vor Unreinheit und Trunksucht (V.3-18). Statt sich zu betrinken, sollen sich die Gläubigen „vom Geist erfüllen lassen", was dann zum Lobpreis führe: „Singt und spielt dem Herrn in eurem Herzen ... Ermuntert einander mit Psalmen und Lobgesängen und geistlichen Liedern ... Und sagt Dank Gott, dem Vater, allezeit für alles, im Namen unseres Herrn Jesus Christus" (V.18,19b, 19a,20).

Und auf dem Hintergrund des Lobpreises und des Dankens werden wir aufgefordert: „Ordnet euch einander unter in der Furcht Christi" (V.21). In Vers 22 sagt Paulus dann im griechischen Urtext – ohne das Wort unterordnen noch einmal zu wiederholen: „Ihr Frauen euren Männern wie dem Herrn." Paulus weiß genau, daß er diese Worte an Frauen richtet, die unter einem patriarchalischen System leben. Genau wie bei der Sache der Sklaverei (Eph 6,5-9) ist er nicht bereit, die gesellschaftliche Ordnung umzustoßen, aber er beeinflußt sie durch eine neue Form der Liebe, der Agape, die dem Patriarchat seinen Stachel nimmt und es schließlich durch das Dienen nach dem Vorbild Jesu ersetzen wird.

In den folgenden Versen (5,23-30) ruft Paulus die Männer dazu auf, ihren Frauen Diener zu sein, genauso wie Christus Diener der Gemeinde war. Das hatte Jesus besonders zum Ausdruck gebracht, als er seinen Jüngern die Füße wusch. Paulus möchte, daß die Liebe der Männer zu ihren Frauen genauso makellos ist wie die Liebe Jesu zu seiner Gemeinde. Er behauptet, daß der Ehemann das „Haupt" seiner Frau ist. Das Wort, das hier mit „Haupt" übersetzt wird, heißt im griechischen Urtext *kephale*. Dieses Wort kann auch als „Ursprung" bzw. „Quelle" übersetzt werden, und das Ehepaar Mickelsen spricht sich sehr dafür aus, diese zweite Übersetzungsmöglichkeit zu wählen.[15]

Man könnte dann also sagen: „Paulus bringt zum Ausdruck, daß die Männer der 'Ursprung' bzw. die 'Quelle' ihrer Frauen sind, so wie Christus der 'Ursprung' bzw. die 'Quelle' der Gemeinde ist." Das enthielte dann einen Verweis auf 1 Mose 2, wo geschildert wird, wie die Frau aus der Seite Adams geschaffen wird. Watchman Nee hat es einmal so formuliert, daß die Gemeinde aus der verwundeten Seite Jesu geschaffen wurde in den drei Tagen bis zur Auferstehung, in denen er in der Grabhöhle lag.[16]

Paulus bezieht sich noch einmal auf 2 Mose 2, wenn er die Männer auffordert, Vater und Mutter zu verlassen und an ihrer Frau zu hängen und „die zwei werden ein Fleisch sein. Dieses Geheimnis ist groß; ich deute es aber auf Christus und die Gemeinde" (V.31,32). Was beinhaltet dieses „große Geheimnis" aber nun? Wie weit können wir gehen in dem Vergleich zwischen der Beziehung Jesu zu seiner Gemeinde und der Beziehung zwischen Eheleuten? Paul Jewett beantwortet diese Frage so:

„Der Kern des Vergleiches ... ist nicht die Herrschaft, die Jesus Christus als Erlöser über die Gemeinde innehat – denn es ist doch eindeutig klar, daß Männer nicht Herren und Erlöser ihrer Frauen sind ... Es ist vielmehr das Element der Einheit, das uns hilft, das Geheimnis zu verstehen, welches hinter dem Vergleich verborgen

ist. Es ist die Henosis – d. h. das Einssein – die sowohl die Verbindung zwischen Christus und der Gemeinde als auch die zwischen Ehemann und Ehefrau auszeichnet, die ein Fleisch werden."[17]
Dieses Einssein gibt es nur aufgrund der Agape, der Liebe, wie sie auf Golgatha sichtbar wurde und zu der Paulus alle Gläubigen in Epheser 5,2 auffordert: „Und lebt in der Liebe, wie auch Christus uns geliebt hat und hat sich selbst für uns gegeben als Gabe und Opfer." Wir können nur dann bedingungslos lieben, wenn wir uns auf die gleiche Weise ganz hingeben. Agape beinhaltet, daß ich mich ganz auf die Liebe zum Ehepartner einlasse, egal ob er es verdient hat oder nicht.
Als Bob und ich vor über 20 Jahren auf den Philippinen ankamen und diese Art der Liebe unter den Christen dort vorfanden, waren wir sehr überrascht. Sie ignorierten meine Vorträge über Leitung und Hierarchie bei Frauenversammlungen und praktizierten stattdessen ganz selbstverständlich diese Liebe, in der sie ihr eigenes Leben für den anderen ganz einsetzten. Eine Frau, deren Mann vom Glücksspiel nicht loskam, versuchte einmal, mir ihre Einwände gegen diese ihrer Meinung nach fremden Theorien zu verdeutlichen. Zuerst nannte ich sie rebellisch – aber dann flößte sie mir doch Respekt ein als ich mitbekam, wie sie ihrem Mann immer wieder vergeben konnte, und wie sie wirklich treu zu ihm hielt.
Von den Filipinos lernten wir auch viel darüber, wie man Entscheidungen treffen kann. Ich entdeckte, daß zwei Menschen denselben Auftrag von Gott empfangen und dasselbe Wort hören, wenn sie wirklich auf dieselbe Stimme hören. Dadurch entdeckten Bob und ich, wie gut es ist, eine doppelte Verbindung zu Gott zu haben. Wenn wir bei bestimmten Fragen an Gott verschiedene Antworten bekamen, dann wußten wir, daß noch nicht alles geklärt war und daß wir noch weiter beten sollten, bevor wir eine Entscheidung trafen. Und wenn wir dieselbe Antwort bekamen, dann bestätigte sich darin Gottes Wille für uns, denn wir hatten ja dieselbe Stimme gehört.
Es war wirklich ein Schock für mich, als mir kurz nach unserer Rückkehr in die Vereinigten Staaten zwei Pfarrersfrauen sagten: „Bei uns ist es gar nicht nötig, alles erst zu besprechen, denn mein Mann trifft ja sowieso alle Entscheidungen." Ich wußte, was sie meinten, denn ich hatte ja selbst einmal solche Prinzipien gelehrt. Ich bin so froh, daß Bob und ich nicht nur gelernt haben, vor wichtigen Entscheidungen miteinander zu sprechen und zusammen zu beten, sondern daß wir auch offen über Verletzungen und Mißverständnisse reden können. Durch diese Erfahrungen haben

wir das Geheimnis angebotener und empfangener Vergebung erkannt – es ist die Agape, die zwischen uns wirkt. Diese Art der Liebe kommt von Gott, und wir müssen sie in einem Willensakt annehmen, nicht nur gefühlsmäßig. Das wiederum erfordert ein hohes Maß an Verbindlichkeit und Hingabe.
Verständigung, Bekennen und Verbindlichkeit sind ein paar der Hinweisschilder auf dem Weg einer guten Ehe. Aber diese Hinweisschilder müssen im Licht der bedingungslosen Liebe zueinander stehen, die Gott uns jeden Tag neu schenkt. Wir haben schon vielen Freunden, die sich scheiden lassen wollten, gesagt, daß Agape eine Art der Liebe ist, die man nicht verliert, die nicht einfach verschwindet. Sie ist vielmehr immer da, so daß wir sie uns nehmen können. Aber manchmal wenden wir uns leider von diesem Angebot ab – dann gehen wir aus dem Licht in die Dunkelheit. Gott hat uns dazu aufgerufen, die Dunkelheit mit dem Licht der Frohen Botschaft zu durchdringen. Auf den Philippinen haben uns immer wieder Ehepaare fasziniert, die auf „radikale" Weise ihr Licht mit anderen Menschen teilten. Und ohne Ausnahme waren es diese Paare, die die glücklichsten Ehen führten. Von ihnen lernten wir den wichtigen Grundsatz, daß wir immer mehr zurückbekommen als wir anderen geben. Entgegen dem oft gegebenen Rat in Merkblättern zur „christlichen Ehe", daß wir uns zunächst auf uns selbst und die gegenseitige Erfüllung unserer Bedürfnisse konzentrieren sollen, haben wir die Erfahrung gemacht, daß unsere Verbindung immer stärker wurde, je mehr wir uns nach außen öffneten.
Heute sind wir Gott dankbar für seinen Plan für die Ehe. „Was Gott zusammenfügt", das kann so lange halten, wie er uns die Agape schenkt, mit der wir einander lieben sollen. Bei jedem Schritt auf unserem Weg empfangen wir den Segen Gottes für unsere Ehe und unseren gemeinsamen Dienst. Wir sind so dankbar dafür, daß diese Gnade wirklich handfest spürbar ist und daß Bob und ich uns sowohl gute Freunde als auch Liebende sein können. Und sowohl als Freunde als auch als Liebende lernen wir es immer besser, uns an den einen zu wenden, der unsere erste Liebe ist, um ihn zu loben, zu preisen und anzubeten. Die schönsten gemeinsamen Augenblicke erleben wir in der gemeinsamen Anbetung des Gottes, der uns geschaffen hat, der uns erlöst hat und der uns ins „wiedergewonnene Paradies" führt.

Kapitel 12: Wenn Jesus der Herr im Haus wird

Als ich von unserem Missionsdienst auf den Philippinen zurück in die Vereinigten Staaten kam, fiel mir auf, daß in vielen Predigten betont wurde, doch zu heterosexuellen Beziehungen zurückzukehren. Eine gängige Annahme in Amerika ist nämlich, daß eine starke Vaterfigur homosexuellen Neigungen bei den Kindern entgegenwirkt. Deshalb hatte der Vater in der Familie eine herausragende Rolle.

Natürlich konnte ich der Unantastbarkeit des Ehebundes nur zustimmen, aber ich war erstaunt über Äußerungen wie: „Wir sind erst gesegnet, seit ich meinen Mann wirklich als Haupt der Familie anerkannt habe." Ich wartete dann oft darauf, daß die entsprechende Frau auch noch etwas über den Segen sagen würde, den Christus als Herr des Hauses ihnen schenke, aber darüber wurde nie etwas gesagt. Und schließlich fing ich an zu fragen: „Was ist hier eigentlich mit Jesus passiert?" Es schien so, als hätten die Männer Jesus Christus aus dem Leben ihrer Frauen verdrängt.

Während ich versuchte, dieses Rätsel zu lösen, hatte ich plötzlich das Bild eines Filipino-Dorfes vor Augen. Die Häuser waren sehr klein, aus Holz oder Bambus gebaut, sie waren sauber gefegt und von Bougainvillea in allen Farbschattierungen umgeben. Ich ging die saubere, ungepflasterte Straße entlang und warf hier und da einen Blick in die Häuser hinein durch offenstehende Türen oder Fenster, in denen handgehäkelte Gardinen im Wind wehten. In jedem Haus, das aller Welt mitteilen wollte, daß dort Christen lebten – und es waren viele – stand folgender Spruch an der Wand: „Jesus Christus ist der Herr dieses Hauses, ein unsichtbarer Gast bei jeder Mahlzeit, ein schweigender Zuhörer bei jedem Gespräch."

Als ich mich an diesen Spruch erinnerte, rief ich in der Buchhandlung bei uns am Ort an und fragte, ob dieser Spruch in den Vereinigten Staaten noch als Poster, Plakette oder in sonst einer Form erhältlich sei. Daraufhin erhielt ich als Antwort: „Ach ja, vor Jahren gab es das einmal, aber wir haben ihn schon sehr lange nicht mehr vorrätig." Ich fragte mich, wie lange es wohl schon her war, daß eine meiner evangelikalen Schwestern Jesus Christus zum Herrn des Hauses erklärt hatte.

Das war mein erster Kulturschock, als ich in die Vereinigten Staaten zurückkam. Der zweite folgte schnell, als ich die University of Minnesota besuchte. Dort entdeckte ich nämlich, daß meine „Schwestern" in den Gesellschaftswissenschaften in erster Linie mit dem Machtkampf zwischen Männern und Frauen beschäftigt waren, während ich mir Sorgen darüber machte, daß Ehemänner immer häufiger Jesus Christus ersetzten. Nun wurde das Heim als eine der Bastionen männlicher Vorherrschaft heftig angegriffen. Ich hörte mir die Argumente beider Seiten an und sehnte mich danach, die christliche Botschaft weiterzusagen, daß nämlich Jesus Christus sowohl den Männern als auch den Frauen eine neue Identität gegeben hat, als er am Kreuz starb. Das ist eine gute Nachricht für das Heim jeder Familie. Weil Mann und Frau am Kreuz wirklich gleich geworden sind, sollten sie jeden Tag dorthin zurückgehen, ihre Abhängigkeit von der Gnade Gottes bekennen und Jesus Christus als dem Herrn über ihr Heim und ihre Familie ihre Liebe erklären.

Das ist der Kern des Christentums, und genau darin liegt das Geheimnis einer glücklichen Familie. Unsere Hoffnung und unser Glaube müssen auf die Person Christi gerichtet sein und nicht auf irgendwelche geistlichen Strukturen. Es mag ja sein, daß das patriarchalische System in manchen Familien funktioniert, weil es zu deren kulturellem Erbe gehört, aber es ist niemals eine Struktur, die eine Familie oder ein Heim christlich macht. Ein Heim ist nur dann christlich, wenn Jesus dort lebt, und wenn die Familie sein Gebot, einander zu lieben und die Armen und Unterdrückten auf der Welt zu lieben, für sich angenommen hat.

Wir werden noch auf einige Hindernisse eingehen, die es verhindern, daß Jesus unsere Familien christlich macht. Wir werden auch die Frage stellen, wie wir es lernen können, die Menschen zu lieben, die in Not sind, aber nicht zu unserer Familie gehören. Die Antwort auf diese Frage ist nicht nur auf Familien anwendbar, sondern auch auf das Heim unverheirateter Menschen wie zum Beispiel das von Maria, Martha und Lazarus, das Jesus so gerne besuchte (wir wissen über diesen Haushalt und das, was dort vor sich ging, wohl mehr als über jeden anderen Haushalt, den Jesus besuchte; vgl. Lk 10,38-42; Joh 11,1-45; 12,1-8). Weil jedoch die meisten Haushalte aus Erwachsenen und Kindern bestehen, werden die meisten Probleme, die wir erörtern wollen, auf die Beziehungen zwischen diesen Menschen ausgerichtet sein.

Wer ist der Boß?

Stellen wir uns doch einmal vor, Jesus würde an die Tür jedes christlichen Haushalts klopfen – welche Faktoren sind es, die den doch eigentlich simplen Vorgang, ihn einzulassen und ihn zum Herrn des Hauses zu machen, so verkomplizieren? Weil wir in einer realen Welt leben, ist es sehr schwierig, alle anderen Stimmen, die an unser Ohr dringen, abzuschalten und nur auf den zu hören, der da anklopft. Es gibt nur wenige Haushalte, die von dem gegenwärtigen Hick-Hack des Machtkampfes zwischen den Geschlechtern nicht betroffen sind.

Weil wir im Zeitalter des Kampfes um die Gleichberechtigung leben, haben wir miterlebt, wie der Kampf immer hitziger wurde. Und das Schlachtfeld ist nicht selten die Familie. Jede Partei hat ihre Fans, die sie anfeuern. Die konservative Kirche und die Traditionalisten feuern gemeinsam an und rufen: „Männer – seid wirkliche Männer. Gebt nicht nach. Gott ist auf eurer Seite ... eurer Seite ... eurer Seite."

Und auch die Frauenbewegung hat Leute, die sie anfeuern. Sie rufen noch lauter und eindringlicher: „Frauen, jetzt seid ihr mal dran. Gebt nicht den Boden wieder auf, den ihr schon gewonnen habt. Seid standhaft ... seid standhaft ... seid standhaft."

Kinder, die in christlichen Familien aufwachsen, stehen im Kreuzfeuer zwischen den beiden Fronten. Kein Wunder, daß sie oft verwirrt sind. Das Ganze wird noch komplizierter, weil ja sowohl die Mutter als auch der Vater während dieses Kampfes Identitätskrisen durchmachen. Oft hat der Mann gelernt, daß seine Identität davon abhängt, daß er der Herr im Haus ist, während seiner Frau immer wieder eingetrichtert wird, daß sie aus dem patriarchalischen System der Vergangenheit ausbrechen muß.

Viele Ehemänner und -frauen haben sich heutzutage auf ein Hick-Hack eingelassen, bei dem mal der eine, mal der andere durch immer neue Slogans die Oberhand gewinnt. Ich hatte diese Gegebenheiten ungefähr ein Jahr lang nach meiner Rückkehr in die Vereinigten Staaten beobachtet, als ich eine dritte Kraft entdeckte, die dem besagten Hick-Hack noch eine besondere Würze verleiht. Ich entdeckte nämlich einen kleinen Kobold, der mal auf die eine mal auf die andere Seite sprang und so das Gewicht mal zugunsten der einen, dann wieder zugunsten der anderen Seite verschob. Während ich das Treiben dieses Kobolds nun etwas genauer beobachtete, wurde mir langsam klar, daß viele Familien in Wirklichkeit weder vom Mann noch von der Frau geführt werden. Stattdessen bestimmt besagter kleiner Kobold, was getan wird. Jesus hat den Kobold Mammon genannt und ihn als unvereinbar mit Gott erklärt: „Ihr könnt nicht Gott dienen und dem Mammon" (Mt 6,24).

Währenddessen singt die Welt fröhliche Liedchen über den Kobold. „Money makes the world go round", heißt es in einem bekannten Lied von John Kander und Fred Ebb. Dollars und Mark, Yen und Pfund, alle haben „den schönen, hellen Klang."[1] Ein hörbares Symbol dafür, daß das Geld unsere Aufmerksamkeit bekommt und bald unser Leben regiert.

Ein Weg, auf dem das Geld unser Leben in Gang hält ist die Art, wie es verwendet wird, um das Familienleben in Schwung zu halten. Ein Mann zum Beispiel kann meinen, seine Männlichkeit hinge davon ab, daß er der Boß im Haus ist. In seinen Bemühungen, anerkannt zu werden, kann er ganz leicht dazu verführt werden, bei dem besagten Kobold Hilfe zu suchen. Denn schließlich bedeutet in dieser Welt Geld in der Regel auch Macht. Und warum sollte man eigentlich nicht diese Macht dazu benutzen, das schwankende patriarchalische System ein wenig zu stützen? Ich habe viele ernstzunehmende Männer erlebt, die versuchten, ihr Selbstwertgefühl sowohl vor der Familie als auch in ihrem Freundes- und Bekanntenkreis durch Geld zu heben. Wenn man diese Macht so einsetzt, dann wird sie ganz leicht ein Ersatz für die Suche nach dem wahren Ich in der Beziehung zu Jesus Christus.

Und Frauen gehen im Grunde in dieselbe Falle, weil sich immer mehr Familien dem Trend, zwei Gehälter pro Familie zu haben, anschließen. Der Kobold hat ihnen eingeflüstert, sie kämen mit einem Gehalt nicht aus. Manche Frauen werden von ihren Männern aufgefordert mitzuarbeiten, andere arbeiten unter dem heftigen Protest ihrer Männer. Viele Frauen halten sich für wertlos, solange sie sich nicht am Wettbewerb auf dem Arbeitsmarkt beteiligen. Radikale verstärken diese Haltung, indem sie Frauen immer wieder daran erinnern, daß jede Beschäftigung sinnlos ist, mit der man kein Geld verdienen kann.

In einem Comic mit dem Titel Equal Rights Monitor (Gleichberechtigungs-Monitor) wird eine Frau im Gespräch mit einer anderen gezeigt. Sie sagt: „Ich verbringe meine Tage damit, Badewannen und Toiletten zu putzen, meine Stellung als Frau entspricht der eines kriechenden Wurms... Aber wenn ich in der Fabrik als Näherin arbeite, dann sorge ich als feministischer Star für Schlagzeilen ... Was macht den Unterschied, daß dieselbe erbärmliche Arbeit entwürdigend ist, wenn man sie zu Hause macht und ehrenvoll, wenn man sie als Beruf ausübt?"

Und die Antwort auf die Frage besteht nur aus einem Wort: „Geld!"[2]

Hausarbeit und ehrenamtliche Tätigkeit werden so abgewertet, daß selbst reiche Frauen dem Geld hinterherjagen, um ihr Selbstwertgefühl zu erhalten. Stellen Sie sich nur einmal vor, wie ein Kind geprägt wird, dessen Eltern versuchen, ihr Selbstwertgefühl und die Wertschätzung des Partners an der Höhe ihrer Gehaltsabrechnung zu messen!

Im Gegensatz dazu hat Jesus gesagt: „Denn wer sein Leben erhalten will, der wird's verlieren; wer aber sein Leben verliert um meinetwillen, der wird's finden. Was hülfe es dem Menschen, wenn er die ganze Welt gewönne und nähme doch Schaden an seiner Seele? Oder was kann ein Mensch geben, womit er seine Seele auslöse?" (Mt 16,25-26). Indem sie dem Kobold dienten, haben manche Eltern nicht nur ihre wahre Persönlichkeit verloren, sondern auch ihre Kinder. Während der Proteste in den sechziger Jahren schrien Kinder ihren Eltern ins Gesicht, daß sie deren materialistische Weltanschauung satt hätten. Heute sind viele dieser protestierenden Kinder selbst Eltern. Es geschieht nur zu leicht, daß Eltern versuchen, ihren Kindern Sicherheiten aus Holz, Heu und Stroh zu bauen statt aus Gold, Silber und Edelsteinen (1 Kor 3,12).

„Ich habe das Schwimmbad gebaut, um die Kinder zu Hause zu halten", gestand mir ein reicher Arzt. Eins der Kinder hatte mir aber schon prophezeit, es sei schon mehr als ein Schwimmbad nötig, um die Familie wieder zusammenzubringen.

Andere Eltern bauen Kellerräume aus, damit die Band des Sohnes dort proben kann, oder sie kaufen Ferienhäuser, wohin die Kinder in den Schulferien Freunde einladen können. Andere Eltern sind darauf aus, ihre Kinder von bestimmten Freunden wegzuhalten und unternehmen großartige Auslandsreisen mit ihnen. Und während all dieser Anstrengungen werden die wahren Werte der Liebe, der Freude und des Friedens – das Gold, das Silber und die Edelsteine des Lebens – vergessen.

Die erste Warnung vor dieser Gefahr erhielt ich im Wochenbett nach der Geburt unseres ersten Kindes in Chicago. Die hübsche junge Frau im Bett neben mir erzählte: „Meine Mutter hat immer mitgearbeitet – solange ich denken kann. Sie hatte nie Zeit für mich." Das interessierte mich. Weil ich mir so sehr wünschte, dem neugeborenen Kind ein gutes Zuhause zu bieten, war dies ein Thema, über das ich gerne reden wollte.

Sie erzählte weiter: „Meine Mutter hatte lange Dienstzeiten, und sie hatte auch eine ungewöhnliche Arbeitszeit als Kellnerin. Sie kaufte mir schöne Kleider, Unmengen von Spielzeug und schließlich sogar ein Pferd. Ich hatte wirklich alles, außer dem, was ich mir am allermeisten wünschte. Ich wünschte mir nämlich immer, sie hätte einmal genug Zeit, um mich überhaupt zu bemerken."

Das „arme kleine reiche Mädchen" ist immer schon das Kind gewesen, das alles und doch nichts hat, egal, ob die Mutter arbeiten geht oder zur High Society gehört. Ihr fehlt die Liebe der Eltern, die durch erfüllte gemeinsame Zeit ihren Ausdruck findet. Es kommt auch oft vor, daß eine Mutter nicht arbeitet und trotzdem keine Zeit für sie hat. Und natürlich gibt es auch arbeitende Mütter, die ihrem Kind abends und an den Wochenenden genügend Zeit widmen. Dies soll kein Angriff gegen arbeitende Mütter sein, sondern eine Untersuchung der Gründe für das Motiv der Berufstätigkeit. Hat der Kobold seine Hand im Spiel?
Gläubige Mütter können unbeabsichtigt dazu beitragen, daß die Familie von dem Kobold bestimmt wird anstatt von der Ordnung Jesu Christi. Wenn die Werte einer Familie am Geld festgemacht sind, dann wird auch die Erhaltung eines patriarchalischen oder gleichberechtigten Systems ihrem Leben keine bessere Qualität bescheren. Jesus Christus ist die einzige vereinigende Macht, die Menschen so verändern kann, daß sie ihr wahres Ich finden. Und in dem Prozeß, der dorthin führt, werden sie Teilhaber am Wesen Gottes, der Liebe.
Das ist die umwälzendste Wertverschiebung, die es gibt. Und wenn die Tür zur Veränderung erst einmal offen ist, dann wird das Herz jedes Familienmitglieds zur Liebe bereit werden und sich auch Menschen außerhalb der Familie zuwenden.

Wenn Jesus Christus der Herr im Haus ist

Wenn Jesus wirklich der Herr ist, dann wird vieles anders. Die größte Veränderung erfährt aber der Bereich unseres Wertesystems. Genauso wie ein Hund das Interesse an einem Knochen verliert, wenn ihm ein saftiges Steak angeboten wird, so entdeckt der Christ die Wertlosigkeit materieller Güter, wenn ihm das Abenteuer angeboten wird, mit den Armen und der unterdrückten Welt zu teilen. Selbst wenn wir sparsam leben und etwas für die Familie zurücklegen, gelingt das nicht – wenn wir nicht außerdem von dem, was wir haben, etwas beitragen zum Wohl der Familie Gottes. Die Kernfamilie ist nicht mehr an den kurzsichtigen Blick eines Patriarchen und seiner Sippe gebunden, sondern wir können unser Blickfeld erweitern, weil Jesus jetzt das Haupt ist.
Jetzt dürfen wir für die große Familie Gottes auf der ganzen Welt sparen, deren meiste Mitglieder arm sind. Eine solche Sichtweise widerspricht nicht nur der der Materialisten, die Reichtümer anhäufen, sondern auch der solcher Menschen, die Bescheidenheit um ihrer selbst willen predigen. Wir kennen sicher alle Menschen,

die sehr einfach leben, um dadurch ein selbstgestecktes Ziel zu erreichen. Die Armen profitieren jedoch in keiner Weise von deren reduziertem Lebensstandard. Wenn Jesus uns auffordert, unseren Lebensstil zu verändern, dann profitieren die Armen davon. Wir haben ein Ziel, für das wir unsere Etats kürzen, unsere Kleiderwünsche beschränken und auf technischen Schnickschnack verzichten. Wir wollen gegen den Feind kämpfen, der hinter aller Unterdrückung und Armut dieser Welt steckt. Wenn es keine Reichen gäbe, die unterdrücken, dann gäbe es keine Unterdrückten. Während sich die Reichen nun der Herrschaft der Götzen dieser Welt beugen, werden sie immer reicher und die Armen immer ärmer. Jesus nimmt auf, was die Propheten im Alten Testament begannen, als er sagt: „Selig seid ihr Armen, denn das Reich Gottes ist euer ... und dagegen: Weh euch Reichen! ... Selig seid ihr, die ihr jetzt hungert ... Weh euch, die ihr jetzt satt seid! ... Selig seid ihr, die ihr jetzt weint ... Weh euch, die ihr jetzt lacht! Weh euch, wenn euch jedermann wohl redet! Denn das gleiche haben ihre Väter den falschen Propheten getan" (Lk 6,20.24.21a.25.21b.26).

Einige der Menschen, die dieser Rede Jesu zuhörten, hatten auch schon den Aufruf zur Buße von Johannes dem Täufer gehört „Was sollen wir denn tun?" fragten sie Johannes.

Er antwortete ihnen: „Wer zwei Hemden hat, der gebe dem, der keines hat; und wer zu essen hat, tue ebenso" (Lk 3,11). Aber was sollen wir tun in den reichen Industrienationen, die regelrecht modebesessen sind? Vielleicht können wir einen Anfang machen, indem es uns nicht mehr peinlich ist, immer dasselbe festliche Kleid zu tragen, wenn wir zur Kirche oder zu einer Party gehen. Woher kommt eigentlich diese Regel, nach der wir für jede besondere Gelegenheit etwas Neues zum Anziehen brauchen? Vielleicht sollten wir es uns angewöhnen, uns in einem Geschäft vor dem Zücken des Portemonnaies zu fragen: „Brauche ich das wirklich, oder sollte das Geld lieber jemand bekommen, der Hunger hat?"

Die nächste Frage, die sich daraus ergibt: Wie kann man Kinder mit dieser Denk- und Sichtweise vertraut machen? Das geht wohl nur, indem wir mit gutem Beispiel vorangehen. Mein Mann zum Beispiel wird wohl nie das Jahr seiner Kindheit vergessen, in dem sein Vater keinen neuen Anzug kaufte, obwohl sein alter Sonntagsanzug schon ganz fadenscheinig war. Das Geld wurde stattdessen der Mission gespendet. In seinem Buch *Rich Christians and World Hunger* (Der Weg durchs Nadelöhr – Reiche Christen und Welthunger; Aussaat Verlag Neukirchen-Vluyn) fordert Ron Sider Christen zu solcher Haltung auf: „Wenn nur ein Bruchteil der

amerikanischen und europäischen Christen damit anfingen, die biblischen Grundsätze des Teilens der Güter innerhalb des Volkes Gottes zu praktizieren, dann würde die Welt aus dem Staunen nicht herauskommen."[3]
Wenn wir aber mehr Besitz anhäufen als wir brauchen, dann sind wir wie die Menschen im Alten Testament, die das Manna horteten. Plötzlich wurde aus dem Segen der Fürsorge Gottes ein Fluch. Das Manna, das sie gehortet hatten, begann zu stinken (2 Mose 16,1-20). Wollen wir Häuser, in denen es stinkt oder solche, in denen Jesus Christus der Herr über unser Leben und über unsere Bankkonten ist?
Wenn Jesus das Haupt unserer Familien werden soll, dann müssen wir uns über die Prioritäten in unserem Leben klar werden. Wir müssen gemeinsam das Wort Gottes lesen, und wenn wir das tun, dann werden uns sicher Bereiche auffallen, in denen es darum geht, uns in Liebe den anderen zuzuwenden (z. B. Mt 25,31-46; Lk 10,25-37; Apg 2,42-47; 4,32-37; 11,27-30; und der Jakobusbrief).[4]
Danach können wir dann versuchen, einiges von dem, was wir über Prioritäten erfahren haben, in die Tat umzusetzen. Vielleicht wird sich unser Lebensstil dadurch verändern, daß wir aufs Eisessen verzichten oder auf Kaffee. Vielleicht werden wir uns um ausländische Mitbürger kümmern oder ein Pflegekind aufnehmen. Menschen, egal ob Kinder oder Erwachsene, die nie mit Leuten zu tun hatten, die „anders sind als wir", sind wirklich arm dran. Gott wird uns reich beschenken, wenn wir die Armen und die Fremden in unsere Familien hereinlassen.
Ein offenes Haus zu haben bedeutet aber mehr, als die körperlichen Bedürfnisse derjenigen zu befriedigen, die in Not sind. Wenn wir eine vertrauensvolle Beziehung zu jemandem von ihnen aufgebaut haben, dann ist es der größte Reichtum, diesem Menschen von unserem Leben mit Jesus Christus zu erzählen. Aus diesem Grunde schrieb Paulus:
„Denn die Liebe Christi drängt uns, zumal wir überzeugt sind, daß, wenn einer für alle gestorben ist, so sind sie alle gestorben..., damit die, die da leben, hinfort nicht sich selbst leben!... Darum: Ist jemand in Christus, so ist er eine neue Kreatur, das Alte ist vergangen, siehe, Neues ist geworden. Aber das alles von Gott, der uns mit sich selbst versöhnt hat durch Christus und uns das Amt gegeben hat, das die Versöhnung predigt" (2 Kor 5,14-15; 17-18).
Wenn wir erst einmal den Weg der Versöhnung mit Gott entdeckt haben, dann drängt uns die Liebe dazu, auch andere auf diesen Weg

aufmerksam zu machen. Es gibt in unserer Umgebung vielleicht Frauen, die genau unter dieser Armut und Ungerechtigkeit zu leiden haben, die wir besprochen haben. Oder vielleicht sind sie isoliert von denen, die sie lieben, weil es an Versöhnung, an Agape mangelt.
Solche Einsamkeit mit den daraus entstehenden Konflikten kann zu Nervenzusammenbrüchen und zu Scheidungen führen. Als mit Gott versöhnte Kinder können wir diesen Menschen die gute Nachricht von Gottes bedingungsloser Liebe für sie bringen.
Unser liebevoller Herr hat Menschen immer in ihrer Gesamtheit als Personen betrachtet. Er hat nie die seelischen und körperlichen Bedürfnisse getrennt gesehen, wie wir das manchmal tun. Den Menschen, die zu ihm kamen, um ihn zu hören, gab er Brot, wenn sie hungrig waren – Brot um den körperlichen Hunger zu stillen und das Brot des Lebens. Er heilte den Gelähmten und sagte zu ihm: „Dir sind deine Sünden vergeben." Können wir es uns leisten, diejenigen, die in unsere Häuser und Herzen kommen, mit weniger abzuspeisen?
Jesus ruft uns dazu auf, so zu lieben, wie er geliebt hat. Deshalb kann ein offenes Haus, in dem Jesus der Herr ist, ein Ort des Heilwerdens sein. Viele Frauen haben die Erfahrung gemacht, daß Menschen sich der Liebe Gottes leichter öffnen, wenn sie davon in der angstfreien Atmosphäre eines gemütlichen Wohnzimmers erfahren. Vielleicht würden dieselben Menschen niemals freiwillig eine Kirche betreten und würden es als plumpe Vertraulichkeit auffassen, wenn ihnen ein Fremder von Gott erzählt.
Aber eine Tasse Kaffee und gemeinsames Bibellesen bei der Nachbarin ist etwas ganz anderes, weil die Menschen dort die Liebe hinter allem spüren können.
In der Apostelgeschichte lesen wir: „Und sie waren täglich einmütig beieinander im Tempel und brachen das Brot hier und dort in den Häusern, hielten die Mahlzeiten mit Freude und lauterem Herzen und lobten Gott und fanden Wohlwollen beim ganzen Volk. Der Herr aber fügte täglich zur Gemeinde hinzu, die gerettet wurden" (Apg 2,46-47). Ob wohl Nachbarn, Verwandte und Freunde manchmal einfach bei den Christen vorbeischauten, um zu sehen, was dort vor sich ging?
Wir müssen heute wieder damit beginnen, als Christen gemeinsam in unseren Häusern zu essen und das Evangelium zu verkünden. Nur wenn unsere Häuser wie helle Leuchttürme für den Herrn sind, wird die Welt um uns merken, daß die Herrschaft über unser Haus in den richtigen Händen liegt.

Kapitel 13: Den Glauben weitergeben

Nachdem ich meine Schulzeit in einem britischen Internat in China verbracht hatte, das über viele Bedienstete zum Putzen von Fußböden und Schuhen verfügte, war ich kaum in der Lage, mir während meines Studiums Geld mit Putzen zu verdienen. Weil ich aber Geld brauchte, um meine Studiengebühren bezahlen zu können, begann ich, für eine reiche Prominente in Chicago zu arbeiten, die am Samstagmorgen immer gerne die Oper im Rundfunk hörte. Jedesmal wenn die Musik über den Äther kam, zitterte Mrs. Hutton vor Aufregung und unterbrach mich beim Putzen, um mit mir über die Oper zu sprechen, die gerade gesendet wurde. Um ihr zu gefallen, beschloß ich, im voraus die Zeitung zu lesen, damit ich die jeweilige Geschichte am betreffenden Tag schon kannte. Mrs. Hutton war überglücklich, daß sie jemanden gefunden hatte, der ihre Begeisterung für die Art von Musik teilte, die sie so liebte.

Eines Samstags jedoch hatte sie keine Zeit für die Oper, weil sie zu irgendeiner Wohltätigkeitsveranstaltung mußte. Im Hinausgehen rief sie mir noch die Anweisungen für den Tag zu: „Sie finden das Wachs für den Küchenfußboden in einer Essigflasche im Keller."

Ich durchsuchte den ganzen Keller mehrmals nach einer Flasche, die etwas enthielt, was meiner Vorstellung von Wachs entsprach – allerdings ohne Erfolg. Es standen dort einfach zu viele Essigflaschen, von denen jede eine mir unbekannte Flüssigkeit enthielt. Schließlich entschied ich mich für eine rosafarbene Substanz, die allerdings nach dem Verteilen auf den Fußboden absolut nicht glänzen wollte. Aber woher sollte ich denn wissen, welch merkwürdige Formen von Wachs es gab?

Ich dachte nicht mehr an das „Wachs", bis mir eine vorwurfsvolle Mrs. Hutton am folgenden Samstag die Tür öffnete: „Wissen Sie, daß ich auf Knien – und das mit meiner schrecklichen Arthritis – die Silberputzpaste vom Fußboden kratzen mußte? Wissen Sie etwa wirklich nicht, wie Bohnerwachs aussieht?"

Weil ich weder meine Unwissenheit zugeben, noch lügen wollte, murmelte ich eine Entschuldigung dafür, daß ich ihr solchen Kummer gemacht hatte. Ich suchte noch nach einem höflichen Satz, der das Gespräch abschließen sollte, als Mrs. Huttons Laune sich ganz plötzlich änderte.

„Ich werde Sie aber trotzdem nicht entlassen", erklärte sie mit Bestimmtheit. „Offensichtlich sind Sie für Hausarbeit unbrauchbar, aber ich habe samstags gerne einen intelligenten Menschen um mich, mit dem ich über die Oper sprechen kann." Ich blickte sie erstaunt an, und dann verstand ich: Sie war einsam und sehnte sich nach jemandem, mit dem sie sprechen konnte. Ich war in ihre kleine Welt eingetreten und war ein Teil davon geworden, und sie wollte ihre neue Freundin nicht schon wieder verlieren. Ohne es zu wissen, hatte ich mich jemandem im Ort zugewandt, der einsam und deshalb in Not war.

Wir haben die einsamen Reichen wie Mrs. Hutton und die einsamen Armen. Diejenigen, die vernachlässigt sind, können alleinstehend oder verheiratet sein – zum Beispiel kann es ein Ehepaar sein, das darum kämpft, daß die Familie nicht auseinanderfällt und das den Eindruck hat, es kümmere sowieso niemanden. Dann gibt es die einsamen Kranken und die noch einsameren ausländischen Menschen. Die Liste könnte endlos fortgesetzt werden! Wie kann eine Frau, die an Gott und seine Liebe glaubt, in der Sicherheit ihres Zuhauses bleiben und diese Nöte einfach ignorieren? Eine Frau, die sich Jesus Christus verpflichtet weiß, wird einfach den Drang empfinden, auch außerhalb ihres Familienkreises die Liebe Gottes weiterzugeben. Durch ihren Beruf oder ehrenamtliche Tätigkeit haben Frauen die Möglichkeit, unter den Einsamen, den Verletzten und denen, die Not leiden, zu wirken, indem sie die Gaben nutzen, welche Gott ihnen geschenkt hat. So können sie Menschen werden, die Veränderung bewirken, die das Heil Gottes weitervermitteln und so wegweisende Funktion in einer verletzten Welt haben.

Es gibt aber verschiedene Hindernisse für Frauen, sich über ihren eigenen familiären Rahmen hinaus auf andere zuzubewegen. Wir wollen diese Hindernisse ein wenig genauer betrachten und uns Gedanken darüber machen, auf welche Weise Gott sich den Einsatz von Frauen für andere Menschen wünscht.

„Die Frau gehört ins Haus"

Der Slogan „Die Frau gehört ins Haus" ist für viele Frauen ein ganz wesentliches Hindernis zur Kontaktaufnahme mit Menschen außerhalb der Kernfamilie geworden. An besagtem Slogan ist jedoch absolut nichts Christliches. Aber man vertritt diese Meinung wohl in vielen Teilen der Welt. Als meine Schwägerin als Missionarin gerade nach China gekommen war, kam eine freundliche Chinesin zu ihr und ihrem Baby ins Haus, um ihr zu helfen und ihr Gesellschaft zu leisten. In ihrem noch sehr holprigen Chinesisch stellte meine Schwägerin der Frau ein paar Fragen über die gewickelten Füße, die viele Frauen in China immer noch hatten. „Ach, das wollen die Männer so, damit wir uns nicht zu weit vom Haus

entfernen können. Sie wollen nicht, daß wir etwas mit dem Leben außerhalb des Hauses zu tun bekommen", war die schlichte Antwort. Vielleicht wollte sie damit auch nur das chinesische Sprichwort umschreiben, das lautet: „Füße werden nicht gewickelt, um sie schön zu machen wie einen geschweiften Bogen, sondern um die Frauen zu behindern, wenn sie das Haus verlassen."[1]
Ich erinnere mich noch an meine Neugier als Kind in China. Während eines Gespräches mit einer Chinesin, die ich sehr gern mochte, bat ich sie, sie solle mir doch einmal ihre Füße zeigen. Und ich stand ehrfürchtig vor ihr, während sie die Bandagen abwickelte. Ihr Fußstumpf war nicht mehr gewachsen, seit man ihn in ihrer Kindheit mit Hilfe von Draht und Bandagen zusammengebunden hatte, damit er klein bliebe und sie zu Hause bliebe. Der Dozent einer Bibelschule fragte mich einmal, nachdem ich bekräftigt hatte, diese Praxis des Fußwickelns sei heidnisch: „Ja, sind Sie denn nicht der Ansicht, daß eine Frau ins Haus gehört?"
„Natürlich bin ich der Ansicht, wenn es dort Menschen gibt, die sie brauchen", antwortete ich. „Aber sie sollte nicht zu Hause bleiben, nur um zu Hause zu sein. Oder wären Sie dafür, daß Frauen zu Hause bleiben, um fernzusehen?"
Aber warum sagte Paulus dann den Frauen von Kreta, sie sollten zu Hause bleiben und Mann und Kinder lieben (Tit 2,4-5)? Die Kreter wurden als „Lügner, böse Tiere und faule Bäuche" bezeichnet (Tit 1,12). Es waren also wahrscheinlich Frauen unter ihnen, die ihr Zuhause und ihre Familie vernachlässigten. Wir haben ja bereits erwähnt, wie die verheirateten Frauen in der griechischen Kultur ausgeschlossen waren und daß sie kaum Gelegenheit hatten, außerhalb ihres Heims Kontakte zu knüpfen oder sich zu Hause mit ihren Männern zu verständigen. So wird doch verständlich, daß manche Frauen kein besonders starkes Verantwortungsgefühl für ihren Mann oder für ihr Zuhause hatten. Religiöse Feste waren für Frauen eine willkommene Gelegenheit, einmal aus dem Haus zu kommen und am Leben teilzunehmen. Wenn solche Frauen nun Christen wurden, dann betrachteten sie die Gemeindeversammlung zunächst oft als Gelegenheit, der Langeweile des Lebens im Haus zu entfliehen. Paulus legt diesen Frauen einen neuen Lebensstil nahe, in dem Gleichgültigkeit dem Heim und dem Mann gegenüber durch Liebe ersetzt wird.
Wenn Paulus in unserer Zeit lebte, vorausgesetzt, er hätte auch heute den Drang zu predigen, würde er dann nicht den Frauen dringend raten, ihre neue Stellung in der Gesellschaft von heute auszunutzen?

Anders als die Frauen damals können Frauen heute doch an Universitäten lehren, auf der politischen Bühne agieren und im Gerichtswesen tätig sein. Der große Apostel Paulus würde uns ganz sicher daran erinnern, daß wir in einer Epoche leben, die Christinnen enorme Möglichkeiten bietet, weil sie in der Gesellschaft als berufstätige und verantwortliche Bürgerinnen aktiv sein können, ohne die kulturellen Normen unserer Zeit zu verletzen.
Es gibt einen Pfarrer, der in seiner Gemeinde in Kalifornien jede Woche vor 7000 Menschen predigt, er sei fest davon überzeugt, daß die Frau auch heute noch ins Haus gehöre. Und er erzählt den Frauen: „Die Bibel sagt, Sie erhalten Ihre Identität durch Ihre Kinder und Ihre Familie ... so ist es immer gewesen ... die älteren Frauen lehren die jungen Frauen, wie man Mann und Kinder liebt und wie man einen Haushalt führt."[2] Dieser Mann zitiert eine Stelle aus dem Titusbrief und setzt alle anderen Gebote, die es für Männer und Frauen gibt, außer Kraft.
Im Gegensatz dazu war aber die verlorene Welt und nicht das Zuhause das Ziel des Missionsbefehls, den Jesus den Männern und Frauen gab, die Zeugen seiner Himmelfahrt waren.
Die letzten Worte Jesu überraschten die anwesenden Männer und Frauen nicht, denn sie kannten ja das Beispiel Jesu für den Dienst, das er ihnen gegeben hatte, während er mit seinen Jüngern und Jüngerinnen im Land umhergezogen war. All diese Männer und Frauen hatten ihr Zuhause verlassen, um die Gute Nachricht zu verbreiten (Lk 8,1-3). Und Jesus hatte diesen Männern und Frauen gesagt, daß sie ihren Glauben und ihre Identität nicht an vergänglichen Dingen dieser Welt festmachen dürften (und sogar Ehemänner, Kinder und berufliche Karriere sind vergänglich), sondern daß sie dem ewigen Schatz des Himmels nachjagen sollten.
Jesus hatte ihnen gesagt, daß es einen Interessenkonflikt zwischen Familie und Nachfolge gäbe:
„Wenn jemand zu mir kommt und haßt nicht ihren Vater, ihre Mutter, Mann und Kinder, Brüder, Schwestern und dazu sich selbst, die kann nicht meine Jüngerin sein ... so auch jede unter euch, die sich nicht lossagt von allem, was sie hat, die kann nicht meine Jüngerin sein" (Lk 14,26.33; Veränderungen d. Verf.).
In China fragte sich die Evangelistin Marie Monsen, ob Frauen wohl je so frei sein würden, daß sie Jesus Christus als ihrer ersten Liebe nachfolgen könnten. In den zwanziger Jahren schrieb sie:
„In den Gemeinden waren so wenig Frauen. Seit ewigen Zeiten waren die Frauen „nur" Hausfrauen gewesen, und sie waren es immer noch. 'Haus-Hälter' war das Wort, das in der Umgangsspra-

che für Frauen benutzt wurde. In der Stunde beteten wir aus tiefstem Herzen für die Frauen in China. Eine von uns hatte ein bestimmtes Wort von Gott:
'Der Herr gibt ein Wort – der Freudenbotinnen ist eine große Schar' (Ps 8,12) ... Und wir erlebten, wie dieses Wort erfüllt wurde. All die Unruhe, die durch ständige Angriffe von Banditengruppen verursacht wurde, zwangen die 'Haus-Hälter' Chinas aus den Häusern. Sie gewöhnten sich daran, sich im Freien zu bewegen und gesehen zu werden ... Christinnen hatten hier eine wunderbare Gelegenheit, heidnische Frauen zu treffen, die aus ihren geplünderten Häusern flohen, und sie konnten Zeugnis von Gott ablegen, indem sie den Frauen in ihrer Not beistanden. Als ich zum ersten Mal erlebte, wie aus der Unruhe die Erfüllung des Wortes wurde, das wir bekommen hatten, war das wirklich ein unvergeßlicher Anblick! Die Gemeinde war fünfmal so groß wie gewöhnlich und drei von fünf Menschen waren Frauen ... Politische Unruhen hatten tiefe Furchen in alte Traditionen und Vorurteile gepflügt."[3]
Manchmal frage ich mich, ob erst wieder ein Krieg kommen muß, um die moderne Christin der westlichen Welt aus dem Haus und ihrer Beschäftigung mit Haushalt und Hobbys heraus in eine kaputte Welt zu holen, die ihre Liebe und ihre Botschaft braucht. Ihr Heim ist wie ein Salzstreuer. Die Frage ist nur: Wie kann ihr Salz nun aus dem Streuer in die Welt gelangen?[4]
Als Jesus zu Männern und Frauen sagte: „Gehet hin in alle Welt und predigt das Evangelium allen Völkern", da meinte der Erlöser dieser Welt sowohl alle geographischen Orte dieser Welt als auch alle Bereiche dieser Welt – alle Berufungen und Berufe. Und diese Tür steht allen Frauen heute offen in einer Art, von der die Frauen in China in den zwanziger Jahren nicht zu träumen gewagt hätten. Aber anscheinend führt der Eintritt ins Berufsleben nicht automatisch zu einem fruchtbaren christlichen Zeugnis. Es gibt auch dann noch Hindernisse, die Frauen davon abhalten, ihre Gaben so gewinnbringend wie möglich für Jesus einzusetzen.

Hindernisse außerhalb des Zuhauses

Die falsche Vorstellung, daß der Lohn für eine Arbeit nicht in der Tätigkeit selbst, sondern in dem Geld liegt, das man dabei verdient, hat schon viele Frauen davon abgehalten, dem Ruf für eine ehrenamtliche Tätigkeit zu folgen, für die sie besonders begabt waren. Leider ist unsere Gesellschaft so sehr von materialistischen Werten durchsetzt, daß Frauen oft entmutigt werden, einen Beruf zu ergreifen, der sie wirklich fesselt, weil die Ausbildung zu lange und zu teuer ist und der spätere Verdienst zu gering. Und genau dasselbe Wertesystem hat eine weitere große Gruppe von Frauen veranlaßt, ehrenamtliche Tätigkeiten aufzugeben und stattdessen etwas zu suchen, „das sich lohnt", um die unausgefüllten Stunden des Tages zu überbrücken, in denen sie zu Hause nicht mehr gebraucht werden. Solange eine Frau ihre Arbeitsstunden lediglich als Zeit zum Geldverdienen betrachtet, widerspricht sie dem christlichen Grundsatz, daß alle Stunden des Tages Gott gehören und daß alles, was sie tut – indem sie die Gaben nutzt, mit denen der Schöpfer sie ausgerüstet hat – Gott als geheiligter Dienst angeboten werden kann. Viele moderne Christen denken nur am Sonntag christlich. Solange wie Gott in der Sonntagsschublade steckt, kann man den Rest der Woche den weltlichen Zielsetzungen widmen. Solche Grundhaltung verwässert das in Worten und Taten vorgebrachte Zeugnis von Christinnen in unserer Gesellschaft.

Woher kommt aber nun so eine Grundeinstellung? Vielleicht hatte C. S. Lewis den Schlüssel zu dieser Frage, als er *The Screwtape Letters* (Dienstanweisung an einen Unterteufel) schrieb. An einer Stelle lehrt Screwtape den Unterteufel, wie man einen neu zum Glauben gekommenen Menschen behandelt:

„So lange, wie der neue Christ seine innere Umkehr nicht in Taten umsetzt, ist es ganz egal, wie sehr er sich über seinen Schritt freut. Keine noch so intensive Frömmigkeit, die nur in seinen Gedanken vorhanden ist, kann uns etwas anhaben, solange wir dafür sorgen, daß sie seinen Willen nicht beeinflußt. Aktive Gewohnheiten werden durch Wiederholung verstärkt, aber passive Gewohnheiten werden immer schwächer. Je mehr der neue Christ fühlt, ohne zu handeln, desto weniger wird er in der Lage sein zu handeln, und auf lange Sicht wird er auch immer weniger fähig sein zu empfinden."[5]

Die Schlange hat das Ziel, Christen unempfänglich zu machen für die Anstöße des Heiligen Geistes und für die Hilferufe der Mitmenschen. Liebe zu Gott und Nächstenliebe gehören immer zusammen. Beides wird durch die Bemühungen der Schlange behindert, die Umkehr nicht zu einer Willenssache werden zu lassen und so die Christen zu Hörern des Wortes am Sonntag, aber nie zu Tätern des Wortes an den sechs Wochentagen werden zu lassen.

Das meinte Paulus, als er an die Römer schrieb:

„Ich ermahne euch nun ... durch die Barmherzigkeit Gottes, daß ihr eure Leiber hingebt als ein Opfer, das lebendig, heilig und Gott wohlgefällig ist. Das sei euer vernünftiger Gottesdienst. Und stellt euch nicht dieser Welt gleich, sondern ändert euch durch die Erneuerung eures Sinnes, damit ihr prüfen könnt, was Gottes Wille ist,

nämlich das Gute und Wohlgefällige und Vollkommene" (Röm 12,1-2).
Gottesdienst wird beschrieben als Unterwerfen des Willens – ich unterwerfe meinen Willen dem Willen Gottes an jedem Tag der Woche. Wir sind dazu geschaffen, nur einem Gott zu dienen, nur einen Gott zu loben, nur einen Gott zu lieben und anzubeten. Wenn diese Art der Beziehung Realität wird, dann wird jede Arbeit, die wir in der Welt tun, in geistlichen Gottesdienst verwandelt, und der Ruf einer Frau in einen bestimmten Beruf wird automatisch zu einem Ruf in den Dienst für Gott.

Gott durch den Beruf dienen

Auch an einer anderen Stelle verbindet Paulus Gottesdienst und Arbeit, nämlich als er an die Kolosser schrieb:
„Laßt das Wort Christi reichlich unter euch wohnen: lehrt und ermahnt einander in aller Weisheit; mit Psalmen, Lobgesängen und geistlichen Liedern singt Gott dankbar in euren Herzen. Und alles, was ihr tut mit Worten oder mit Werken, das tut alles im Namen des Herrn Jesus und dankt Gott, dem Vater, durch ihn" (Kol 3,16-17). Paulus spricht kurz darauf die Christen an, die die schwerste aller Aufgaben haben:
„Ihr Sklaven ... Alles, was ihr tut, das tut von Herzen, als dem Herrn und nicht den Menschen, denn ihr wißt, daß ihr von dem Herrn als Lohn das Erbe empfangen werdet. Ihr dient dem Herrn Christus" (Kol 3,22-24).
Wenn sogar Sklaven ihre Arbeit als Dienst für Gott betrachten durften, dann können die meisten von uns das sicher auch, selbst wenn sie sich in Situationen befinden, in denen sie den Stachel des Vorurteils spüren. Frauen werden, ähnlich wie die Sklaven damals, oft daran erinnert, daß sie zu den Schwachen der Gesellschaft gehören. Jede Frau muß sich solcher Einstellungen bewußt sein und dagegen ganz klar Position beziehen. Gleichzeitig soll sie den Geist des Dienens haben, wie er von Paulus am Beispiel der Sklaven beschrieben wird. Als Christen leben wir mit der Verheißung, daß dasselbe Evangelium, das dem Sklavenhandel den Todesstoß versetzte, auch Schluß machen wird mit den Ungerechtigkeiten, denen die Frauen auf dem Arbeitsmarkt begegnen. Gott sei Dank ist vor Gott „nicht Sklave noch Freier... nicht Mann noch Weib; denn ihr seid allesamt einer in Christus Jesus" (Gal 3,28).
Die meisten Christinnen haben aber mehr Schwierigkeiten mit ihrer eigenen inneren Einstellung in bezug auf den Beruf, als mit Vorurteilen von anderen Menschen. Einige solcher Einstellungen

sind von der Kirche gehegt und gepflegt worden, wenn Frauen sich um Perspektiven in ihrem Beruf bemüht haben. Die Studienzeit wird oft als die Lebensphase angesehen, in der man sich nach dem Mann fürs Leben umsieht und nicht als Zeit, in der man darauf vorbereitet wird, Gott und den Nächsten mit Hilfe des angestrebten Berufes zu lieben. Und es besteht immer die unausgesprochene Drohung, daß eine Frau ihre Weiblichkeit einbüßt, wenn sie ihren vorgegebenen Bereich (Haushalt, Kinderpflege, Unterrichten, Büroarbeit) verläßt.

Frauen werden dazu erzogen, ihre Fähigkeiten und Begabungen zu verbergen, und das muß zur Folge haben, daß viele dem Ruf Gottes zum Handeln nicht folgen. Weil ich auf Rüstzeiten viele Gespräche mit Frauen mittleren Alters geführt habe, weiß ich, wie sie oft weinen und klagen, wenn sie zugeben müssen, daß sie versagt haben, weil sie sich nicht zur Verfügung stellten. Viele dieser Frauen geben offen zu, daß sie sich nie Gedanken über Gottes einzigartigen Plan für ihr Leben gemacht haben, außer wenn es darum ging, den richtigen Partner zu finden. Es stimmt, daß Gottes Plan für die meisten Frauen auch Mutterschaft beinhaltet, aber weil die Durchschnittsfamilie in der westlichen Welt selten mehr als zwei Kinder hat, beträgt die Zeit, in der die Frau nur Mutter ist (d.h. die Zeit, in der die Kinder noch den ganzen Tag zu Hause sind) nur ungefähr zehn Jahre im Leben einer Frau.

Gail Sheehy berichtet, daß eine Durchschnittsmutter mit 35 Jahren ihr letztes Kind einschult, und sie fügt hinzu, daß noch im selben Jahr „die verheiratete Durchschnittsamerikanerin wieder in die Arbeitswelt eintritt. Statistiken weisen aus, daß sie die folgenden 24 Jahre oder noch länger berufstätig bleibt. Nur wenige Frauen sind auf den Zeitpunkt vorbereitet, wo die Kinder das Haus verlassen. In der Schule lernen sie nicht, was geschieht, wenn sie den richtigen Mann, die richtigen Haushaltsgeräte und die richtigen Schulen für die Kinder ausgesucht haben: Nämlich 24 Jahre das Ausnutzen der Fähigkeiten, die sie sich kluger- oder unglücklicherweise aneigneten, bevor sie heirateten – oder 24 Jahre als Verkäuferin oder Schreibkraft. Niemand sagt den Mädchen, daß Mutterschaft nur ein halbes Leben ganz ausfüllt."[6]

Für Christen sind das Geld oder das Prestige, das eine Arbeit bringt, nicht die Hauptsache. Die Hauptsache für sie ist es, den Plan Gottes für ihr Leben herauszufinden. Aber auf irgendeine Weise ist die Suche nach diesem einmaligen Zweck, für den sie geschaffen sind, mit der Frage nach der Identität verbunden.

In ihrem Buch *Passages* (Überfahrten; Anm. d. Übers.) bedauert

Gail Sheehy die Tatsache, daß so viele Frauen ihre Weiterentwicklung oder die Suche nach ihrer einzigartigen Identität aufschieben, solange die Kinder sie völlig vereinnahmen. „Jede Überfahrt (Lebensphase) bringt das Thema erneut auf die Tagesordnung, und wenn es nicht in Angriff genommen wird, dann geht irgendwann die kleine rote Warnlampe aus, und es findet keine Entwicklung mehr statt."[7]

Wir alle kennen sicher Frauen im mittleren Alter, die mit dem Leben fertig zu sein scheinen. Sie haben ihre Identität nie richtig gefunden, und sie haben die Weiterentwicklung dieser Identität so lange zurückgestellt, bis es zu spät war.

Die Feministinnen haben wirklich recht mit ihrem Aufschrei, daß Frauen frühzeitig eine Perspektive für ihre eigene Entwicklung haben sollen. Nichtchristinnen, die sich selbst als einzigartige Geschöpfe mit besonderen Gaben für bestimmte Aufgaben betrachten, wirken oft wesentlich „ganzheitlicher" und ausgeglichener und scheinen ein stärkeres Identitätsgefühl zu haben, als ihre evangelikalen Geschlechtsgenossinnen mit unterentwickeltem Selbstwertgefühl. Für letztere ist der Schritt hin zu Jesus anscheinend nur der erste Schritt in die richtige Richtung gewesen. Der nächste Schritt besteht darin, auf den Ruf Gottes zu hören, die eigenen Gaben und Talente zu nutzen, um dem Nächsten innerhalb und außerhalb der Familie zu helfen.

Als Christinnen können wir unsere Identität nur in unserer Beziehung zu Jesus Christus finden. Diese Beziehung macht uns fähig, aus unserer kulturell festgelegten Identität auszubrechen, um als Mittlerinnen für Veränderungen, als prophetische Stimmen oder als heilende Elemente in Familien und Gemeinden in unserer kaputten Welt zu dienen. Wenn eine Jüngerin Jesu nicht um ihre Identität weiß und keinen besonderen Ruf für dieses Leben vernommen hat, dann ist es sehr unwahrscheinlich, daß jemand von ihr „Rechenschaft fordert über die Hoffnung, die in ihr ist" (1 Petr 3,15). Ihr Zeugnis, sei es in Wort oder Tat, wird dann fragwürdig.

Es ist wichtig, herauszufinden, wo man Gaben und Talente hat, um Gott auf diese Weise möglichst umfassend dienen zu können.

Gott dienen durch ehrenamtliche Tätigkeit

Ganz gleich, ob wir Gott in unserem Beruf oder in einer ehrenamtlichen Tätigkeit dienen wollen – entscheidend ist, daß wir unseren Verstand und unser Herz öffnen, um Gottes Plan für uns zu erkennen.

Während Begabungen sich im allgemeinen recht einfach durch die

Stimmen anderer Menschen feststellen lassen, hängt das Entdekken der Geistesgaben davon ab, daß wir offen sind für den Heiligen Geist, der durch die Gemeinde sichtbar wird, wenn wir den Anweisungen der Bibel folgen.
Die zahlreichen Gaben, mit denen Christen ausgerüstet werden, haben immer zum Ziel, daß die Gemeinde aufgebaut und die Gute Nachricht erkennbar wird, in Verbindung mit der daraus resultierenden positiven Wirkung für die Welt. Wenn wir uns die Aufzählungen der Geistesgaben in Römer 12,4-8; 1 Korinther 12,12-31; Epheser 4,11-13 und 1 Petrus 4,10-11 anschauen, stellen wir fest, daß die Gaben nie zum persönlichen Wohl des einzelnen Christen verliehen werden.
Manche Frauen haben verbale Gaben wie z.B die des Lehrens und Predigens, während andere eher für Dinge wie Verwaltung, Leitung, Heilungen, Dienen, Ermutigung, Dienst an den Bedürftigen, Barmherzigkeit und Gastfreundschaft ausgerüstet sind.
Christen vergessen oft, daß Jesus nicht die Gaben aufzählte, sondern die Situationen, in der die Gaben der Gemeinden besonders dringend benötigt werden: bei den Hungrigen, den Nackten, den Kranken, den Gefangenen, den Einsamen und den Fremdlingen (Mt 25,31-46). Wenn evangelikale Frauen dem Ruf Gottes in all diese Bereiche folgen, wo wirkliche Not herrscht, dann könnten sie dabei helfen zu verhindern, daß Teenager kriminell werden, dann könnten sie die Einsamen und Verzweifelten trösten und Hoffnung in die Gefängniszellen und an Krankenhausbetten tragen.
Auf den Philippinen habe ich erlebt, wie Gott ein christliches Heim haben will – es soll ein Heim sein für arme Verwandte – inklusive den Vettern zehnten Grades; ein Heim, das offen ist für Reisende aus der Gegend, aus der man stammt, und ein Heim, das Flüchtlingen immer offensteht, die wegen der politischen Unruhen im Lande sehr zahlreich sind. Die christlichen Häuser waren Orte, wo die Menschen immer bereit waren, den Platz auf dem Fußboden und die letzte Handvoll Reis zu teilen. Weil die Bewohner solcher Häuser meistens arm waren, bestand ihre Bibliothek in der Regel nur aus zwei Büchern – der Bibel und einem Gesangbuch. Aber was für einen Reichtum gaben diese Christen an ihre Besucher weiter, wenn nach dem Abendessen diese beiden Bücher vom Regal genommen wurden. Dann wurde das Wort Gottes gelesen, und man sprach darüber. Danach wurde gesungen und gebetet.
Normalerweise wechselten sich die Frauen mit der Leitung dieser Familienandachten ab – und oft endete ein solcher Abend damit, daß ein Besucher sein Leben Jesus übergab. Das Teilen von Reis

und dem Platz auf dem Fußboden war immer verbunden mit dem Weitersagen der Frohen Botschaft. „Ich war ein Fremdling, und ihr habt mich eingeladen", sagt Jesus.
Was ist nun der Lohn für die Frauen, die ihr Leben dem Dienst am Nächsten widmen? Gewiß nicht das Geld, das manche Unternehmer in den gesellschaftlichen Beitrag der Frauen investiert haben.
Die Christin nimmt wörtlich, was Jesus gesagt hat:
„Denn welchen Nutzen hätte eine Frau, wenn sie die ganze Welt gewönne und verlöre sich selbst oder nähme Schaden an sich selbst?... Denn wer sein Leben erhalten will, der wird es verlieren; wer aber sein Leben verliert um meinetwillen, der wird's erhalten" (Lk 9,25.24; Änderungen d. Verf.).
Die Art, wie Jesus Gewinn und Verlust wertet, steht in krassem Gegensatz zu der der Welt und auch im Gegensatz zu den Wertigkeiten, die evangelikale Gemeinden oft setzen.
Denen, die treu sind, verspricht Jesus nichts außer der Freude am Dienen. Der Dienst selbst ist der Lohn! Es ist ein Privileg, daß wir unser Leben auf ganz verschiedene Weise für Menschen innerhalb und außerhalb unserer unmittelbaren Familie einsetzen dürfen.
Nachdem Jesus vorgelebt hatte, mit welcher Freude man auch niedere Dienste erfüllen kann, als er den Jüngern die Füße wusch, versprach er den Jüngern einen großen Lohn: „Wenn ihr dies wißt – selig seid ihr, wenn ihr's tut" (Joh 13,17).
In seiner Geschichte vom Jüngsten Gericht erklärt Jesus, daß eine Beziehung der ersten Liebe mit dem König immer zur Liebe für den Nächsten führt. Aus Liebe zum König werden wir auch außerhalb unserer unmittelbaren Familie als Mittler für Veränderung und Heilung in der kaputten Welt um uns herum wirken.
„Ich sage euch: Was ihr getan habt einem von diesen meinen geringsten Brüdern, das habt ihr mir getan" (Mt 25,40).

Kapitel 14: Frauen in der elften Stunde

Mein fünfjähriger Bruder war während der langen Predigt in der Kirche unserer Heimatstadt Kristiansand in Norwegen noch unruhiger als gewöhnlich. Er flüsterte: „Laß uns doch nach Hause gehen, Mama. Ich hab' das alles schon mal gehört – ich kann es bald auswendig." Damit hatte er wahrscheinlich recht, denn er war ein Missionarskind. Er hatte das alles schon an etlichen Sonntagen morgens und abends gehört, denn er wurde regelmäßig mit zur Kirche genommen. Aber bedeutete das nun, daß all die Grundsätze, die er gehört hatte, sein Leben schon verändert hatten, als er fünf Jahre alt war?

Die Frage, mit der ich mich im letzten Kapitel befassen will, ist, ob das erkannte Bedürfnis nach einer Beziehung der ersten Liebe zu Jesus Christus unser Leben als Frauen radikal verändert hat oder nicht.

Als Jesus von Stadt zu Stadt und von Dorf zu Dorf wanderte, um die Gute Nachricht vom Reich Gottes zu verkünden, da sagte er den Männern und Frauen, die ihm nachfolgten: „So seht nun darauf, wie ihr zuhört; denn wer da hat, dem wird gegeben; wer aber nicht hat, dem wird auch das genommen, was er meint zu haben" (Lk 8,18).

Wollte Jesus damit womöglich sagen, daß, wenn eine Frau zuhört, das in Aktion umsetzt, was sie hört, und Verantwortung in der Verkündigung des Evangeliums übernimmt, ihr noch mehr Wahrheiten offenbart werden, und sie noch mehr Gaben und Gelegenheiten zu deren Anwendung erhält? Und ist es auch möglich, daß Jesus die Frauen davor warnt, das, was sie gehört haben, nicht anzuwenden, weil Offenbarung, Gaben und Verantwortung, die wir meinen zu haben, uns dann wieder entzogen werden?

Wir haben in diesem Buch einige Frauen dargestellt, die damit angefangen haben, als Mittlerinnen für Veränderung und Hoffnung zu wirken, weil sie Jesus lieben. Sie haben entdeckt, daß sie ihre Gaben erkannten und sich Türen zu einem umfassenderen Dienst öffneten, als sie bereit waren, winzige Schritte im Glauben zu wagen. Jetzt in der elften Stunde, in der die Welt nach jedem Gläubigen ruft, an der großen Ernte teilzunehmen, werden solche Frauen gebraucht.

Jesus veranschaulichte dies in seinem Gleichnis vom Weinberg (Mt 20,1-16). Ein Weinbergbesitzer stellte an einem Tag zu fünf verschiedenen Zeitpunkten Arbeiter für die Arbeit in seinem Weinberg ein. Die letzte Gruppe, die in der elften Stunde immer noch ohne Arbeit war, fragte er: „Was steht ihr den ganzen Tag müßig da?"

„Es hat uns niemand eingestellt", antworteten sie. Sie wurden eingeladen, bei der Ernte zu helfen, und sie erhielten den gleichen Lohn wie diejenigen, die den ganzen Tag gearbeitet hatten. Wir bekommen keine Auskunft darüber, weshalb diese Arbeiter nicht früher eingestellt wurden, aber der Weinbergbesitzer war großzügig und zahlte ihnen einen ganzen Tageslohn.

Fredrik Franson, Gründer der Mission der Evangelischen Allianz, geht davon aus, daß diese letzten Arbeiter Frauen waren.[1] Die Bibel sagt darüber nichts, aber nehmen wir doch einfach einmal an, daß diese letzten Arbeiter Verheiratete und unverheiratete Frauen, Töchter und Mütter waren, die vorher nie gebeten worden waren, sich an der Ernte zu beteiligen.

Es ist schon spät, und der Herr ruft uns heute zur Arbeit, weil die Kirche (zumindest in vielen Fällen) es versäumt hat, uns zu rufen. Es ist Jesu Anliegen, die Ernte einzubringen. Und es wird Zeit für uns, uns an dieser Arbeit zu beteiligen.

Was ist unser Lohn? Er besteht nicht aus zählbaren Münzen, sondern aus überschäumender und unteilbarer Freude. Zur Arbeit im Weinberg gerufen zu werden, ist Gottes Art, seine Nachfolger zu segnen, denn es ist eine Freude, Jesus zu dienen. Die Freude des Dienens bringt neues Dienen hervor. Deshalb können wir davon ausgehen, daß der Lohn, welcher den Arbeitern der elften Stunde ausgezahlt wird, zu einer explosionsartigen Verfielfachung der Möglichkeiten des Dienstes führen wird, von denen die Frauen von damals nicht zu träumen gewagt hätten.

Robert Coleman schreibt:

„Durch das Blut des Lammes ist die Gemeinde siegreich. Wenn man an das Evangelium glaubt, setzt man sich für seine Verbreitung ein. Auf diese Weise ist in der erlösenden Botschaft automatisch das Prinzip der Verfielfältigung enthalten ... Was für ein unschlagbarer Eroberungsplan! Wenn der Sohn Gottes von seinen Nachfolgern erhöht wird, werden diejenigen, die das Wort hören, aufgerufen, an ihn zu glauben ... Durch diesen einfachen Prozeß der Verfielfältigung kann nichts auf dieser Welt die Gemeinde Jesu davon abhalten, die Tore der Hölle zu stürmen."[2]

Als Frauen zeigen wir unsere Liebe zu Jesus Christus, indem wir uns in dieser Schlacht am Angriff beteiligen. Wie Petrus und Marta (Mt 16,16; Joh 11,27) können wir verkünden, daß Jesus der Christus ist, der Sohn Gottes, und wir können uns auf die Verheißung berufen, daß die Pforten der Hölle diesen Fels der Wahrheit nicht überwältigen können.

Jesus hat gesagt: „Gehet hin in alle Welt und predigt das Evangelium aller Kreatur" (Mk 16,15). Das Wort predigen kommt von dem lateinischen Wort „proklamieren"[3] (kundgeben, verkündigen). Jesus hat gesagt, daß alle Christen Zeugen sein sollen, die die Gute Nachricht allen Völkern weitersagen (Apg 8,1), und das gilt auch für die Frauen.

Wie werden wir dienen?

Egal ob wir es nun Verkündigung oder Mitteilen nennen, wir wer-

den die Gute Nachricht im Zusammenwirken mit unseren Geistesgaben weitergeben. In 1 Korinther 12 steht, daß jeder von uns mindestens eine Gabe hat:
„Was nun der Geist in jedem einzelnen von uns wirkt, das ist zum Nutzen aller bestimmt ... Man kann die Gemeinde Christi mit einem Leib vergleichen, der viele Glieder hat. Obwohl er aus so vielen Teilen besteht, ist der Leib einer ... Ein Körper besteht nicht aus einem einzigen Teil, sondern aus vielen Teilen ... Nun hat Gott aber jedem Teil seine besondere Aufgabe im Ganzen des Körpers zugewiesen. Wenn alles nur ein einzelner Teil wäre, wo bliebe dann der Leib? Aber nun gibt es viele Teile, und alle an einem einzigen Leib ... Ihr alle seid zusammen der Leib Christi; jeder einzelne von euch ist ein Teil davon. Jedem hat Gott seinen bestimmten Platz zugewiesen. Zuerst kommen die Apostel, dann die Propheten, dann die Lehrer. Dann kommen die, die Wunder tun oder heilen können, die helfen oder verwalten, oder in unbekannten Sprachen reden" (V.7, 14-15, 18-20, 27-28; Gute Nachricht).
Zusammen mit diesen Gaben bekommen wir aber auch die Verantwortung, sie einzusetzen:
„Das Erkennen der Gaben ... macht das Thema der Hingabe akut. Wenn ich meine Gabe nennen kann, und sie wird mir von anderen bestätigt, dann kann ich mich nicht mehr so verhalten wie vorher. Es wäre mir vielleicht lieber, mich auf einer eher abstrakten Ebene auf Gott einzulassen, als im Bereich der Gaben ... Wenn ich mich im Bereich der Gaben auf Gott einlasse, dann bedeutet das, daß ich nicht mehr unentschlossen sein darf ... Das Leben wird nicht mehr sein wie ein kaltes Buffet, an dem ich hier und da naschen und probieren kann. Meine Hingabe wird mir meine Identität verleihen."[4]
Unsere Identität als Frauen Gottes ist verbunden mit unseren Gaben und damit, daß wir diese Gaben Jesus Christus und seiner Gemeinde zur Verfügung stellen. Wenn wir erst einmal die Welt mit den Augen Christi gesehen haben, besonders in der elften Stunde der Weltgeschichte, wie können wir dann jemals wieder zu einer Sicht zurückkehren, die auf die traditionelle Frauenrolle beschränkt ist? Stephen Clark, Leiter der katholischen Gemeindeerneuerungsbewegung in den Vereinigten Staaten, hat gesagt:
„Ein Begriff, den Paulus benutzt, um die Gaben zu beschreiben, ist 'Dienst'(1 Kor 12,5). Die Gaben sind nicht Gaben für den einzelnen Christen. Sie sind Gaben, die durch den einzelnen Christen in die Gemeinde gelangen. Für den einzelnen Christen sind sie Dienst, ein Dienst, den sie in der Gemeinde tun können."[5]

Wo werden wir dienen?

Wo sollten Frauen Gott dienen? Auf diese Frage gibt es so viele Antworten, wie es Orte auf der Welt gibt: Wenn auch das Wirken einer Frau nicht auf ihr Heim begrenzt ist, so sollte es doch immer dort beginnen. Dann wird es sich in immer größer werdenden Kreisen ausbreiten, so wie es in Apostelgeschichte 1,8 steht: „Ihr werdet die Kraft des heiligen Geistes empfangen, der auf euch kommen wird und werdet meine Zeugen sein in Jerusalem und in ganz Judäa und Samarien und bis ans Ende der Erde."
Ich wurde an unsere Verantwortung als Zeuginnen in unseren Familien erinnert, als ich einmal mit einer Frau sprach, die in der ganzen Zeit, in der sie ihre sechs Kinder großzog, darauf gewartet hatte, daß ihr Mann irgendwann damit anfangen würde, eine Morgenandacht für die Familie zu halten. Jetzt sind ihre Kinder aus dem Haus, und ich habe vorgeschlagen, daß sie nun nicht mehr länger damit warten sollte. Weil ihr Mann auch gläubig war, versicherte ich ihr, daß er sich wahrscheinlich gerne am morgendlichen Beten und Bibellesen beteiligen würde. „Fangen Sie schon morgen damit an", drängte ich sie, und sie versprach es.
Familienandachten sind eine schöne Gelegenheit für Frauen, ihre Liebe zu Jesus an die Familie weiterzugeben. Selbst wenn der Ehemann kein Christ ist, kann es sein, daß er beeindruckt ist von ihrer Hingabe an den Herrn, vorausgesetzt, sie verbindet dies mit einem Leben, das von der Agape und dem Dienst an der Familie geprägt ist. Fredrik Franson hebt hervor, wie wichtig sowohl das gesprochene als auch das vorgelebte Zeugnis zu Hause ist:
„Es gibt Menschen, die bestreiten, daß Petrus gesagt hat, Männer könnten durch ihre Frauen ohne Worte gewonnen werden. Natürlich kann eine Frau ihren Mann nicht unablässig zum Gespräch drängeln. Wenn sie es versucht, verliert das, was sie sagt seine Kraft, und ihr Verhalten sagt ja letztendlich viel mehr aus als ihre Worte ... Selbstverständlich sollte das Wort das erste Mittel der Frauen sein, ihren Mann für Jesus zu gewinnen, aber wenn das nichts nützt, dann sollten sie glauben, daß sie durch ihr Verhalten ohne Worte dem Mann zum Segen verhelfen können."[6]
Jede Frau, die Jesus in ihrem Leben an die erste Stelle setzt, wird eine bessere Ehefrau, Tochter, Mutter und Hausfrau werden. Sie wird die Gute Nachricht in ihrer eigenen Familie weitergeben und darüber hinaus an jeden, der ihr offenes Haus betritt. Aber damit hört das Zeugnis einer Frau noch nicht auf.
Viele Frauen, unter ihnen war auch meine Mutter, folgten dem Vorbild des Paulus und lehrten „öffentlich und in den Häusern"

(Apg 20,20). Franson gibt einen logischen Grund für diese Art der Evangelisation:
„Wenn die Frau, die Hausbesuche macht, sehr schnell bemerkt, daß sie nicht mehr als fünf bis zehn Familien besuchen kann ohne müde zu werden und immer wieder auf dieselben Einwände antworten zu müssen, dann ist es doch viel einfacher, zu allen diesen Menschen auf einmal sprechen zu können."[7]
Andere Frauen werden Christus in ihrem Beruf oder in ihren ehrenamtlichen Tätigkeiten bezeugen. Catherine Booth z. B. verband die liebevolle Fürsorge für andere Menschen mit ihren Evangelisationspredigten. Ihr ganzes Leben lang hat die Mitbegründerin der Heilsarmee an allen möglichen Aufgaben mitgewirkt, von Massenevangelisationen über Hausbesuche bei Alkoholikern, über Engagement für Betriebsgesetze in Fabriken, bis hin zu ihrem Kampf für die Bedürfnisse der Armen in England. Sie warnte alle Frauen vor „Geschwätz und Kaffeekränzchen" und vor leichter Lektüre und forderte sie zu ernsthafter Jüngerschaft und Loyalität für den Herrn auf.[8]
In einem Artikel für das *Methodist New Connection Magazine* schrieb sie vor ihrer Eheschließung:
„Unter den weiblichen Mitgliedern scheint es eine zunehmende Abneigung gegen das Beten zu geben, gegen das Sprechen auf Versammlungen oder auf sonst eine Weise Zeugnis zu geben für den Herrn ... Und diese falsche Scheu, die absolut nicht zur Ehre Gottes beiträgt, wird von der Kirche auch noch gefördert, als ob Gott uns Begabungen schenkt, damit wir sie verstecken ... Warum sollten die Fesseln einer blinden Sitte, die in den Tagen Wesleys gelöst wurde, nun erneut den Jüngerinnen Jesu angelegt werden? Ich glaube, man kann den Verlust gar nicht ermessen, den die Kirche da erleidet, wo Vorurteile und starre Sitten das Ausschütten des Heiligen Geistes auf seine Mägde für null und nichtig erklären. Es ist jedoch eine bezeichnende Tatsache, daß die Gemeinden, die am kältesten, am förmlichsten und am weltlichsten sind, immer dadurch auffallen, daß in ihnen kaum Frauen mitarbeiten."[9]
Jahre später wurde Catherine Booth stark von Phoebe Palmer beeinflußt, die wir bereits erwähnt haben. Als Phoebe Palmer in England Vorträge hielt, war Catherine Booth unter den Zuhörern. Stark beeindruckt und aufgewühlt erklärte sie vor der Gemeinde ihres Mannes, daß Gott sie in den Verkündigungsdienst gerufen habe. Sofort machte sie sich auf eine Evangelisationsreise. In siebzehn aufeinanderfolgenden Wochen sprach sie zu 1000 Menschen in Portsmouth und 2 500 Menschen hörten ihren Vorträgen in

Hastings zu.[10] Viele Frauen bekamen durch das Beispiel von Catherine Booth neuen Mut. Die Heilsarmee z. B. besteht heute zu mehr als der Hälfte aus Frauen.[11]
Catherine Booths Stimme verschafft sich auch heute noch Gehör mit der Warnung an alle Frauen, ihre Begabungen nicht zu vergeuden. Können wir es uns in der elften Stunde der Weltgeschichte leisten, „das Ausgießen des Geistes Gottes auf seine Mägde für null und nichtig zu erklären?" Das zu tun hieße, dem Teufel Tür und Tor zu öffnen, wie auch Franson meint, wenn er sagt:
„Zwei Drittel aller bekehrten Menschen auf der Welt sind Frauen … In der Bibel gibt es nirgends ein Verbot, das Frauen daran hindern könnte, öffentlich tätig zu werden, aber wir haben es mit dem Umstand zu tun, daß der Teufel – und das ist ein Erfolg für ihn — es geschafft hat, fast zwei Drittel aller Christen von der Teilnahme am Evangelisationsdienst für Jesus auszuschließen. Das ist ein kaum zu beschreibender Verlust für die Arbeit am Reich Gottes."[12]
Ein Teil des Problems rührt aus einem Mißverständnis im Zusammenhang mit den Geistesgaben, die Gott allen Gläubigen geschenkt hat. Paulus faßt alle Gaben zusammen, indem er sagt: „Strebt nach der Liebe! Bemüht euch um die Gaben des Geistes, am meisten aber um die Gabe der prophetischen Rede!" Und noch einmal: „Darum, liebe Brüder, bemüht euch um die prophetische Rede…" (1 Kor 14,1.39). Im selben Kapitel definiert Paulus außerdem, was prophetische Rede ist. „Wer aber prophetisch redet, der redet den Menschen zur Erbauung und zur Ermahnung und zur Tröstung" (V.3). Drei Kapitel vorher erklärt er im Detail, wie Frauen gekleidet sein sollen, wenn sie prophetisch reden.
Mein persönliches Gebet um diese Gabe steht vorn in meiner Bibel. Es entspricht einer Eintragung in mein Tagebuch während der Zeit des zweiten Weltkrieges im Straflager, als Gott mich in den Verkündigungsdienst rief. Für mich hat dieser Ruf nie beinhaltet, daß ich mich als Pfarrerin ordinieren lassen müsse, aber er war verbunden mit einem weiteren Ruf:
Ich sollte die Priesterschaft aller Gläubigen verkünden, besonders die der Frauen.
Zu der Zeit, als ich den Ruf erhielt, die Gute Nachricht weiterzusagen, war ich von vielen Predigerinnen umgeben, die nicht ordiniert waren. In einem der vorigen Kapitel haben wir ja bereits über die Menge all der Frauen gesprochen, die ihre Gaben einsetzten, um auf der ganzen Welt Gemeinden zu gründen.
Die meisten von ihnen waren nicht ordiniert. Heute erlebt man das

selten, denn der Verkündigungsdienst von Laien wird in der Regel wenig gefördert. Aber ich schreibe aus der Perspektive einer Frau, die miterlebt hat, wie nicht ordinierte Geistliche – von denen viele Frauen waren – mithalfen, die Gemeinde Jesu zu bauen, die heute auf dieser Welt existiert.

Auf den Philippinen habe ich Gemeinden erlebt, in denen Männer und Frauen ihren Gaben entsprechend für den Dienst eingesetzt wurden. Diese Gemeinden erfuhren ein erstaunliches Wachstum. Ich hatte das Privileg mitzuerleben, wie das Evangelium von einfachen Männern und Frauen verkündigt wurde.

Der Missionsbefehl besteht immer noch. Wir sollen hingehen und alle Völker zu Jüngern machen. Der Ruf und die Notwendigkeit, ihm zu folgen, ist heute noch genauso gültig wie damals, als Jesus Männern und Frauen den Auftrag erteilte. Obwohl es jetzt in den meisten großen Kulturen christliche Gemeinden gibt, nimmt die Zahl derer, die noch nichts von der Liebe Gottes gehört haben, mit jeder Generation zu. Deshalb werden in Gottes Weinberg in der elften Stunde der Geschichte eine Vielfalt verschiedener Dienste gebraucht. Die Verpflichtung, einen dieser Dienste zu tun, kann sich über ein paar Monate, Jahre oder über ein ganzes Leben erstrecken. Männer und Frauen jeden Alters und jedes nur denkbaren Berufes werden gebraucht, um Funktionen als „Zeltmacher" auszufüllen (in Ländern, die für Missionare geschlossen sind) und als haupt- oder ehrenamtliche Missionare in anderen Ländern.

Meine Tochter und ihr Mann haben beispielsweise unter Flüchtlingen aus Laos an der thailändischen Grenze gearbeitet, sie als Englischlehrerin und Künstlerin und er als Arzt. Und mit ihnen zusammen arbeiteten Christinnen und Christen von den Philippinen. Apostelgeschichte 1,8 geschieht im Leben von Menschen auf der ganzen Welt:

„Ihr werdet die Kraft des heiligen Geistes empfangen, der auf euch kommen wird, und werdet meine Zeugen sein in Jerusalem (der Heimatstadt) und in ganz Judäa (dem Heimatland) und Samarien (ein Nachbarland) und bis ans Ende der Erde (auf der ganzen Welt)."

Jesus hat auch vorhergesagt, was am Ende der Welt geschehen wird:

„Und weil die Ungerechtigkeit überhand nehmen wird, wird die Liebe in vielen erkalten. Wer aber beharrt bis ans Ende, der wird selig werden. Und es wird gepredigt werden dies Evangelium vom Reich in der ganzen Welt zum Zeugnis für alle Völker, und dann wird das Ende kommen" (Mt 24,12-14).

Wir kennen den genauen Zeitpunkt für das Ende der Welt nicht, aber wir wissen, daß in der heutigen Zeit viele Menschen ihre erste Liebe verlassen haben. Und trotzdem wird zur gleichen Zeit der Heilige Geist ausgegossen über alle Völker – über Männer und Frauen, über die Armen und die Reichen.

Als Jesus starb, riß der Vorhang im Tempel in der Mitte durch. Das bedeutet, daß nun nicht mehr nur ein Priester einmal im Jahr das Allerheiligste betreten darf, sondern daß wir alle als „königliche Priesterschaft" jeden Tag unseres Lebens vor Gottes Angesicht treten dürfen. Der Priester damals war immer ein Mann; er war ein Jude und ein freier Mann. Jetzt sind solche einschränkenden Voraussetzungen nicht mehr nötig. Die neue Priesterschaft enthält alle Gruppierungen, die in Galater 3,28 genannt werden: Fremdlinge, die Ärmsten der Armen und Frauen.

Und was ist der Zweck einer solchen neuen Priesterschaft? Petrus sagt zu dem Zweck, „daß ihr verkündigen sollt die Wohltaten dessen, der euch berufen hat von der Finsternis zu seinem wunderbaren Licht" (1 Petr 2,9).

Wir werden uns Gott in Anbetung und Lobpreis nähern, um ihm unsere Dankbarkeit dafür zu zeigen, daß er uns erlöst und zu seinen Kindern gemacht hat. Und dann werden wir die Nachricht von seiner großen Liebe von allen Dächern rufen: Jesus Christus ist auferstanden!

Maria Magdalena sagte diese Botschaft weiter, nachdem sie den auferstandenen Jesus gesehen und mit ihm gesprochen hatte. Und bevor Jesus gekreuzigt wurde, hatte Maria von Bethanien die Füße Jesu mit kostbarem Öl gesalbt – das war ein Akt der Anbetung – ein Akt, der so kraftvoll war, daß er immer dort seine Wirkung getan hat, wo das Evangelium verkündigt wurde. Handlungsweisen wie diese haben dafür gesorgt, daß Menschen ins Königreich Jesu Christi hineingeliebt worden sind.

Wenn wir offen werden für die Anbetung des liebenden Gottes, dann werden sich Türen öffnen für unseren neuen Dienst als Frauen. Was ist das für eine wunderbare Zeit, als Frau zu leben! Und in der kommenden Zeit werden wir entdecken, daß die weisen Frauen der elften Stunde „werden leuchten wie des Himmels Glanz, und viele zur Gerechtigkeit weisen, wie die Sterne immer und ewiglich" (Dan 12,3).

Schlußbemerkung

Es gibt eine Geschichte über einen Juden namens Eizik, den Sohn von Yekel, der im fernen Krakau lebte. Eines Nachts träumte Eizik,

daß im fernen Prag unter einer Brücke am Ufer der Moldau ein Schatz versteckt sei. Nachdem sich der Traum zwei Wochen lang jede Nacht wiederholt hatte, beschloß Eizik, nach Prag zu gehen und dort nach dem Schatz zu suchen.
Ein Soldat sah, wie er dort unter der Brücke herumscharrte und verhaftete ihn. Als er Eizik verhörte, platzte er mit der Geschichte über seinen Traum heraus. Der Soldat lachte und sagte: „Du dämlicher Jude! Weißt du denn nicht, daß man dem, was man träumt, nicht trauen soll? Ich träume ja selbst seit zwei Wochen jede Nacht, daß im fernen Krakau im Haus eines Juden namens Eizik, Sohn des Yekel, unter dem Küchenofen ein Schatz vergraben ist. Aber wäre es nicht das Idiotischste von der Welt, wenn ich den ganzen Weg dorthin reisen würde, um nachzuschauen?"
Nachdem der Soldat Eizik noch einen Tritt gegeben hatte, machte sich Eizik auf den Weg zurück nach Krakau, sah unter seinen Küchenofen und fand dort den Schatz, der ihm ein langes, erfülltes Leben als reicher Mann bescherte.[13]
Die meisten von uns haben ähnliche Reisen unternommen und entweder die rechte oder die linke Abzweigung gewählt. Genau wie Eizik haben wir dort oft nicht den Schatz gefunden, aber die Suche nach der Wahrheit ist niemals vergeudete Zeit. „Wir wissen aber, daß denen, die Gott lieben, alle Dinge zum Besten dienen" (Röm 8,28). Obwohl ich zunächst den falschen Weg wählte, kehrte der Gott, der mich liebt, meine Fehler zu meinem eigenen Guten um. Durch meine Fehler lehrte er mich, zu meiner ersten Liebe zurückzukehren und in dieser Beziehung meine Identität zu finden. Dieser Lektion zu folgen machte es erforderlich, den schmalen Weg zu gehen, der den Berg hinaufführt:

> „Wie lieblich sind auf den Bergen
> die Füße der Freudenboten,
> die da Frieden verkündigen,
> Gutes predigen, Heil verkündigen,
> die da sagen zu Zion:
> Dein Gott ist König"
> (Jes 52,7)

Dieses alte Gedicht sagt voraus, daß wir den Drang haben werden, es weiterzusagen, wenn wir unsere Identität in einer Liebesbeziehung zu Jesus gefunden haben. Indem wir uns in Liebe anderen zuwenden, werden wir Mittler für Veränderung und Heilung in einer kaputten Gesellschaft. Und wir werden auch weiterhin der Stimme lauschen, die sagt:

„Zion, du Freudenbotin,
steig auf einen hohen Berg;
Jerusalem, du Freudenbotin,
erhebe deine Stimme mit Macht;
erhebe sie und fürchte dich nicht;
Sage den Städten Judas:
Siehe, da ist euer Gott"
(Jes 40,9)

Anmerkungen

Kapitel 1: Einleitung
1 Paul Goodman, zitiert in: Patricia Meyer Spacks, The Female Imagination (New York: Avon Books, 1972), S. 353.
2 Gail Sheehy, Passages (New York: Bantam Books, 1977), S. 208.
3 Ebenda, S. 319.
4 The Horse and His Boy (New York: Macmillan, 1954), S. 159-160.
Vgl. Offb 5,5-10, wo Christus als der Löwe aus dem Stamm Juda und als das Lamm bezeichnet wird.

Kapitel 2: Die große Flucht
1 Betty Friedan, The Feminine Mystique (New York: Dell, 1963), S. 11.
2 Ebenda, S. 12.
3 Die Inter-Varsity Fellowship ist eine christliche Studentenbewegung, die an Universitäten, Fachhochschulen und Schulen missionarisch tätig ist.
4 Donald Dayton, „Evangelical Roots of Feminism", unveröffentlichte Arbeit.
5 Helen Andelin, Fascinating Womanhood (Santa Barbara: Pacific Press, 1965).

Kapitel 3: Frauen, die den Herrn lieb hatten
1 Autobiography of Madame Gyon, (Chicago: Moody Press), S. 5
2 Michael de la Bedoyere, The Archbishop and the Lady (New York: Pantheon, 1956), S. 29.
3 Ebenda, S. 31
4 Madame de La Mothe Gyon (London: Sampson Low, 1914), S. 489
5 Arthur F. Miller und Ralph T. Mattson, The Truth about You (Old Tappan, N.J.: Revell, 1977), S. 26-27.

Kapitel 4: Einstürzende Mauern
1 Hans-Ruedi Weber, „The Gospel in the Child", in: Presbyterian Outlook, 3. Dez. 1979, S. 5.
2 Michael Green, Evangelism in the Early Church (Grand Rapids, Mich: Eerdmans, 1970), S. 216.
3 Zitiert in: Green, S. 306
4 Ebenda, S. 307
5 Ebenda, S. 175
6 Virginia Mollenkott, Women, Men and the Bible (Nashville: Abingdon, 1977), S. 29.
7 David Sherman, „Woman's Place in the Gospel", in John O. Foster, Life and Labors of Mrs. Maggie Newton Van Cott (Cincinnati: Hitchcock and Walden, 1872), S. 34.

Kapitel 5: Frauen zur Zeit Jesu
1 Gesetze über das Steinigen von Frauen, die außereheliche sexuelle Beziehungen hatten, finden wir in 5 Mose 22,20-30. In Johannes 8,4-5 wird darauf Bezug genommen.
2 Edith Dean, The Bible's Legacy for Womanhood (Old Tappan, N.J.: Revell, 1969), S. 223.
3 Vgl.Helen Barrett Montgomery, The New Testament in Modern English (Valley Forge, Pa.: Judson Press, 1924), S. 434.
In ihren Aufzeichnungen über Römer 16,1-2 schreibt sie:
„Das Wort, welches als 'Dienst' übersetzt ist, heißt im Originaltext 'diakonos'. Das ist ein Nomen im Maskulinum und heißt 'Gehilfe' oder 'Diener'. Vgl. 1 Kor 3,5; 1 Tim 4,6; Eph 3,7; 1 Thess 3,2. Das Wort, das als 'Vorsteher' übersetzt wird, ist das griechische Wort 'prostatis'.... Es ist das Nomen des Verbs, das in 1 Tim 3,4.5.12 verwendet wird. Manchmal wird es auch als 'Sieger', 'Leiter', 'Beschützer' oder 'Wohltäter' übersetzt.

4 Dean, S. 225.
5 Nicene and Post Nicene Fathers, 14 Bände (Grand Rapids, Mich.: Eerdmans, 1975),Bd. 11 S. 555.
6 Zitiert in: Nancy Van Vuuren, Subversion of Women As Practiced by Churches, Witch-Hunters and Other Sexists (Philadelphia: Westminster Press, 1973), S. 29-30.
7 Green, S. 176.

Kapitel 6: Paulus und die Frauen
1 Catherine Clark Kroeger und Richard Kroeger, „Pandemonium and Silence at Corinth", The Reformed Journal, Juni 1978, S. 10.
Das Wort lateô (lalein) wird unter anderem auch mit der Bedeutung „tratschen, plappern, schnattern, bei Tierstimmen und im Zusammenhang mit Musikinstrumenten" verwendet.
Richard und Catherine Kroeger sowie Alvera Mickelsen bin ich zu großem Dank verpflichtet für ihre wissenschaftlichen Untersuchungen über die Grundbedeutung griechischer Wörter, die die Interpretation der Rolle der Frau in der Bibel beeinflußt haben.
2 Plutarch, Moralia 505D, zitiert von Richard und Catherine Kroeger in einer unveröffentlichten Arbeit.
3 Kroeger und Kroeger, S. 9.
4 Ebenda.
5 Zitiert in: Letha Scanzoni und Nancy Hardesty, All We're Meant to Be (Waco, Tex.: Word Books, 1974), S. 51.
6 Zitiert in: Catherine Clark Kroeger und Richard Kroeger, „Sexual Identity in Corinth", Reformed Journal, Dez. 1978, S. 13.
7 Jessie Penn-Lewis, The Magna Charta of Woman (Minneapolis: Bethany Fellowship, 1975), S. 21.
8 Ebenda, S. 21-60.
9 Berkeley Mickelsen, „Women in the Church", Aufsatz anläßlich der Jahreshauptversammlung der Baptisten im Frühjahr 1980.
10 Richard Kroeger and Catherine Kroeger, „Ancient Heresies and a Strange Greek Verb", Reformed Journal, März 1979, S. 12-14.
11 Ebenda.
12 Richard Kroeger and Catherine Kroeger, „May Women Teach?" Reformed Journal, Okt. 1980, S. 17.
13 Ebenda.
14 Kroeger und Kroeger, „May Women Teach?", S. 17-18.
15 Green, S. 175.
16 Martin Luther, Kommentar zum ersten Buch Mose.
17 Helmut Thielicke, The Ethics of Sex, übersetzt von John W. Doberstein (New York: Harper & Row, 1964), S. 8.
18 Helen B. Andelin, Fascinating Womanhood (Santa Barbara: Pacific Press, 1965), S. 89.
19 A. J. Gordon, „The Ministry of Women", in: Eternity, Juli-August 1980, S. 31.

Kapitel 7: Leiterinnen in den ersten Gemeinden
1 Edith Dean, S. 215.
2 Ebenda, S. 214.
3 Edith Dean, Great Women of the Christian Faith (New York: Harper & Row, 1959), S. 294.
4 Green, S. 177.
5 Ebenda, S. 177-78.
6 Lilly Lorenzen, Of Swedish Ways (Minneapolis: Dillon Press, 1964), S. 200.
7 Tim Dowley (Hrsg.), Handbook to the History of Christianity (Grand Rapids, Mich.: Eerdmans, 1977), S. 130.
8 Joan Morris, The Lady Was a Bishop (New York: Macmillan, 1973) S. 10. Das Buch ist zuerst in England veröffentlicht worden, und zwar unter dem

Titel Hidden History (Verborgene Geschichte, Anm.d.Übers.), den der Autor selbst bevorzugt.
[9] Ebenda.
[10] Ebenda.
[11] In: de Virginitate, zitiert von Joan Morris in einem unveröffentlichten Aufsatz.
[12] Dorothy Irvin, „The Ministry of Women in the Early Church: The Archaeological Evidence", Duke Divinity School Review. Nr.45 (1980), S. 79.
[13] Sister Mary Lawrence McKenna, Women of the Church, Role and Renewal (New York: P.J. Kennedy and Sons, 1967), S. 7.
[14] Helena Wiebe, „Women of God in Early Christian Sodalities", Fuller Theological Seminary School of World Missions, 1978, S. 7.
[15] Rosemary Ruether and Eleanor McLaughlin, Women of Spirit (New York: Simon and Schuster, 1979), S. 72.
[16] Gregory of Nyssa, „The Life of St. Macrina", in: „Fathers of the Church", 67 Bände (Washington: Catholic University of America), Bd. 58 (1967), S. 167.
[17] Zitiert in: Edith Dean, Great Women of the Christian Faith, S. 12.
[18] Ebenda.
[19] Ruether und McLaughlin, S. 77.
[20] Zitiert von Dean, Great Women of the Christian Faith, S. 18.
[21] Es ist bezeichnend, daß Hieronymus bei seiner Übersetzung der Bibel aus dem Hebräischen und Griechischen ins Lateinische (das war die Vulgata), die ungefähr tausend Jahre lang die Standardübersetzung war, zwei Frauen unter seinen Mitarbeitern hatte. Als in den siebziger Jahren des 19. Jahrhunderts die neue Einheitsübersetzung verfaßt wurde, waren keine Frauen unter den Übersetzern.
[22] Zitiert in: Dean, Great Women of the Christian Faith, S. 19.
[23] Ebenda, S. 20.
[24] Gerontius, zitiert in: Ruether und McLaughlin, S. 89.
[25] Ebenda, S. 91-92.Das erste Mönchskloster, in dem die Mönche sich zur Aufgabe gemacht hatten, ständig Psalmen zu singen, wird vor dem Tod von Albina und Pinion im Jahre 431-32 erwähnt. Nach ihrer Reise nach Konstantinopel im Jahre 436 kehrte Melania nach Jerusalem zurück, um dort ein weiteres Gebäude zu errichten, in dem ständige Anbetung stattfinden sollte.

Kapitel 8: Den Glauben aufrechterhalten (600-1700)
[1] Dean, Great Women of the Christian Faith, S. 35.
[2] Ebenda, S. 37. Zur Information über weltliche und geistliche Macht von Äbtissinnen in Europa vgl. Joan Morris, The Lady Was a Bishop, S. 16-104.
[3] Beda Venerabilis, zitiert in: Dean, Great Women of the Christian Faith, S. 37.
[4] Dean, Great Women of the Christian Faith, S. 50.
[5] Ruether und McLaughlin, S. 117.
[6] Ebenda, S. 118.
[7] Ebenda.
[8] Ebenda, S. 124.
[9] Ebenda.
[10] Arthur F. Glasser, „One-half the Church-and Mission", Women and the Ministries of Christ, hrsg. von Roberta Hestenes und Lois Curly (Pasadena: Fuller Theological Seminary, 1978),S. 91.
[11] Johannes Calvins Antwort an Freunde, die ihn drängten, endlich zu heiraten, zitiert in: Dean, Great Women of the Christian Faith, S. 322.
[12] Norman Penney, Hrsg., First Publishers of Truth (London: Headley Brothers, 1907), S. 87.
[13] George Fox, Journal, rev. Norman Penney (New York: Dutton, 1924), S. 14-15.
[14] Maria Webb, The Fells of Swarthmore Hall (Philadelphia: Longstreth, 1884), S. 29-30.
[15] Dean, Great Women of the Christian Faith, S. 126-27.
[16] Ebenda.
[17] Norman Penney, S. 258-59.
[18] Zitiert von Hope Elizabeth Luder, Women and Quakerism (Pendle Hill, 1974), S. 6.

19 Emily Manners, Elizabeth Hooten: First Quakers Woman Preacher (London: Headley Brothers, 1914), S. 41.
20 Dean,, S. 128-29.
21 Ebenda, S. 142.
22 Susannah Wesley in einem Brief an ihren Ehemann. Zitiert in: Della Olson, A Woman of Her Times, (Minneapolis: Free Church Press, 1977), S. 86-87.
23 Donald Dayton, „Women in American Evangelicalism", Radix (Jan./Feb. 1979), S. 9.
24 Ebenda, S. 14.
25 Zitiert in: Dayton, S. 9.
26 Dean, Great Women of Christian Faith, S. 152.
27 Ebenda.
28 Ebenda, S. 154.

Kapitel 9: Aufbau christlicher Gemeinden in der Neuen Welt (1800-1900)
1 Nancy Hardesty, Lucille Sider Dayton und Donald W. Dayton, „Women in the Holiness Movement: Feminism in the Evangelical Tradition", in Ruether und McLaughlin, S. 226.
2 Phoebe Palmer, Promise of the Father (Boston: Henry V. Degen, 1859), S. 341.
3 Ebenda, S. 7.
4 Ebenda, S. 347. Daughters of Zion, from the dust Exalt thy fallen head; Again in thy Redeemer trust. He calls thee from the dead.
5 V. Raymond Edman, Finney Lives On (Wheaton, Ill.: Scripture Press, 1951), S. 15.
6 Ebenda, S. 59.
7 Bennet Tyler, zitiert in: Hardesty, Dayton und Dayton, S. 230.
8 Theodore Weld, zitiert in: Gilbert Barnes und Dwight Dumond (Hrsg.), Letters of Theodore Dwight Weld, Angeline Grimke Weld und Sarah Grimke, 1822-44, Band 1 (Gloucester, Mass. : Peter Smith, 1965), S. 432.
9 Edman, S. 137.
10 Charles Grandison Finney, Memoirs (New York: A. S. Barnes & Co., 1870), S. 443.
11 Ray Strachey, Frances Willard: Her Life and Work (New York: Revell, 1913), S. 209.
12 Ebenda, S. 208.
13 Amanda Smith, An Autobiography: The Story of the Lord's Dealing with Amanda Smith (Nobelsville, Ind.: Newby Book Room, 1972, Originalausgabe 1893), S. 185.
14 Ebenda, S. 211.
15 Ebenda.
16 Timothy L. Smith, Called unto Holiness (Kansas City: Nazarene Publishing House, 1962), S. 155.
17 Set Cook Rees, The Ideal Pentecostal Church (Cincinatti: M. W. Knapp, 1897), S. 41.
18 Paul S. Rees, Seth Cook Rees: The Warrior Saint (Indianapolis: Pilgrim Book Room, 1934), S. 13.
19 Melvin Easterday Dieter, „Revivalism and Holiness", Dissertation, Temple University, 1972, S. 50.
20 Mrs. P. L. U. (Phoebe L. Upham), „Woman's Freedom in Worship", Guide to Holiness, Nr.43 (April-Mai 1863), . 114-15.
21 Sadie J. Hart, „My Experience", Guide to Holiness, Nr.6 (April 1869), S. 114-15.
22 Richard Wheatley, The Life and Letters of Mrs. Phoebe Palmer (New York: W. C. Palmer, Jr. 1876), S. 283.
23 J. Fowler Willing, „Woman and the Pentecost", Guide to Holiness, Nr.68 (Januar 1898), S. 21.
24 Hardesty, Dayton und Dayton, S. 250. Ein Großteil des Materials für diesen Abschnitt habe ich aus ihrem Kapitel „Women in the Holiness Movement" in: Women of Spirit, hrsg. von Ruether und McLaughlin.
25 Ethel Ruff, When the Saints Go Marching (New York: Exposition Press, 1957), S. 77-85.

26 Olson, S. 64.
27 Zitiert von Olson, S. 67.
28 Ebenda, S. 69.
29 Ebenda, S. 70.
30 Ebenda, S. 82.
31 Donald W. Dayton, „Evangelical Roots of Feminism", (vervielfältigter Aufsatz, Chicago), S. 14.

Kapitel 10: Als unverheiratete Frau tätig werden
1 Scanzoni und Hardesty, S. 146.
2 Augustinus zitiert in: Patricia Gundry, Heirs Together (Grand Rapids, Mich.: Zondervan, 1980), S. 49.
3 So You're Single, zitiert in Bookshorts, Dez.-Jan. 1978-79, S. 98.
4 R. Pierce Beaver, All Loves Excelling (Grand Rapids, Mich.: Eerdmans, 1968), S. 107.
5 Ebenda, S. 109,116.
6 Ebenda, S. 108.
7 William G. Lennox, The Health and Turnover of Missionaries (New York: Foreign Missions Conference of North America, 1933), S. 28.
8 Helen Barrett Montgomery, Western Women in Eastern Lands (New York: Macmillan, 1910), S. 243-44.
9 Information aus einem Brief an die Autorin vom 12. Mai 1981 von Jane K. Mees, die darin Dr. Ralph Winter vom U.S. Center für Weltmission zitiert.
10 Mission Handbook, zitiert in: R. Pierce Beaver, American Protestant Women in World Mission (Grand Rapids, Mich.: Eerdmans, 1980), S. 216.
11 Beaver, All Loves Excelling, S. 200-02.
12 Malcolm Muggeridge, Something Beautiful for God (Garden City, N.Y.: Image Books, 1971), S. 37.
13 Joan Morris, S. 7.
14 Herbert J. Miles, Sexual Understanding before Marriage (Grand Rapids, Mich.: Zondervan, 1971), S. 177.
15 Scanzoni und Hardesty, S. 145.
16 Dave und Neta Jackson haben das Buch Living Together in a World Falling Apart geschrieben (Carol Stream, Ill.: Creation House, 1974), ein vorzügliches Handbuch über christliche Gemeinschaften; und Coming Together (Minneapolis: Bethany Fellowship, 1978), in dem sie dieses Thema noch detaillierter aufgreifen und alle christlichen Kommunitäten aufzählt, die es in den Vereinigten Staaten gibt.

Kapitel 11: Als verheiratete Frau tätig werden
1 Paul K. Jewett, Man as Male and Female (Grand Rapids, Mich.: Eerdmans, 1975), S. 36.
2 Berkeley und Alvera Mickelsen, „Biblical Teachings about Men Women Relationships", Unterrichtsentwurf für Kurse, die in Minneapolis und Umgebung in Gemeinden angeboten wurden. S. 2.
3 Ebenda.
4 Walter Trobisch, My Wife Made Me a Polygamist (Downers Grove, Ill.: Inter Varsity Press, 1971), S. 47-48.
5 Paradise Lost, 4.288-92, 318-22 (Übersetzung: Johann Milton's verlornes Paradies. Neu übersetzt von Samuel Gottlieb Bürde. Erster Theil, Breslau, 1822, S. 136/138).
6 Ebenda, 1.1-3 (S. 1).
7 Ebenda, 1.98 (S. 5).
8 Patricia Gundry, S. 87-88.
9 Henrik Ibsen, Nora oder ein Puppenheim, in: Henrik Ibsen: Schauspiele in einem Band, S. 317/319.
10 Bob Mumford, Living Happily Ever After (Old Tappan, N.J.: Revell, 1973), S. 29-30, 45.
11 A Christian View of Men's and Women's Roles in a Changing World (Family '76 Incorporated, 1975), 45.

12 Marabel Morgan, The Total Woman (Old Tappan, N.J.: Revell, 1973), S. 80.
13 Judith Miles, The Feminine Principle: A Woman's Discovery of the Key to Total Fulfillment (Minneapolis: Bethany Fellowship 1975), S. 44.
14 Paradise Regained 4.613-15, 633-35. Frei übersetzt heißen diese Zeilen: Ein noch wunderbareres Paradies ist nun gegründet worden/Für Adam und seine auserwählten Söhne, die du,/Erlöser, wiederhergestellt hast;... Heil dir, Sohn des Höchsten, Erbe beider Welten/Bezwinger des Satans durch dein glorreiches Werk/Tritt bei uns ein und beginne, die Menschheit zu erlösen.
15 Berkeley und Alvera Mickelsen, S. 10-13. Die Autoren stellen fest, daß die Septuaginta achtmal von ca. 180 mal das wörtlich übersetzte Wort kephale (Haupt) verwenden, um das hebräische Wort ro'sh zu übersetzen. Warum? Übersetzer haben festgestellt, daß kephale (Haupt) normalerweise im Griechischen nicht 'Leiter' bedeutete. Also benutzten sie außer diesen acht Mal dreizehn eindeutigere Ausdrücke, wenn in den Passagen die Bedeutung 'Leiter' beabsichtigt war.
16 Watchman Nee, The Normal Christian Life (London: Witness and Testimony Publishers, 1958), S. 196-200. Es ist interessant festzustellen, daß dieser chinesische Christ Paulus' Hinweis auf Genesis 2, bevor die Sünde in die Welt kam, als einen Aspekt von Golgatha betrachtet, der nichts mit Sünde zu tun hatte. Gott wollte Kirche, und er schuf sie aus der Wunde in der Seite Christi.
17 Jewett, S. 140

Kapitel 12: Wenn Jesus der Herr des Hauses wird
1 Aus Cabaret, Gedichte von Fred Ebb, zitiert in The Equal Rights Monitor, Mai-Juni 1977, S. 3.
2 Cathy Guisewite, „Cathy", The Equal Rights Monitor, Mai-Juni 1977, S. 5.
3 Rich Christians in an Age of Hunger (Downers Grove, Ill.: Inter Varsity Press, 1977), S. 111.
4 Ein weiterer guter Beitrag für Leute, die nach Möglichkeiten suchen, wirklich den Willen Gottes zu tun, ist das Buch Cry Justice: The Bible on Hunger and Poverty, hrsg. von Ron Sider (Downers Grove, Ill.: Inter Varsity Press, 1980). Wir können auch zum Umdenken veranlaßt werden durch die Schriften von christlichen Leitern der Dritten Welt, wie zum Beispiel C. Renè Padilla aus Equador, der sagt: „Die Armut der Dritten Welt setzt ein Fragezeichen hinter den Lebensstil von Menschen, besonders hinter den Lebensstil der Menschen in der westlichen Welt. Und eine angemessene Reaktion auf diese Anfrage muß zunächst einmal ein einfacher Lebensstil sein und eine radikale Umstrukturierung der Besitzverhältnisse unter den Christen in aller Welt, gemäß dem biblischen Grundsatz der Haushalterschaft" („The Fullness of Missions", Occasional Bulletin Nr. 3 (Jan.1979), S. 9).

Kapitel 13: Den Glauben an Christus weitergeben
1 Katie Curin, Women in China (New York: Pathfinder Press, 1975), S. 10.
2 John MacArthur zitiert in: Norman B. Rohrer, „Reversing the Curse", Christianity Today, 6. April 1979, S. 46-47.
3 Marie Monsen, The Awakening, übersetzt von Joy Guinness (London: China Inland Mission, 1961), S. 35-36.
4 Siehe Rebecca Manley Pippert, Out of the Saltshaker (Downers Grove, Ill.: Inter Varsity Press, 1979), ein Buch über Evangelisation, das von einer Frau geschrieben wurde.
5 C. S. Lewis, The Screwtape Letters (Grand Rapids, Mich.: Baker Book House, 1969), S. 51.
6 Gail Sheehy, S. 379-80.
7 Ebenda, S. 319.

Kapitel 14: Frauen in der elften Stunde
1 Edvard P. Torjesen, unveröffentlichtes Manuskript über das Leben von Fredrik Franson.
2 Robert E. Coleman, Songs of Heaven (Old Tappan, N.J.: Revell, 1980), S. 117.
3 Predigen bedeutet, sich in Wort oder Schrift über etwas auslassen. Mit Betonung des

Aspektes, andere zu überzeugen oder mit der Meinung des Sprechenden bzw. Schreibenden in Übereinstimmung zu bringen (speziell im Bereich religiöser und moralischer Grundsätze). Übersetzt aus American Heritage Dictionary.

[4] Elizabeth O'Connor, Eighth Day of Creation (Waco, Tex.: Word, 1971), S. 42-43.

[5] Stephen B. Clark, Spiritual Gifts (Pecos, N.M.: Dove Publications, 1969), S. 23.

[6] Fredrik Franson, Prophesying Daughters, übersetzt von Vernon Mortenson, The Evangelical Alliance Mission, Wheaton, Ill., unveröffentlicht, S. 19.

[7] Ebenda.

[8] F. De. L. Booth-Tucker, The Life of Catherine Booth (New York: Revell, 1892), Kap.12, S. 82.

[9] Zitiert in: Lucille Sider Dayton, „The Rise of Women in Evangelicalism", unveröffentlichte Arbeit.

[10] Booth Tucker, S. 244.

[11] Lareta Halteman Finger, „Woman in the Pulpit", The Ohter Side, 94 (Juli 1979), S. 20.

[12] Franson, S. 2.

[13] Belden C. Lane, „Rabbinical Stories: A Primer on Theological Method", The Christian Century, 16. Dez. 1981, S. 1309.

Janet Britton

Leben, als wär's der letzte Tag

200 Seiten
DM 19,80
Bestell-Nr.
12 382

Der Bericht einer jungen krebskranken Ehefrau, Mutter und Lehrerin, die gemeinsam mit Gott ihren Kampf gegen den Krebs aufnimmt. Ein einfühlsames, fesselndes Buch, hilfreich für Betroffene, deren Angehörige und Freunde, weil es durch seine Offenheit einen neuen Zugang zur immer noch tabusierten Problematik Krebs verschafft.

Aussaat Verlag Neukirchen-Vluyn